إدارة الجودة الشاملة

في التربية والتعليم

رقم الإيداع لدى المكتبة الوطنية (2008/8/3007)

370

دعمس، مصطفى

إدارة الجودة الشاملة في التربية والتعليم / مصطفى نمر دعمس، عمان: دار غيداء، ٢٠٠٨.

( ) ص

ر.أ: (2008/8/3007).

الواصفات:/التربية// التعلم // إدارة الجودة/

✦ تم إعداد بيانات الفهرسة والتصنيف الأولية من قبل دائرة المكتبة الوطنية

ISBN 978-9957-480-27-1

دار غيداء للنشر والتوزيع

تلاع العلي – شارع الملكة رانيا العبدالله   مجمع العساف التجاري - الطابق الأول

تلفاكس : 5353402 6 962+   خلــــوي : 95667143 7 962+

ص.ب : 520946 عمان 11152 الأردن   E-mail: darghidaa@gmail.com

إدارة الجودة الشاملة في التربية والتعليم

تأليف
أ.مصطفى نمر دعمس

الطبعة الأولى

2009

الاهداء

لكل من يعمل ويكون عمله خالصا لله تعالى

ولمن كان عمله وأدائه عبادة، واتقان وجودة

وفي كل شئ في العبادة - والأخلاق – والأعمال – والأقوال - والأداء -

والتنظيم – والإدارة - والتخطيط - والإنتاج - والتعليم - وغيرها..

الفهرس

الفصل الاول

الفصل الثاني

الفصل الثالث

المقدمة:

الحمد لله رب العالمين و الصلاة و السلام على سيدنا محمد و على آله و صحبه أجمعين، و على من اهتدى بهديه و سار على نهجه إلى يوم الدين و بعد، سوف نتحدث في هذا الكتاب عن إدارة الجودة الشاملة في التربية والتعليم؛بسبب أن العديد من العوامل لعبت دورها الفاعل في تزايد الاهتمام بإدارة الجودة الشاملة، ومن أبرز هذه العوامل التغيرات الاقتصادية المصاحبة للانفجار العلمي والتكنولوجي"، ونتيجة للتوسع في التعليم وزيادة الإقبال عليه في جميع المراحل مما نتج عنه زيادة في الكثافة الطلابية، ومن هذا المنطلق تتسابق وتتنافس الدول بهدف التحسين المستمر في الجودة والإنتاجية في تهيئة الأجيال، واستشراف آفاق المستقبل للإعداد لها، وإيجاد صيغة مقبولة متوازنة للنظام التربوي باعتبار أن التخطيط التربوي السليم يقتضي تطويرا متوازنا ومتفاعلا لجميع عناصر العملية التعليمية.

فلا مستقبل بدون تربية ولا تربية بدون تعليم.. هكذا تعلمنا سنن الحياة، والأمم التي تعي هذه الحقيقة وتعترف بها تعمل من أجل الإعداد لهذا المستقبل، وتصبح التربية هاجسها الأول وهدفها الرئيس، ومؤلها الذي تؤول إليه كلما ألم بها أمر أو واجهتها مشكلة، وتصبح حريصة على نوعية التعليم التي يتلقاها أبناؤها، وتبحث لهم عن التقدم الحاضر في ميدان العلم، وتسعى من أجل رفع مستوى التعليم الذي يلحقون به ؛ لأن الإنسان أغلى ما نملك وهو أداه التغيير في الحاضر وفي المستقبل.

يجمع كل من يتابع مسيرة النظم التعليمية على أن غالبية دول العالم لا تدخر جهدا من أجل رفع مستوى العملية التربوية والتعليمية انطلاقا من أن الإنسان هو الاستثمار الأمثل, وأن بناءه لا يكون إلا بالتعليم الأجود.

إن التحديات العالمية المعاصرة تحتم على المنظمات الاقتصادية انتهاج الأسلوب العلمي الواعي في مواجهة هذه التحديات واستثمار الطاقات الإنسانية الفاعلة في ترصين الأداء التشغيلي والبيعي بمرونة أكثر كفاءة وفاعلية، ومن أكثر الجوانب الإدارية الهادفة إدارة الجودة الشاملة، التي أصبحت الآن وبفضل الكم الهائل في

المعلومات وتقنيات الاتصال سمة مميزة لمعطيات الفكر الإنساني الحديث وهذا ما يمكن ملاحظته في المؤسسات الصناعية والهيئات والمنظمات بشكل عام. أما في المجال التربوي فإن القائمين عليه يسعون من خلال تطبيق إدارة الجودة الشاملة إلى إحداث تطوير نوعي لدورة العمل في المدارس بما يتلاءم مع والمستجدات التربوية والتعليمية والإدارية، ويواكب التطورات الساعية لتحقيق التميز في كافة العمليات التي تقوم بها المؤسسة التربوية.

أضع بين يدي إخواني و زملائي من المعلمين و المعلمات، كتابي هذا (إدارة الجودة الشاملة في التربية والتعليم)، وما هو إلا خلاصة جهد من خلال مهنتي كمعلم في وزارة التربية والتعليم وممارستي للعملية التعلمية والتعليمية،وتأليف كتب تربوية متعددة تتعلق بالاستراتيجيات الحديثة للتدريس وكتب أخرى تتعلق بالإدارة التربوية والصفية، وآخرها وليس أخيرا كتابي تكنولوجيا التعلم وحوسبة التعليم، و مشاركتي في العديد من الدورات التربوية أهمها الاقتصاد المعرفي (ERFKE) وحصولي على شهادة الرخصة الدولية لقيادة الحاسوب (ICDL) وشهادة WORLD LINKS ، والتقائي المحبب يوميا مع الطلبة وزملائي المعلمين،وتارة أخرى مع المشرفين،للمناقشة والحوار بشكل مستمر في قضايا التعلم والتعليم والدور الذي يلعبه المعلم بشكل مستمر لتحقيق الأهداف المنشودة.

لذلك أصبح لدي انطباع عام وشامل للعملية التعلمية - التعليمية وما حصل مع بداية الألفية الثالثة من تطور وتطوير للمناهج في معظم البلدان العربية وخاصة الأردن ودول الخليج نتيجة الثورة المعرفية وتقدم الاتصالات.

وسوف نناقش في الكتاب المفاهيم الأساسية الآتية:

مفهوم الإدارة،نظريات الإدارة ومدارس الفكر الإداري ،عناصر الإدارة، اتخاذ القرار، الاتصالات التربوية، صفات القائد الإداري، العلاقات الإنسانية. ونتناول كذلك مفهوم الجودة، و مفهوم إدارة الجودة الشاملة، وأهمية إدارة الجودة الشاملة وجودة التعليم.

وقد تمت مواءمة الكتاب مع أحدث المراجع، والرجوع والتوثيق من القرآن الكريم و كتب التفسير والحديث واللغة، راجيا أن ينال إعجاب الجميع وأن يفيدوا منه.

أسئل الله أن يكون هذا العمل خالصا لله تعالى،

وأن أوفق في عرض عناصر هذا الكتاب

المؤلف

mustafademes@yahoo.com

الفصل الأول

الإدارة

الفصل الاول
الادارة

مفهوم الإدارة The concept of Management :

تقتضي المعالجة العلمية لأي موضوع من الموضوعات العناية بتحديد مسميات الألفاظ والمفاهيم المستخدمة، وللإدارة معنيان:

أحدهما لغوي، والآخر فني (اصطلاحي).

معنى الإدارة في اللغة:

تقديم الخدمة للغير، وهي مشتقة من الكلمة اللاتينية minister tad المكونة من مقطعين، أي تقديم العون للآخرين.

كما تعني الترتيب والتنظيم الخاص الذي يحقق أهدافا معينة، كما تعني الإدارة النظام أو الانتظام، فالإدارة الناجحة سر نجاح الدول في كل مكان وزمان، وما سادت الحضارات إلا بالإدارة فكرا وتطبيقا، وما بادت إلا بالفوضى، وهذا نقيض للإدارة لأن الإدارة تعني النظام أو الانتظام.

وفي المجالات الإسلامية تعني الإدارة: الولاية أو الرعاية أو الأمانة، وكلها ألفاظ تحمل معنى المسؤولية، وأداء الواجب، قال عليه الصلاة والسلام: كلكم راع وكلكم مسئول عن رعيته.

معنى الإدارة في الاصطلاح:

تعريف الإدارة من الأمور التي ليس هناك إجماع على تحديدها، ويتضح ذلك جليا من خلال استعراض عدد من التعريفات، ذلك لأن الإدارة من العلوم الاجتماعية،

ولأن مفهومها واسع، ولأنها ليست مجرد مصطلح، وإنما هي علم له أهميته، وذو ارتباط بنظام المؤسسة ككل في جوانبه المختلفة ليشمل أهدافها، وفلسفتها، والعاملين فيها، وطرق العمل المتبعة، والإشراف على الأنشطة، والفعاليات، وتوطيد العلاقات بين المؤسسة والبيئة المحلية.

واستنادا لهذا العرض المجمل لطبيعة مفهوم الإدارة، يتم عرض عددا محددا من التعريف العام لهذا المفهوم.

يمكن تناول مفهوم الإدارة من جانبين: الإدارة كممارسة والإدارة كعلم.

مفهوم الإدارة كممارسة. Management as a preocess :

الإدارة هنا هي الاستخدام الفعال والكفء للموارد البشرية والمادية والمالية والمعلومات والأفكار والوقت من خلال العمليات الإدارية المتمثلة في التخطيط، والتنظيم والتوجيه والرقابة بغرض تحقيق الأهداف.

هذا ويقصد بالموارد:

- الموارد البشرية: الناس الذين يعملون في المنظمة.

- الموارد المادية: كل ما يوجد في المنظمة من مباني وأجهزة وآلات..

- الموارد المالية: كل المبالغ من المال التي تستخدم لتسيير الأعمال الجارية والاستثمارات الطويلة الأجل.

- المعلومات والأفكار: تشمل الأرقام والحقائق والقوانين والأنظمة.

- الوقت: الزمن المتاح لإنجاز العمل.

ويقصد بالعمليات الإدارية:

التخطيط والتنظيم والتوجيه والرقابة والتقويم وسيتم تناولها لاحقا.

الفاعلية:effectiveness

ويقصد بها مدى تحقيق أهداف المنظمة

الكفاءة:Efficiency

ويقصد بها الاستخدام الاقتصادي للموارد: أي الاقتصاد في استخدام الموارد وحسن الاستفادة منها

الإدارة كعلم Management as a science :

هو ذلك الفرع من العلوم الاجتماعية الـذي يصـف ويفسرـ ويحلل ويتنبأ بـالظواهر الإداريـة، والسـلوك الإنساني الذي يجري في التنظيمات المختلفة لتحقيق أهداف معينة.

الإدارة هل هي فن أم علم؟art or science .

الإدارة فن لأنه لابد للمدير أن يمتلك القدرة الشخصية عـلى تطبيـق الأفكـار والنظريـات والمبـادئ الإدارية بطريقة ذكية ولبقة تعكس الخبرة والتجربة والممارسة .

والإدارة علم لأننا ندرس في الجامعـات نظريـات ومبـادئ وأفكـار إداريـة وبـذلك يمكـن القـول أن الإدارة هي فن وعلم في نفس الوقت.

مجالات الإدارة Management Fields

هناك مجالات متعددة تطبق فيها الإدارة، فهـي تطبـق في القطـاع العـام Public-Sector ويطلـق عليهـا في هـذه الحالة الإدارة العامـة public - administration وتطبـق في القطـاع الاقتصادي economic - sector وتسمى في هذه الحالة إدارة الأعمال Business - administration . •

الإدارة: هي عملية تجميع عوامل الإنتاج المختلفـة مـن راس مـال، قـوى عاملـة، ومـوارد طبيعيـة، والتأليف بينها من اجل استغلالها بفعالية للحصول على الأهداف (اقل تكلفة، اكبر قدر ممكن مـن الإنتـاج ....الخ)

أو هي نشاط متميز يهدف إلى تحقيق نتائج محددة وذلك من خلال استغلال الموارد المتوفرة بأعلى درجة من الكفاية الممكنة.

ويقصد بالموارد عناصر الإنتاج والتي يشار إليها بـ 6 m's وهي:

- العنصر البشري   Manpower
- المال   Money
- السوق   Market
- المواد   Materials
- الأدوات والوسائل   Means
- الإدارة   Management

ويعتبر العامل الإنساني أهم عوامل الإنتاج السابقة وبالتالي فان الوظيفة الأساسية للإدارة يمكن تركيزها في هذا العامل.

ولذلك عرفت الإدارة بأنها:

- توجيه نشاط مجموعة من الأفراد نحو هدف مشترك وتنظيم جهودهم وتنسيقها لتحقيق الهدف "
- عملية تكامل الجهود الإنسانية في الوصول إلى هدف مشترك "
- تنفيذ الأعمال بواسطة آخرين عن طريق تنفيذ وتنظيم وتوجيه ومراقبة مجهوداتهم".

بينا نظر البعض إلى ألإدارة من خلال العمليات الإجرائية التي تمر بها، فهي تعني تحديد الأهداف كخطوة أولى، يترتب عليها تحديد الوظائف التي تحقق الأهداف.

إن الإدارة هي: الهيمنة على آخرين لجعلهم يعملون بكفاءة تحقيقا لهدف منشود.[1]

وتركز الإدارة على جعل الآخرين ينفذون الأعمال المؤدية إلى تحقيق الأهداف.

وحيث أن الناس يتباينون في قدراتهم ومواهبهم وإمكانياتهم وهذا يرجع إلى خصائص موهوبة فطر الله الناس عليها منذ مولدهم أو نتيجة ما اكتسبوه من خبرات في الحياة أو التعليم أو البيئة التي يعيشون فيها.

فمن هنا يظهر أناس على آخرين بسبب ما حصلوا عليه أو بسبب خبراتهم أو صفاتهم الموروثة . وآخرين لا يرقون إلى ذلك فينقادون لهم ويطيعون. وترتبط الإدارة بشكل مباشر باتخاذ القرارات حيث أن عملية اتخاذ القرارات لازمة خلال مراحل العملية الإدارية جميعها، بدءا من التخطيط الذي يسبق عملية التنفيذ ومرورا بتنفيذ الأعمال وحتى بعد تنفيذها.

والقدرة على الإدارة مرتبطة بشكل أو بآخر بالقدرة على اتخاذ القرارات من جهة وبالقدرة على التعامل مع الناس من جهة أخرى .

واتخاذ القرارات يحتاج إلى معلومات والى معرفة والى بعد نظر، وقدرة على التحليل والربط بين المتغيرات التي لها علاقة بموضوع اتخاذ القرار وان النجاح في اتخاذ القرارات سيؤدي حتما إلى نجاح الإدارة.

والإدارة عنصر ضروري في الحياة فكل فرد في المجتمع بحاجة إلى الإدارة، لان كل فرد لديه هدف ولديه الموارد المادية والبشرية.

فهو يحتاج إلى إدارة أعماله الخاصة، والى إدارة وقته والى إدارة تصرفاته وأسرته، وان كان عنصرا فاعلا في المجتمع تراه يشارك في إدارة مؤسسات اجتماعية واقتصادية وغيرها.

---

(١): محمود عساف، الأصول الإدارية ـ مسترشدا بقوله تعالى " نحن قسمنا معيشتهم بينهم في الحياة الدنيا ورفعنا بعضهم فوق بعض درجات ليتخذ بعضهم بعضا سخريا".

ونخلص من التعاريف السابقة إلى أن هناك مجموعة اعتبارات هامة تفسر حقيقـة معنـى الإدارة، وهذه الاعتبارات هي:-

١- إن النشاط الإداري هو نشاط متميز، يختلف عن نظائره من الأنشطة المختلفة الأخرى.

٢- إن النشاط ألإداري ينصب إجمالا وتفصيلا على النشاطات الجماعية لا الفردية.

٣- إن العناصر الرئيسية للعملية الإدارية علميا تشتمل على التخطيط والتنظيم والتوجيه والرقابة والتقويم.

٤- إن الإدارة ما هي إلا وسيلة وأداة علمية يستطيع بها ومن خلالها أن يحقق المسئولون الأغراض المستهدفة المحددة.

٥- إن الإدارة ما هي إلا تنظيم وتوجيه الموارد البشرية والمادية لتحقيق أهداف مرغوبة.

ومن خلال استعراض المفاهيم السابقة والاعتبارات المستخلصة منها، يمكن وضع تعريفا إجرائيا للإدارة:

جملة عمليات وظيفية تشمل التخطيط ـ التنظيم ـ التوجيه ـ الرقابةـ التقويم- تمـارس بغرض تنفيذ مهام بواسطة آخرين من أجل تحقيق أهداف منظمة.

نشأة الفكر الإداري وتطوره:

عرفت الإدارة منذ وجدت المجتمعات الإنسانية على هذه البسيطة، ذلك أن الإنسان منذ وجد على هذه الأرض فرضت عليه ظروف الحياة أن يعيش مـع غـيره، ولا يسـتطيع أن يعـيش في عزلـه، لـذا أخـذ يتعاون وينسق الجهود مع الآخرين لتوفير مطالب الحياة.

وتظهر العمليات الإدارية في أبسط صورها في الأسرة بحكم تكوينها وطبيعة الروابط التي تربط بين أعضائها، حيث تبرز في إطار النظام الأسري كثير من العمليات

الإدارية التي يهتم بدارستها علماء الإدارة المتخصصين كتقسيم العمل، التخصص، توزيع الأدوار، القيادة، التشاور، الضبط، وقد أكد مارشل ديموك في كتابه: " تاريخ الإدارة العامة" على أن الإدارة قديمة قدم الحضارات الإنسانية، حيث كانت موضع اهتمام الحضارات القديمة المصرية، والإغريقية، والصينية، تدل على ذلك السجلات القديمة التي أمكن العثور عليها.

وقد كان ذلك الاهتمام نابعا من إدراك الإنسان أن الإدارة عنصر- أساس، وموجه رئيس في كافة شئون الحياة.

١- الإدارة في الحضارة القديمة:

لقد كان لمصر القديمة نصيب كبير في بزوغ العمليات الإدارية المعروفة في الوقت الحالي، وفي ظهور الفكر الإداري والتنظيمي الذي مازال يعتبر معينا لا ينضب لكثير من النظريات الإدارية المعاصرة، فالمجتمع المصري الفرعوني كان على جانب كبير من التنظيم الهرمي الذي هو رمز التنظيم الإداري على مر الزمن، ففي قمة الهرم فرعون ملك مصر، وتحت هذه القمة كان ينتظم في تسلسل تنازلي أخذ في الاتساع النبلاء ثم كبار موظفي الدولة ثم الكتاب والحرفين ثم العمال غير المهرة ثم الفلاحون. وهناك ثلاثة أقسام لإدارة شئون الدولة، أولها لإدارة الشئون المدنية، وكان يشرف عليها الوزير، والثاني مخصص لإدارة شئون المعابد الدينية، يشرف عليها كبار رجال الدين، وقسم لإدارة شئون الحرب والجيش.

كما كان اهتمام مصر القديمة باختيار أفضل العناصر الإدارية لتوجيه دفة حياة المجتمع في جميع الظروف.

أما الصين القديمة فقد عرفت أقدم نظام في التاريخ لشغل الوظائف العامة على أساس عقد اختبارات للمتقدمين لدخول الخدمة واختيار الأصلح من بينهم.

٢ - عصر صدر الإسلام:

جاء الإسلام ليرسي قواعد الأفكار والعمليات الإدارية التي تدعو إليها نظريات الإدارية المعاصرة.

فمبدأ الشورى أحد مبادئ الإسلام، وأصل من أصول علاقات العمل، جاء الإسلام يحث على الشورى، وينهى عن الاستبداد بالرأي قبل أن تعرف أوربا الشورى بمئات السنين، وفي ذلك يقول سبحانه وتعالى" وشاورهم في الأمر "، ويقول أيضا" وأمرهم شورى بينهم " وجاء في الحديث الشريف " واستعينوا على أموركم بالمشاورة " وقد كان عليه الصلاة والسلام من أكثر الناس مشورة لأصاحبه.

والمبدأ الثاني الذي أرسى قواعده الإسلام هو العدل الكامل، فينظر إلى العاملين وأصحاب العمل نظرة واحدة، لا فرق بين سيد ومسود، ومقياس التفاضل هو التقوى، وتطبيقا لذلك المبدأ حرص الإسلام على تحقيق المساواة في الحقوق والواجبات، فالعاملون متساوون، وكل حق يقابله واجب.

كما أرسى الإسلام مبدأ الحوافز في محيط العمل، فالعاملون وإن كانوا متساويين بحسب خلقهم الأول، إلا أنهم يتفاوتون فيما بينهم على أساس تفاوتهم في الكفاية والعلم والأعمال، ولذلك أوجب الإسلام إعطاء كل عامل حسب كفايته، يقول الله تعالى " ولكل درجات مما عملوا وليوفيهم أعمالهم وهم لا يظلمون" وهدف الإسلام من ذلك دفع الناس إلى الكد والعمل.

وقد أرسى الإسلام قواعد الطاعة، وهو مبدأ من مبادئ الإدارة، لا يمكن بدونه أن تستقيم أمور الجماعات والمنظمات، وفي ذلك يقول تعالى " أطيعوا الله وأطيعوا الرسول وأولي الأمر منكم " والطاعة هنا مشروطة بشرط جوهري لأولي الأمر بحيث لا تكون طاعة في معصية الله.

ولعل أبرز الأفكار والعمليات الإدارية التي استخدمها الرسول صلى الله عليه وسلم تفويض السلطة، حيث كان يقوم بإرسال الصحابة إلى القبائل لتفقيههم في أمور الدين الإسلامي، كما أن عمر يعتبر أول من وضع لبنة التنظيم الإداري بإدخاله نظام الدواوين، فكان هناك ديوان البريد و المظالم.

كما كان لذلك الفكر الإسلامي رواد نذكر منهم على سبيل المثال:

١- الماوردي: حيث ترك فكرا إداريا سياسيا لا غنى للدارسين والعلماء عنه.

٢- ابن تيميه: ترك فكرا إصلاحيا.

٣- القلقشندي: حفظ في كتابه صبح الأعشى كل ما نريد معرفته في إدارة المكتبات، وهناك كثير من الشواهد العينية التي تفيد أن علم الإدارة له جذوره عند المسلمين، تدل على ذلك الوثائق التي أرسلها الخلفاء إلى ولاتهم في الأمصار.

٣ - الإدارة في الحضارة الغربية:

ورثت الحضارة الغربية ضمن ما ورثت عن الحضرات القديمة المعرفة بأصول الإدارة وعملياتها، ولكنها لم تقف عند هذا الحد، بل اجتهدت في بلورة الأفكار الإدارية القديمة وصقلها، وعملت على ضم البعض منها وصياغتها في نظريات جديدة كان لها أثر كبير في دفع الفكر الإداري وشحذه، ولم يكن الفكر الإداري الغربي في بدايته مهتما بنفس القيم والأخلاقيات التي شغلت الفكر الإداري في العصور السابقة بقدر اهتمامه بالقيم المادية التي سيطرت على الفكر والحضارة الغربية بوجه عام، وكان لعلماء الإدارة في غرب أوروبا وأمريكا دور بارز في تنشيط الفكر الإداري وفلسفته، فظهرت الإدارة كعلم له أصوله وقوانينه ومبادئه ونظرياته في نهاية القرن التاسع عشر وأوائل القرن العشرين، حيث وضع العالم ماكس فيبر نظريته " البيروقراطية في صورتها المثالية، ثم تلى ذلك دراسات العالم الأمريكي فرديك تايلور عن الإدارة العلمية، وفي أثناء تلك الفترة الزمنية ظهرت دراسات العالم الفرنسي هنري فايول، ومن ثم ظهرت دراسات عرفت حينذاك بالمدرسة السلوكية، ومن أبرز روادها جورج التون مايو، وكانت تلك الفترة حافلة بالدراسات على مستوى الإدارة بوجه عام، والإدارة العامة على وجه الخصوص، حيث ظهر الاهتمام بعلم النفس الإداري، ويبدو ذلك واضحا في دراسات ماسلو واتجاهات هيرزبرج، وكونت هذه الدراسات ما يسمى بمدارس الفكر الإداري.

ومن الأسباب التي أدت إلى ظهور علم الإدارة وتطوره هي:

١-التطور التكنولوجي الحديث.

٢-الثورة الصناعية: إذ كانت معظم محاولات المؤسسات الصناعية سواء في أمريكا أو أوروبا تهدف إلى إيجاد أساليب متطورة لزيادة الإنتاجية مع تخفيض التكلفة، حيث نجد أن لكبار المستشارين في المؤسسات والشركات الدور الأساسي في وضع قواعد أساسية لتلك الوسائل التي تعتبر النواة للإدارة.

٣-زيادة مجال النشاطات البشرية واتساعها.

٤-الاتجاه نحو مزيد من التخصص والتنوع في المجتمعات الحديثة.

مدارس الفكر الإداري:

١ - المدرسة العلمية (١٩١٠- ١٩٣٥)

يعتبر فردريك تايلور المؤسس الأول لحركة الإدارة العلميـة، ويهمنـا في حيـاة العـالم فردريـك تـايلور العملية أنه كان في البداية عاملا في مصنع، ثم تدرج في السلم الوظيفي حتى أصبح مهندسا، ثم أصبح على قمة الهرم الوظيفي للاستشاريين من المهندسين في احد المصانع الأمريكية ن وكان حجر الأساس في مبادئ تايلور العلمية هو تحقيق أقصى كفاية إنتاجية للأفراد والآلات المستخدمة في الإنتاج مـن خـلال مـا يعـرف بدراسة الزمن والحركة. ويحدد تايلور مبادئه في الإدارة العلمية على النحو التالي:

أ- إحلال الأسلوب العلمي في تحديد العناصر الوظيفية بدلا من أسلوب الحـدس والتقـدير، وذلـك من خلال تعريف طبيعة العمل تعريفا دقيقا، واختبار أفضـل طـرق الأداء، وأهـم الشروط للعمل من حيث المستوى، والمدة الزمنية المطلوبة لتحقيقه.

ب - إحلال الأسلوب العلمي في اختيار وتدريب الأفراد لتحسين الكفاءة الإنتاجية.

ج - تحقيق التعاون بين الإدارة والعاملين من اجل تحقيق الأهداف.

د -تحديد المسئولية بين المديرين والعمال، بحيث تتولى الإدارة التخطيط والتنظيم، ويتولى العمال التنفيذ.

هـ - ربط تأدية أو نجاح الفرد في عمله بالأجر أو المكافآت لرفع الكفاءة الإنتاجية.

و - إحكام الإشراف والرقابة على العاملين في المستوى الأدنى لأنهم يفتقدون المقدرة والمسئولية في القدرة على التوجيه الذاتي.

ز - وفي الوقت نفسه نجد أن هناك دراسات أخرى حول أهمية المدخل العلمي للإدارة في حل المشكلات الإدارية، ففي الوقت الذي كان فيه تايلور ينادي بالإدارة العلمية في أمريكا، كان هنري فايول ينادي بمبادئ الإدارة في فرنسا، ويهمنا في حياة العامل هنري فايول العملية أن كان في البداية مهندسا في شركة تعدين، ثم تدرج في السلم الوظيفي حتى أصبح مديرا تنفيذيا، ثم أصبح على قمة الهرم (مديرا) لذلك نجده يركز أبحاثه حول إدارة الموظفين باعتبارهم المفتاح السحري للنجاح وتطبيقها في مختلف المستويات الإدارية مكونا بذلك الأساس للنظرية الإدارية وهي:

■ تقسيم العمل: وهو مبدأ التخصص وتقسيم أوجه النشاط سواء كان ذلك في مختلف العمليات أو العملية الواحدة.

■ مبدأ السلطة والمسئولية: والسلطة كما يراها فايول تتكون من عنصرين: السلطة التي يستمدها الفرد من وظيفته، والسلطة الشخصية التي يستمدها من قوة ذكائه وخبرته وخلقه.

■ مبدأ النظام والتأديب: أي ضروري احترام النظم واللوائح، وعدم الإخلال بالأوامر.

- مبدأ وحدة الأمر: أي يجب أن يحصل الموظف على أوامره من رئيس أو مشرف واحد.

- مبدأ وحدة التوجيه: رئيس واحد وخطة واحدة لمجموعة من النشاطات التي تتماثل في الهدف.

- مبدأ المصلحة العامة: أي خضوع المصلحة الشخصية للمصلحة العامة.

- المكافأة: أي تعويض الأفراد المستخدمين تعويضا عادلا باستخدام المكافآت.

- مبدأ المركزية: ويقضي بتركيز السلطة في شخص معين، ثم تفويضها حسبما تقتضي الظروف.

- مبدأ تدرج السلطة: أي تسلسل السلطة من أعلى الرتب إلى أدناها.

- مبدأ الترتيب والنظام: أي أن يكون هناك مكان معين لكل شيء ولكل شخص، كما يجب أن يكون كل شيء وكل شخص في مكانه الخاص به.

- مبدأ المساواة: وهو خاص بحصول الرؤساء على ولاء المستخدمين عن طريق المساواة والعدل.

- استقرار العاملين: أي شعور العاملين بالراحة والاستقرار في عملهم، وكذلك الاطمئنان على مستقبلهم، والتأمين ضد ما قد يتعرضون له من الطرد والعقوبة بدون مبرر.

- مبدأ المبادأة: أي البدء في رسم الخطط وتنفيذها، وعلى الرؤساء إيجاد روح المبادأة بين المرؤوسين.

- مبدأ روح التعاون: تشجيع روح الفريق والعمل الجماعي.

ومن أهم ما كتب فايول " عناصر الإدارة" أو ما يسمى بنظرية " التقسيمات الإدارية " واعتبرها فايول وظائف الإدارة، ويرى أن عناصر الإدارة خمسة وهي:

- تخطيط: ويقصد به التنبؤ، ووضع الخطة، وخطة العمل هـي في نفس الوقـت تحديـد الوقت، والنتائج المرجوة، والطريق الذي يجب أن يتبع، وخطوات العمل.

- التنظيم: إمداد المشروع بكل ما يساعده على تأدية وظيفتـه مثل المـواد الأوليـة، رأس المال، والمستخدمين.

- إصدار الأوامر: إشارة البدء بالعمل والتنفيذ.

- التنسيق: لم ينجح فايول في فصل عنصر التنسيق عن وظيفتي التخطيط والتنظيم، فـيرى أن التنسيق هو ترتيب وتنظيم الجهود من أجل الوصول إلى الهـدف، وفي حقيقـة الأمـر أن كل عملية الإدارة ـ التخطيط ـ التنظيم ـ التوجيه ما هي إلا تطبيق لمفهوم التنسيق.

- الرقابة: عملية الكشف عما إذا كان كل شيء يسير حسب الخطة الموضوعة والإرشادات والأوامر الصادرة والمبادئ والأصول المقررة.

ولقد اتفق مع فايول علمـاء كثيرون في تحديد وظائف الإدارة، وأضافوا عنـاصر أخـرى لتطـوير النظرية الإدارية لتصبح (٧) سبع وظائف مثل لوثر جوليك، وكذلك لندل أوريك، وهي التخطيط، التنظيم، التوظيف، التوجيه، التنسيق، التسجيل، وضع الميزانية.

ومن خلال العناصر الإدارية نلاحظ أن اهم ثلاثة عناصر أشار إليهـا جوليـك موجـودة عنـد فايول وهي: التخطيط ـ التنظيم ـ التنسيق، وأن عنصر الرقابة عند فايول قد شمل التسجيل ووضع الميزانية عند جوليك.

وفي سبيل الوصول إلى الكفاءة وزيادة الإنتاج، ووضع معايير جديدة لنظرية التقسـيم الإداري نجـد عددا من العلماء قد اهتموا بدراسة التخطيط ـ التنظيم ـ الرقابة مثل هربرت سيمون وهوايت.

الفرق بين أفكار تايلور وأفكار فايول:

من خلال أفكارهما يمكننا الخروج بحقيقة أساسية وهي:

١- أن تايلور اهتم بأساليب الإدارة على مستوى التنفيذ، أما فايول فقد اهتم بالإطار العام لموضوع الإدارة دون الدخول في التفاصيل، وتعتبر أفكارهما مكملة لبعضها باعتبارهما يركزان على الكفاءة في المشروعات.

٢- اهتم تايلور بالمستوى الأدنى من الإدارة في الصناعة (العاملين)، في حين اهتم فايول بالمستوى ألأعلى، وكان اهتمامه منصبا على المدير.

٣- أكد تايلور على تنميط مبادئ الإدارة العلمية وتطبيقها المتشدد، في حين يرى فايول أن المدراء لابد أن يتمتعوا بالشعور والانسجام والمرونة حتى يستطيعوا تكييف مبادئهم حسب المواقف المتجددة.

وقد أصبحت الإدارة العلمية حركة عالمية بعد عقد أول مؤتمر للإدارة في براغ عام ١٩٢٤م إلا أنها واجهت فيما بعد نقدا شديدا وأخذت عليها بعض المآخذ من أهمها:

١- نظر أصحاب هذه المدرسة إلى الفرد على أنه مخلوق رشيد، يلتزم بالقوانين والأنظمة، وأنه إنسان مادي سلبي، وغير محب للعمل بطبعه، ولكن يمكن استثارته وحفزه بواسطة المادة.

٢- تجاهلت أهمية التنظيم غير الرسمي بين الجهاز الإداري والعاملين، وبين العاملين وبعضهم البعض، وبين العاملين والسلطة.

٣- لم تهتم بالحاجات الإنسانية والاجتماعية والنفسية للفرد والعامل، ونظرت إليه نظرة مادية بحته كأداة من أدوات الإنتاج.

٤- ركزت على السلطة والقوانين الرسمية، ولم تدع مجالا لمشاركة العاملين في اتخاذ القرارات الإدارية وغيرها.

وعلى الرغم من النقد الذي وجه للإدارة العلمية إلا أنها هيأت لميادين العمل كثيرا من النجاح، كما كان لها تأثير قوي على الفكر الإداري، والممارسة الصناعية، ومن محاسنها أنها لم تتحيز لأي من العمال أو أصحاب العمل، وأيضا، إحلال الأسلوب العلمي في الإدارة بدلا من الاعتماد على الحدس والتخمين.

٢ - المدرسة السلوكية (١٩٣٥ ت ١٩٥٠).

تعتبر هذه المدرسة تحديا للمدرسة الإدارية ورد فعل للإدارة العلمية، حيث ترى هذه المدرسة أن الفرد كائن اجتماعي يتفاعل مع البيئة الاجتماعية، ويتأثر بأفرادها سلوكا، وأن شعور الفرد وإحساسه بانتمائه لهذه المجموعة هو الأساس الذي يدفعه ويحفزه للعمل والعطاء، حيث ركزت على سلوك الإنسان، وحاجاته النفسية والاجتماعية، واهتمت بالعلاقات الإنسانية داخل التنظيم، وبالتنظيم غيرا لرسمي للمنظمات.

وتعتبر ماري باركر أول ما اهتمت بدراسة العلاقات الإنسانية في الإدارة وأولت اهتماما كبيرا بالجانب السيكولوجي فيما يتعلق بالمبادئ الأساسية للتنظيم الإداري.

بيد أن حركة العلاقات الإنسانية في الإدارة ترتبط أكثر ما ترتبط بجورج إلتون مايو، حيث قام إلتون وزملاؤه بتجاربهم في مصنع هوثورن في إحدى شركات الكهرباء الغربية في الولايات المتحدة الأمريكية، وكانت الدراسة تنصب حول: فهم السلوك الإنساني في المنظمة ن العلاقات الإنسانية، الصلات بين الأفراد، الاتجاهات النفسية ودوافعها، وقد بدأت الدراسة بالتركيز على: ظروف العمل والإجهاد، والعمل الرتيب (الروتين) والتكرار فيما يختص بالعاملين، وكانت الدراسة تهدف إلى الوصول إلى معرفة واضحة عن هذه العلاقات بتقييم موقف تجريبي يمكن قياس اثر المتغيرات مثل الحرارة والرطوبة وساعات العمل منفصلة عن أثر ظروف العمل المفروضة على العاملين، أي معرفة أثر كل عامل من عوامل ظروف العمل ذاته، وأجريت الدراسة الأولى على ثلاثة أقسام في المصنع، وكان الضوء يزاد ويخفض في هذه الأقسام، غير أنه لم تتبين أي علاقة للضوء بالإنتاج، ثم اختبر أحد الأقسام لتجارب أعمق من ذلك، وقسم العاملون في هذا القسم إلى جماعة تجريبية وجماعة ضابطة، كل منهما في

مبنى مختلف، وترك العمل على طبيعته في المجموعة الضابطة، بينما كانت ظروفه تتغير مع المجموعة التجريبية، فكانت الإنتاجية تزيد مع هذه المجموعة كلما زاد الضوء، ولكن الأمر الغريب أن الإنتاجية زادت بنفس القدر مع المجموعة الضابطة وأعيدت التجربة مع مجموعتين أخريين، إحداهما تجريبية والثانية ضابطة، واحتفظ بمستوى الضوء في المجموعة الضابطة بصفة مستمرة، بينما خفض في المجموعة التجريبية ولكن لمجرد إحساس أعضائها بأنهم محل اختبار، وعلى ذلك أمكن استنتاج أثر العامل المعنوي على زيادة الإنتاج، وكان أهم ما أثبتته هذه الدراسات:

أ - وجود علاقة بين ظروف العمل المادية وبين إنتاج العاملين، وتأثرها بالمتغيرات وكذلك الظروف الاجتماعية وبخاصة الرضا النفسي للعاملين.

ب- أظهرت جوانب متصلة بالعملية الإدارية: الروح المعنوية، ديناميكية الجماعة، الإشراف الديمقراطي، العلاقات الشخصية.

ج - تأكد أهمية الظروف الاجتماعية والنفسية لتحفيز العاملين لرفع معنوياتهم وزيادة حجم الإنتاج.

د - ارتباط الجو الإشرافي بنجاح المؤسسة.

هـ - أهمية الاتصالات بين ألإفراد.

و ـ أهمية تطوير مهارات العاملين.

ز - النواحي المادية ليس لها أهمية إلى جانب النواحي المعنوية والاجتماعية.

وقد ظهر على أثر لذلك دراسات هامة في مجال علم النفس الإداري، كان من أهمها دراسة ماسلو الذي وضع سلما هرميا للحاجات الفردية، وقد ظهرت اتجاهات هذه المدرسة في نظريتين:

١- نظرية التنظيم غير الرسمي.

٢- نظرية العلاقات الإنسانية.

ويقوم التنظيم غير الرسمي بدراسة العلاقات والتفاعلات بين أعضاء المنظمة بعضهم البعض وبينهم وبين الإدارة.

أما العلاقات الإنسانية فتعرف بأنها الدارسة التي تعني بالظروف الاجتماعية والاقتصادية والسلوكية للعاملين، بهدف تحقيق الأهداف العامة للإدارة والخاصة بالعاملين، إلا أن بعض البحوث الأخيرة أثبتت أن العلاقات الإنسانية وإن كانت عاملا مهما في الإدارة إلا أنها ليست كافية، ومن ثم بدأ الاهتمام بالعلاقات الإنسانية يقل ن ويتركز الاهتمام حول ما يسمى بالنظرية في الإدارة، بل إن الحملة ضد العلاقات الإنسانية بلغت ذروتها على يد مالكولم ماكير، حيث قام في الستينات بهجوم واسع على انتشار العلاقات الإنسانية في مقالة له، وأبدى قلقه تجاه الاهتمام الزائد بالعلاقات الإنسانية على حساب أداء العمل وإتقانه.

وقد أخذ على هذه المدرسة مآخذ منها:

١- أنها اتجهت اتجاها متطرفا نحو الاهتمام بالجانب الإنساني على حساب التنظيم الرسمي والجانب العملي للمنظمة.

٢- أغفلت تأثير البيئة الخارجية على سلوك المنظمة، ومن ثم أخذت المنظمة كوحدة مستقلة ومنعزلة لا كجزء من نظام اجتماعي متكامل.

٣- أهملت مشكلة التخطيط والتنسيق.

ورغم ما يقوله النقاد فلا يزال لهذه المدرسة مزاياها، فهي أول من كشف النقاب عن الروابط الدقيقة التي ترتبط بين الظاهرة الاجتماعية والمستويات التنظيمية، وبين الفرد والجماعة، كما أنها شكل من التنظيم الذي يسمح للأفراد بتحقيق الذات، ويحرك فيهم من داخلهم كل دوافع الاهتمام بعملهم.

٣- المدرسة الحديثة في التنظيم.

ظهرت هذه المدرسة كنتيجة للنقد الذي وجه لكل من النظريات التقليدية الكلاسيكية (العلمية)، والعلاقات الإنسانية، وكانت تهدف إلى إيجاد نظرية تنحى منحى متوسطا بين المدرسة العلمية والعلاقات الإنسانية، ومن أهم نظريات هذه المدرسة:ـ

١- نظرية التوازن الوظيفي.

٢- النظرية السلوكية التحليلية.

تدعو نظرية التوازن الوظيفي إلى محاولة تحقيق التوازن بين مصلحة الأفراد والمصلحة الخاصة بالمنظمة، فهي تهتم بالعمل والعاملين في آن واحد، ويعتبر شستر برنارد، وهربرت سيمون في مقدمة رواد هذه المدرسة.

أما النظرية السلوكية التحليلية فإنها قامت على نقد الاتجاه المتطرف في التركيز على الناحية الإنسانية للأفراد العاملين، ونادت بعد المبالغة في ذلك، ومن ثم فهي تهتم بالجانب العملي في الوقت الذي تهتم فيه أيضا بمراعاة الجوانب الإنسانية، وكانت نتائج التجارب التي قام بها ليكرت والتي أكدت عدم وجود علاقة طردية بين ارتفاع الروح المعنوية وزيادة الإنتاج عاملا فاعلا في ظهور تلك النظرية.

ثانيا: العملية الإدارية

(عناصر الإدارة)

١- العملية الإدارية مفهومها وخصائصها.

٢- التخطيط.

٣- التنظيم.

٤- المتابعة.

٥- التوجيه.

٦- التقويم.

- العملية الإدارية (عناصر الإدارة)

تمثل العملية الإدارية جوهر الاهتمام في الدراسات الإدارية، كما أنها تمثل النشاط الرئيسي ـ للإداريين.

- تعريف العملية الإدارية:

هي مجموعة من الأنشطة أو الوظائف التي يمارسها أي إداري لتحقيق الأهداف الخاصة بأي مؤسسة من المؤسسات.

وتتكون العملية الإدارية من سلسلة من العمليات الجزئية، ترتبط ببعضها البعض وتقسيمها إلى سلسلة من العمليات الجزئية لتسهيل دراستها، لأنها تمثل في الواقع العملي كلا متكاملا يصعب تحليل أجزائه.

كما أنه ليس ثمة اتفاق بين دارسي الإدارة على تحديد عدد العمليات أو الأنشطة الجزئية التي تتكون منها العملية الإدارية، ومهما يكن عدد هذه العمليات، فإن جوهرها واحد، وجميع هذه التقسيمات متأثرة بالوظائف التي حددها هنري فايول ـ التخطيط ـ التنظيم، إصدار الأوامر، التنسيق، الرقابة ـ ولوثر جوليك ـ التخطيط، التنظيم، التوظيف ـ التنسيق، التسجيل، وضع الميزانية.

وتعتمد العملية الإدارية على مجموعتين من العوامل:

١- مجموعة العوامل الفنية: وتشمل الأسس والقواعد العلمية التي تقوم عليها الأنشطة، الإمكانات المادية المستخدمة في الأداء، أساليب وطرق العمل.

٢- مجموعة العوامل الإنسانية: وتشمل قدرات ومهارات ورغبات العاملين في تأدية النشاط.

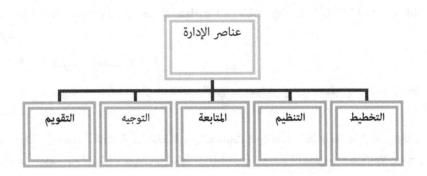

وسوف يتم تناول عناصر العملية الإداريـة: التخطـيط، التنظـيم، المتابعـة، التوجيـه، التقـويم عـلى النحو التالي.

التخطيط

يعد التخطيط من الوظائف القياديـة المهمـة في الإدارة، والتـي يجـب النهـوض بهـا، ولا ينتهـي إلا بتحقيق الهدف، وقد وردت عدة تعاريف للتخطيط منها:

" التدبير الذي يرمي إلى مواجهة المستقبل بخطط معـدة سـلفا، لتحقيـق أهـداف معينـة في إطـار زمني محدد ".[1]

كما عـرف التخطـيط بأنـه: عمـل ذهنـي يعتمـد عـلى التفكـير العميـق والرؤيـة الصـائبة التـي يستخدمها المخطط في رؤية حاضره ومواجهة مستقبله.

وعرف أيضا بأنه النشاط الإداري الذي يقوم على تحديد الأهـداف والأعـمال والأنشـطة الواجـب القيام بها لتحقيق تلك الأهداف، وحصر الموارد اللازمة لكل نوع من أنواع النشاط، وحصر المـوارد المتاحـة للتنظيم، ورسم برامج العمل لتنمية الموارد واستغلال، المتاح منها في فترة زمنية محددة.

(1): عبد العزيز سليمان، الإدارة المدرسية في ضوء الفكر الإداري الإسلامي المعاصر

باستعراض التعريفات السابقة للتخطيط يتضح أن هذه التعريفات تتفق في جوهرها على أن التخطيط ما هو إلا اتخاذ قرار مسبق حول ماذا نعمل، وكيف نعمل، ومتى نعمل، ومن الذي يعمل، كما توضح أن عملية التخطيط تشمل عددا من الخطوات المنطقية وهي:

١- تحيد مسبق للأهداف.

٢- وضع سياسات وقواعد لتحقيق الأهداف.

٣- وضع واختيار البدائل المناسبة لتنفيذ الأهداف.

٤- تحديد الإمكانات المتاحة.

٥- تحديد كيفية توفير الإمكانات غير المتوفرة.

٦- وضع البرامج الزمنية اللازمة لتنفيذ الهدف.

وتشكل هذه الخطوات في مجملها المقومات الأساسية لعملية التخطيط وهي: الأهداف، السياسات، الإجراءات، الميزانيات، البرامج.

والتخطيط في الإسلام لا يخرج عن المفهوم السابق، حيث يراد به (الإعداد للمستقبل).

وهو على خلاف ما يعتقد البعض من أنه مناف للتوكل، وعلم بالغيب، بل إنه من صميم المبادئ الإسلامية، ويأتي في مقدمة الأمور التي حث عليها الإسلام، قال الله تعالى " وأعدوا لهم ما استطعتم من قوة ومن رباط الخيل"، وفي سورة يوسف نجد يوسف عليه السلام يضع خطة اقتصادية طويلة الأجل على مدى ١٤ عاما.

مقومات التخطيط:

١-   الأهداف: ويقصد بها الغايات أو النتائج المطلوب تحقيقها في المستقبل، حيث يعتبر تحديد الأهداف عملية ضرورية لتسيير النشاطات، وبدونها

يصبح التخطيط لا معنى له، كما إن تحديد الأهداف لا يحقق أغراضه إلا إذا توافرت في الهدف عدد من الصفات والمميزات وهي:

أ ـ الوضوح: لا بد أن يكون الهدف الذي يراد تحقيقه واضحا لمن يقوم بوضع الهدف وكذلك لمن يقوم بتنفيذه (العاملين) وذلك بالتعبير عن الأهداف بصورة كمية , ويتم تعريف العاملين بالأهداف عن طريق عمل لقاءات بين المدراء والعاملين، وبهذا يمكن القول أن تحديد الهدف ووضوحه يحقق عددا من المزايا وهي:

١-   يساعد على توحيد الجهود الجماعية لتنفيذ الأهداف.

٢-   مساعدة إدارة المنظمة في القيام بوظائفها الأخرى.

٣-   وضع المعايير اللازمة للأداء لسرعة تحديد الانحراف وتصحيحه.

٤-   تنسيق العمل بين الأفراد بشكل واضح محدد.

ب ـ القناعة بالهدف:من حيث أهميته وجدواه، وتأتي من الفهم الصحيح للهدف، وكلما زادت القناعة بالهدف زادت درجة حماس العاملين نحو تحقيقه.

ج ـ الواقعية في الهدف: ويقصد بها إمكانية تحقيقه في الواقع العملي، وذلك بان يكون متناسبا مع الإمكانات المادية والبشرية المتوفرة، ومعبرا عن حاجات العمل.

د ـ التناسق والانسجام: وذلك بان تكون الأهداف الموضوعة متناسقة مع بعضها البعض، بحيث يسهل تنفيذها، فأي تعارض بين الأهداف سيؤثر على مسيرة الخطة، مما يحدث نوعا من الإرباك للعمل.

هـ ـ مشروعية الهدف: ويقصد بها مدى ملاءمة الهدف للقيم والمثل والتقاليد المرعية في المجتمع، وكذلك مراعاته للأنظمة واللوائح والسياسات.

و ـ القابلية للقياس: حتى تتمكن الإدارة من التأكد من تحقيق الأهداف بالكفاءة والفاعلية المطلوبة، فإنه يجب على المخطط ترجمة الأهداف إلى وحدات قابلة للقياس، وألا تكون مجرد كلمات، لا يوجد تحديد لمدلولها، مما يساعد على عمل التعديلات اللازمة في ظروف التنفيذ، وتخضع الأهداف للمقاييس التالية:

١-   قياس زمني: أي تحديد فترة زمنية محددة لإنهاء العمل المطلوب.

٢-   قياس كمي: أي تحديد الكمية التي يراد تنفيذها خلال فترة معينة.

٣-   قياس نوعي: تحديد النوعية التي يجب أن يظهر عليها الأداء خلال فترة التنفيذ.

٢-السياسات: ويقصد بها مجموعة المبادئ أو القوانين التي تحدد أسلوب التصرف نحو تحقيق الأهداف أو الغايات المرجوة، ويشترط فيها الوضوح، التناسق والانسجام، الاقتناع والقبول، المرونة، المشروعية، الشمولية، الكفاية، وتحديد كيفية تحقيق الأهداف بوضع السياسات أمر له مجموعة من المزايا وهي:

أ ـ تحقيق نوع من الثبات واستقرار، وذلك بتوضيح منهاج العمل للرؤساء والمرؤوسين.

ب ـ تحقيق نوع من التناسق والانسجام بين الجهود المختلفة، مما يقلل من الانحرافات في تنفيذ الخطط.

ج ـ توفير الوقت والجهد للعاملين نظرا لوجود سياسات محددة سلفا تساعد الإدارة في تحديد الطرق التي يجب اتباعها عند التنفيذ.

د ـ إيجاد نوع م الرقابة على أساليب التنفيذ نظرا لوجود قواعد ومبادئ محددة وواضحة تحكم اختيار هذه الأساليب.

٣-الإجراءات: ويقصد بها تحديد الخطوات التي يجب اتباعها لتحقيق الأهداف، فمثلا إجراءات التطبيق تتطلب مجموعة من الخطوات والمراحل التي يجب على طالب الوظيفة المرور بها بدء من تعبئة نموذج الطلب، ويشترط فيها الدقة والوضوح، والبساطة والسهولة، والمرونة، والتناسق والانسجام، وتحديد الإجراءات يلتقي في مزاياه مع مزايا تحديد سياسات العمل.

٤-الميزانيات: وتشمل تسجيلا للالتزامات المستقبلية لتحقيق الأهداف، وترجمة السياسات على شكل أعداد رقمية تكون أساسا لسير العمل.

٥-البرامج: وتتضمن البيانات الخاصة بمجموعة الأنشطة الواجب القيام بها بإعداد جدول زمني يحدد الوقت النسبي لأعمال البرنامج.

منشأ الاهتمام بالتخطيط:

إن الاهتمام بالتخطيط جاء نتيجة للظروف المتغيرة التي تواجه رجال الأعمال، وسرعة التغيير في هذه الظروف، وقد وجد أنه من الأفضل معرفة هذه الظروف واتجاهاتها من أجل تحقيق المخاطر الناتجة عن عدم معرفتهم بهذه الظروف.

أهمية التخطيط:

التخطيط أمر لازم وحيوي لنجاح المؤسسة لأنه يعود بفوائد عديدة، ذكرها نادر أحمد أبو شيخة في كتابه " إدارة الاجتماعات".

١- يعمل على إبراز الأهداف بصورة واضحة، تساعد على توضيح الرؤية وتوجيه الجهود، لأنه بدون ذلك يحصل ضياع في الجهود والوقت وفوضى في الاتجاه.

وفي هذا الصدد يشير بيتر إلى أن عـدم وجـود جهـود تخطيطيـة كافيـة، وعـدم وجـود أهداف واضحة ينتج عنه ضياع جهود العاملين في المنظمة، وضياع الوقت، كـم تغلـب الفوضى على الجهود الجماعية.

٢- يحدد مراحل العمل والوقت اللازم لإنجاز كل مرحلة مما يساعد في الوصول إلى الهدف.

٣- يمكن من التنبؤ بالمشاكل والمعوقات التي قد تعترض سير العمل، مما يدعو للاستعداد ومواجهـة هذه المشاكل قبل حدوثها.

٤- يسهل من عملية التقويم عن طريق مقارنة الإنجاز الفعلي لأهداف العمل مـن المعيـار المحـدد في خطة العمل.

٥- يعمل على رفع كفاءة المنظمة ويزيد من فعاليتها.

لهذا يعتبر التخطيط من العمليات الهامة والضرورية والتي يجب عـلى مـدير المدرسـة أن يعطيه الوقت والجهد اللازمين، ذلك أن التخطيط لأي عمل من الأعمال يمثل حجر الزاوية من حيث كونـه المنهج العلمي الذي يرسم صورة العمل، وكافة فعاليات المنظمة ونتائجها تعتمد اعتمادا كليا عليه، ولأن غياب التخطيط يعني ترك الأمور وشأنها تتم بطريقة ارتجاليه ينتج عنه تخبط في الجهود وانحراف في المسارات السليمة، وانعدام في الضوابط التي تحكم قواعد سير العمل.

أنواع التخطيط:

للتخطيط أنواع متعددة، تتفاوت وفق عدد من المعايير وهـي الفترة الزمنية، المسـتوى الإداري، النطاق (التفصيل)، المكان.

أولا: أنواع التخطيط حسب الفترة الزمنية:

١- التخطيط بعيد المدى: ويغطي فترة زمنية أكثر من (٥)سنوات.

٢- التخطيط متوسط المدى: ويتراوح ما بين سنتين إلى (٥) سنوات.

٣-التخطيط قصير المدى: أقل من سنتين.

ومن مميزات التخطيط قصير المدى أنه يمكن تقييمه بسهوله، أما طويـل المـدى فإنـه أكـثر عرضـة للأخطاء، لأنه من الصعب التنبؤ بالظروف التي يحتمل أن تسود المستقبل نتيجة لطول المدى.

ثانيا: أنواع التخطيط حسب المستويات الإدارية:

١-التخطيط على مستوى المشروع ككل (الخطط الإستراتيجية، والأساسية).

٢-التخطيط عل مستوى الوحدات (الخطط ألأساسية للوحدات).

ثالثا: أنواع التخطيط حسب المكان:

١- خطط إقليمية.

٢- خطط محلية.

رابعا: أنواع التخطيط حسب النطاق:

١-التخطيط الشامل: على مستوى الدولة ككل.

٢-التخطيط الجزئي: يتناول مجالا معينا كالتعليم، الطب...........

خصائص التخطيط:

١- يتعلق دائما بالمستقبل.

٢- عملية مستمرة مكونة مـن مجموعـة مـن القـرارات المتداخلـة الـتي تشـمل تحديـدا ومراجعـة للمهمة الأساسية للمشروع.

٣- يتطلب التخطيط وجود فلسفة معينة للإدارة، وتكوين اتجاهات معينة، فلكي يمكن أداء عمليـة التخطيط بفعالية، فإنـه مـن الضـروري اقتنـاع الإدارة بضـرورة التخطـيط كعمليـة مستمرة.

٤- التخطيط ليس محاولة للتخلص من المخاطر، وإنما يهدف المدير عند قيامه بالتخطيط إلى فهم طبيعة المخاطر التي تواجه المشروع، ويقوم باختيار البدائل التي تؤدي إلى تحقيق الأهداف المرجوة بطريقة تؤدي إلى تقليل مستوى المخاطر.

المبادئ العامة للتخطيط الشامل (شروط التخطيط السليم):

١- العلمية: أي تطبيق التخطيط على أساس علمي يبنى على الفهم الكامل للقوانين الموضوعية.

٢- الإيجابية: يسعى إلى تحقيق وإحداث تغييرات جذرية.

٣- الالتزام: طالما وضعت خطة فإنها تصبح ملزمة للجميع، ويعاقب من يخالف الاتجاهات العامة الواردة بالخطة.

٤- المرونة: قابلية الخطة للتعديل المستمر حسب الظروف المتغيرة.

٥- الواقعية: أن تكون الأهداف الموضوعة قابلة للتطبيق، بحيث تتفق مع الإمكانات المادية والبشرية المتاحة.

٦- الاستمرارية: يصبح التخطيط صفة من صفات المؤسسة، وليس عارضا نتيجة لظروف عارضة، ويؤكد مبدأ ألاستمرارية وجود خطط طويلة، ومتوسطة، وقصيرة المدى.

٧- المتابعة والتقويم: الوقوف على نواحي القوة والضعف في الخطة الموضوعية.

مجالات العمل في التخطيط التعليمي:

تتركز محاور التخطيط التعليمي في:

الطالب، المعلم، المنهج، الخطة الدراسية، المدرسة.

مجالات التخطيط في الإدارة المدرسية:

من مستلزمات العمل المدرسي أن تعد الإدارة المدرسية تخطيطا شاملا لسياسة العمل في العام الدراسي، والتي تتضمن:

١- سياسة قبول الطلاب في العام الدراسي الجديد من حيث أعدادهم وشروط التحاقهم.

٢- أعضاء هيئة التدريس من حيث أعدادهم اللازمة للعمل المدرسي.

٣- سياسة المدرسة بالنسبة للاختبارات الشهرية أو الفصلية.

٤- النظام المدرسي المتبع أثناء العام الدراسي، وكيفية معاملة الطلاب.

٥- مدى استيعاب المبنى المدرسي للطلاب الجدد والمقيدين، وحالة المبنى، ومدى صلاحيته وكفايته.

٦- الجهاز الإداري اللازم للعمل المدرسي، وكذلك المستخدمين والعمال اللازمين للعمل.

٧- النواحي المالية وما تشمله من اعتمادات ومخصصات لميزانية المدرسة، وأوجه النشاط.

٨- مستلزمات المدرسة من الكتب والأدوات المدرسية، والأثاث المدرسي.

التنظيم

يعتبر التنظيم من المهام التي يجب على المدير أن يفهمها ويعرف أبعادها، لأن المدير الذي لا يعي تماما الأبعاد التنظيمية يدر المنظمة بغير أساس موضوعي ن حيث تختلط عليه الأمور، وتتداخل الاختصاصات، وتتنازع السلطات بين العاملين.

تعريف التنظيم:

عرف التنظيم بأنه "ذلك الجانب من العملية الإدارية الذي يختص بتحديد الأعمال والنشاطات اللازمة لتحقيق أهداف المنظمة وتنظيمها في إدارات ودوائر ووحدات

وأقسام، في ضوء تحديد العلائق التي تنشأ بين النشاطات والقائمين عليها في كل المستويات"[١].

كما عرف بأنه "هو الهيكل الناتج عن تحديد وتجميع العمل، وتجديد المسئوليات وتفويض السلطات، وإقامة العلاقات بين الأعمال والقائمين عليها"[٢].

ويعرف بأنه "تنظيم توزيع الأعمال المختلفة على العاملين كل في مجاله تخصصه، وإعطاء هؤلاء العاملين الصلاحيات لإنجاز ما اسند إليهم من أ عمال في أقصر وقت ممكن، وبأقل تكلفة وبأعلى مستوى للأداء"[٣].

مما سبق نستطيع القول أن تعريفات التنظيم المذكورة تتفق جميعها في أن التنظيم يعني (عملية حصر الواجبات والنشاطات المراد القيام بها وتقسيمها إلى اختصاصات الأفراد، وتحديد وتوزيع السلطة والمسؤولية وإنشاء العلاقات بين الأفراد وتوحيد الاتجاهات، بغرض تمكين مجموعة من الأفراد من العمل بانسجام وتناسق لتحقيق الهدف)

أهمية التنظيم:

أي عمل لا يقوم على دراسة وتنظيم يصبح ضربا من الفوضى والعشوائية، فالتنظيم هو الأسلوب الذي يوصل إلى الأهداف من أقرب الطرق ن وتبرز أهميته في الأمور التالية:

١- تقسيم العمل بين الموظفين: وتحديد مسئولياتهم ونشاطاتهم لمنع التضارب وسوء التفاهم.

٢- تزويد الموظفين بالمعلومات المتصلة بأعمالهم أولا بأول.

(١) إبراهيم المنيف، النموذج ألإسلامي في الإدارة.
(٢) عرفات عبد العزيز، الإدارة المدرسية في ضوء الفكر الإداري الإسلامي المعاصر.
(٣) سليمان الحقيل، الإدارة المدرسية وتعبئة قواها البشرية في المملكة العربية السعودية.

٣- تحديد أسلوب العمل، فلا تترك الحرية للموظفين يقررون ما يتبعونه في كال حالة.

٤- يعتبر النظام أفضل أسلوب للاتصال بين الإدارة والموظفين من جهة وبين الموظفين وبعضهم بعض.

٥- توفير جو من العلاقات ألإنسانية بين الإدارة والموظفين.

مقتضيات التنظيم في الإدارة المدرسية:

١- دراسة دقيقة لأوضاع المدرسة ومتطلبات العمل داخلها.

٢- الإحاطة بما تتضمنه اللوائح والتعليمات والنشرات الخاصة بالتعليم عامة والإدارة المدرسية خاصة.

٣- إعداد متطلبات العمل، واتخاذ الترتيبات الضرورية لتنفيذه فيما يتعلق بالقوى البشرية والمادية.

٤- دراسة الخطط الدراسية المختلفة لكل الصفوف، ثم معرفة الأعداد اللازمة من المعلمين.

٥- وضع الرجل المناسب في المكان المناسب، وهذا يتطلب التعرف على قدرات واستعدادات كل فرد.

٦- تنظيم برامج خدمة البيئة، وما يمكن أن تقدمه المدرسة لها.

٧- حسن توزيع المسئوليات على القائمين عليها.

بناء الهيكل التنظيمي للمؤسسة

يشكل الهيكل التنظيمي أو الخريطة التنظيمية الإطار العام للتسلسل الإداري للمؤسسة. فهو الشكل الذي يوضح مواقع الوظائف وارتباطاتها الإدارية والعلاقات بين الأفراد كما يوضح خطوط السلطة والمسؤولية داخل التنظيم.

ويبدأ الهيكل التنظيمي من أعلى مستوى (الوزير مثلا) وينتهي بأقل مستوى إداري من العاملين.

■ وقبل إعداد الهيكل التنظيمي لا بد من تحديد أهداف المؤسسة مع الأخذ بالاعتبار المرونة في هذا الهيكل بحيث لو تغيرت الأهداف يبقى متناسبا وهذا له علاقة مع ما يسمى" بديناميكية التنظيم.

■ وبعد تحديد الهدف تبدأ عملية إعداد الهيكل التنظيمي من خلال تقسيم العمل وإنشاء   الوظائف والوحدات الإدارية بالخطوات التالية:

(١) تحويل الأهداف إلى أنشطة ويتم البدء بالأنشطة الرئيسية وتقسيمها إلى أنشطة فرعية وثانوية.

(٢) يتم تجميع الأنشطة في صورة وظائف بحيث تشكل كل مجموعة أنشطة ذات طبيعة متجانسة وظيفة معينة.

(٣) تجميع الوظائف المتشابهة في وحدات إدارية تعطي مسمى معين.

(٤) تحديد مهمات واختصاصات الوحدات الإدارية التي يتكون منها الهيكل التنظيمي.

أما عملية التجميع للأنشطة والوظائف أو أسس تقسيم العمل وتوزيع الوظائف فيتم على عدة أسس هي:

١- التوزيع على أساس نوع الوظيفة: كوظيفة الشؤون الإدارية، الشؤون المالية، العلاقات العامة، الدائرة الهندسية، الصيانة..الخ.

٢- التوزيع على أساس جغرافي، وهذا مناسب للمؤسسات التي لها فروع في مناطق مختلفة.

٣- التوزيع على أساس السلعة.

٤- التوزيع على أساس العملاء.

٥- التوزيع على أساس مركب: الذي يجمع بين أكثر من طريقة من الطرق السابقة.

المتابعة

تعد المتابعة ركنا حساسا فيما يتعلق بجوانب العمل المدرسي، لأن المعلمين والإداريين يختلفون فيما بينهم في إعدادهم وخبراتهم، ومقدراتهم الخاصة، وتصورهم للتربية، ومن هنا يختلف فهمهم لما تم التخطيط والتنظيم له، فقد يحتاج أحدهم إلى أي نوع من المساعدة.

تعريف المتابعة:

تعرف المتابعة بأنها: الإطلاع المستمر على كيفية تنفيذ البرامج المختلفة داخل المدرسة وخارجها في ضوء الخطة المرسومة.[1]

كما تعني المتابعة: الإشراف على تنفيذ ما تم التخطيط والتنظيم له، لمعرفة جوانب القوة في التنفيذ من أجل الإبقاء عليها، العمل على تعزيزها والتعرف على نواحي الضعف من اجل تلافيها.

وتأتي المتابعة على رأس النشاط العلمي لمدير المدرسة، وتشمل العناصر الآتية:

١- المدرس وما يقوم به من تدريس ونشاط صفي ولا صفي.

٢- الإداري ومدى تفاعله مع واجباته ومسئولياته.

٣- الطالب ومدى استفادته من برامج المدرسة التعليمية والتربوية والترفيهية.

٤- خدمة البيئة، والعلاقة بين المدرسة والمنزل، وما تعكسه برامج المدرسة من تفاعل مثمر مع المجتمع.

(١) بلغيث، الإدارة المدرسية ـ ميادينها النظرية والعملية.

ويمكن لمدير المدرسة أن يستعين بمساعده(نائبه أو وكيله) أو ببعض المعلمـين لمسـاعدته في عمليـة المتابعة وعلى من يقوم بعملية المتابعة مراعاة الأمور التالية لكي تحقق المتابعة أهدافها:

١- تقبل مسئولية العمل كمشرف على الجماعة.

٢- الاهتمام بالموظف قبل عمله.

٣- تشجيع العاملين وحفزهم على النجاح.

٤- حل المشكلات التي قد تعترض التنفيذ.

٥- سرعة البديهة واليقظة والمرونة والدقة في العمل.

٦- المتابعة في إطار من الاحترام.

٧- مداومة الاتصال بمجالات العمل للتأكد من أن الأعمال تسير كما خطط لها.

٨- تهيئة الجو المناسب للعمل المثمر بما يشيع فيه من تعاون وتآلف.

أهداف المتابعة:

١- معرفة طبيعة سير العمل.

٢- معرفة مدى التزام العاملين بالخطة المرسومة.

٣- تعزيز نواحي القوة. ومعالجة القصور في حينه.

٤- توضيح المعلومات بالصورة المطلوبة للعمل.

أقسام المتابعة:

١- متابعة إيجابية.

٢- متابعة سلبية.

أولا: المتابعة الإيجابية: وتقوم على الفهم الواعي لأهداف برامج وخطط المدرسة، وتهدف إلى الوصول

بهذه البرامج والخطط إلى النجاح، ويستطيع مدير المدرسة تحقيقها باتباع ما يلي:

١- إذا كان المدير ثابت الرأي لا يتذبذب في أفكاره وآرائه.

٢- إذا سلك في متابعته الأسلوب الديموقراطي الذي يتحقق من خلاله احترام مشاعر الآخرين، وسيادة العلاقات الإنسانية في المدرسة.

ثانيا: المتابعة السلبية: وهي متابعة تقوم على أساليب عقيمة، وتنفر من العمل الإبداعي، وتقلل في المرؤوس بواعث الرغبة في العطاء، وتكون سلبية في المجالات الآتية:

١- التسلط والاستبداد بالرأي، وعدم السماح بالمشورة والديمقراطية.

٢- تصيد أخطاء العاملين ورصدها ومحاسبتهم عليها، وعدم تقدير الجوانب الإيجابية في عملهم.

٣- الإستعانة بعيون خفية من العاملين والأخذ بآرائهم دون تثبت وروية.

٤- عدم تحديد مسئولية العاملين، وهذا يعني سيادة الأسلوب الفوضوي.

٥- مخالفة أعمال المدير لأقواله، وفي ذلك يقول الله تعالى " كبر مقتا عند الله أن تقولوا ما لا تفعلون."

التوجيه

يعد التوجيه أحد وظائف الإدارة الرئيسية، ومن أكثرها حساسية، خاصة وأن هناك ارتباطا وثيقا بين عملية التوجيه ومهارات المدير القيادية.

التوجيه، هو أحد نشاطات العملية الإدارية في المؤسسات،وهو الثالث بالترتيب.

إن سلامة التوجيه تعد من أهم مهارات إدارة الوقت للوصول لتحقيق الأهداف. وأن سلامة التوجيه ينبع من الوعى بالآخرين و ما لديهم و هو أساس التوجيه, و في

الوقت ذاته فإن إدارة الوقت تحث على تطوير نظام التوجيه في المؤسسات ليصبح أكثر اعتمادا على التوجيه الذاتي للفرد في إطار المنظومة الجماعية معتمدا على المعلومات و ليس على السلطة و إذا كانت إدارة الوقت هي إدارة للموارد البشرية فإن التوجيه يهتم بالمورد البشري من خلال الارتقاء بمواهبه و قدراته.

التوجيه هي الوظيفة الحديثة في العملية الإدارية؛ دورها خلق العمل البناء و المنظم في المشروع و إخراجه نطاق الوجود لهذا الغرض يعرف التوجيه على أنه: الحث المستمر من طرف الرئيس للمرؤوسين على طاعة الأوامر و تنفيذ الأعمال وهو عملية دفع العاملين للعمل برغبة و حماس. و تحقيقا لهذا الغرض يتضمن التوجيه عملية إصدار الأوامر و حث الأفراد المكلفين بتنفيذ الأوامر و إنجاز الأعمال. و يعرف أيضا إنها الوظيفة التي تختص بإرشاد المرؤوسين و ملاحظتهم أثناء أدائهم لأعمالهم و هي من مهمة الرئيس أو القائد باعتبار أن المرؤوسين يخضعون لإشرافه وعملية التوجيه هي وسيلة لبلغ أهداف التنظيمو تعتمد اساسا على إصدار الأوامر.

تعتبر عملية التوجيه من الوظائف الإدارية التي يقوم بها المدير في المنظمة. ويمكن تعريف التوجيه بأنه:

عملية تنطوي على كل الأنشطة التي صممت لتشجيع المرؤوسين على العمل بكفاءة وفاعلية على كل من المدى القريب والبعيد. كما ينظر إليها على أنها مهمة مستمرة لصنع القرارات وتسجيلها في أوامر وتعليمات سواء كانت هذه الأوامر وتلك التعليمات عامة أو خاصة.

وتعتبر هذه العملية من الوظائف الصعبة ويرجع سبب صعوبتها إلى أن المدير يتعامل مع الناس وهم قوى مركبة يختلفون في شخصياتهم ولكل منهم أهدافه ودوافعه التي قد تتفق مع أهداف المنظمة أو قد تتعارض أحيانا معها. وهذا يتطلب من المدير أن يتفهم هذه القوى حتى يتمكن من توجيه تلك الجهود الإنسانية نحو تحقيق أهداف المنظمة.

والتوجيه هو جزء رئيسي من عملية القيادة، والتي تتطلب من الرئيس أن يقضى بعض الوقت مع الأفراد من أجل الاستماع والإنصات والملاحظة، ثم تقديم النصح والإرشاد والتعليمات اللازمة التي تيسر مواجهة المواقف الصعبة أثناء أدائهم لأعمالهم ويؤدى ذلك إلى ظهور صورة من الحماس وحب العمل وإجادته في نفس الوقت.

ويعرف التوجيه تربويا: بأنه مجموعه من الخدمات المخططة التي تتسم بالاتساع والشمولية وتتضمن داخلها عملية الإرشاد ويركز التوجيه على إمداد الطالب بالمعلومات المتنوعة والمناسبة وتنمية شعوره بالمسؤولية بما يساعده على فهم ذاته والتعرف على قدراته وإمكاناته ومواجهة مشكلاته واتخاذ قراراته وتقديم خدمات التوجيه للطلاب بعدة أساليب كالندوات والمحاضرات واللقاءات والنشرات والصحف واللوحات والأفلام والإذاعة المدرسية ...الخ

فالتوجيه يعد عملا تربويا على درجة كبيرة من الأهمية بالنسبة للعمل المدرسي، ويقوم به مدير المدرسة، فيتولى توجيه العاملين معه من مدرسين وموظفين وطلاب، ويجب أن يتم التوجيه في إطار من التفاهم والاحترام وفق الوسائل التربوية والفنية السليمة التي يكتسبها المدير خلال إعداده قبل وأثناء الخدمة، وأساليب التوجيه متعددة، ويكمل بعضها بعضا، فيقوم مدير المدرسة بتوجيه مدرسية عن طريق الاتصال المباشر بهم داخل الصف وخارجه.

أو عقد الاجتماعات الدورية مع المدرسين لتوجيههم لأفضل السبل المؤدية إلى تحقيق أهداف العملية التربوية.

وتعتمد كفاءة وفاعلية عملية التوجيه على توافر العوامل الرئيسية التالية:

١- أسلوب الاتصال ووسائله.

٢- وضوح الأهداف.

٣- معرفة دوافع العاملين، وإيجاد الحوافز اللازمة لإشباعها.

ومن أهم المبادئ التي يقوم عليها التوجيه في الإدارة المدرسية:

١- وحدة الأمر: فمن المعلـوم أن التوجيـه يكـون أكـثر فاعليـة وجـدوى إذا مـا تلقـى العـاملون في المدرسة الإرشادات والأوامر من مصدر واحد.

٢- الإشراف المباشر: وهو ضروري وهام في عمليـة التوجيـه، ويكـون ذا فاعليـة أكـثر عنـدما يكـون الاتصال مباشرا بين الرئيس والمرؤوسين.

٣- اختيار الأسلوب: يجب على مدير المدرسة أن يختار أسلوب التوجيه الأكثر مناسبة للأفراد الـذين يتولى توجيههم بما يتفق ونوع المطلوب منهم إنجازه.

عناصر التوجيه الفعال

- لا تصدر توجيهات أو أوامر إلا عند الضرورة.

- احرص أن تحدد بدقة من سيقوم بالعمل ومتى وأين وكيف.

- تابع تنفيذ الأمر بعد إصداره.

- كن واضحا في توجيهاتك وأطلب من المرؤوس شرح ما يفعله وكيف.

- تحدث مباشرة مع الشخص المسئول ودون وسيط.

- وضح الهدف من التوجيه.

- لا توجه العامل أمام الآخرين.

- شجع من التزم بالتوجيه وأعط فرصة لمن لم يحتاج إلى تطوير أدائه طالما أنـه يحـدث بغـير قصد.

- أختار الألفاظ المناسبة والواضحة والمحددة.

- اختار المكان المناسب للتوجيه.

التقويم

وهو عنصر هام من عناصر الإدارة، ويقصد به: (تقدير مدى صلاحية أو ملاءمة شيء ما في ضوء غرض ذي صلة. لأنه جزء لا يتجزأ من عملية الإنتاج، ومقوم أساسي من مقوماتها، ويدفع الأفراد لمزيد من العمل والإنتاج من خلال التوظيف الجيد للتغذية الراجعة)[1].

إن التقويم يتضمن بشكل موجز ما يلي[2]:

١ - التقويم هو إصدار قيمة الشيء مع التصحيح أو التعديل.

٢ - إصدار أحكام على موضوع التقويم: أشخاص أو برامج أو جدول زمني...الخ.

٣ - التحسين أو التطوير للبرامج القائمة ومدى نموها من أجل تحقيق الأهداف المرسومة.

٤ - التقويم هو عملية مستمرة شاملة تشخيصية علاجية تهدف إلى إصدار حكم.

٥ - إن التقويم عملية تقييم منظمة Systematic Assessment لعمليات البرنامج ونواتجه، أو لسياسة معينة يتبناها البرنامج، في ضوء مجموعة من المحكات الصريحة و المضمرة كوسيلة للإسهام في تحسين البرنامج أو السياسة التي يتبناها البرنامج.

٦ - التقويم هو صناعة عملية مصممة لجعل البرنامج يعمل بشكل أفضل.

---

(١) سامي عارف، أساسيات الوصف الوظيفي، ٢٠٠٧،دار زهران للنشر والتوزيع، عمان/ الأردن،ص١٨١.

(٢) مصطفى نمر دعمس،٢٠٠٨، استراتيجيات التقويم التربوي الحديث وأدواته، الأردن- عمان، دار غيداء، ص١٩.

٧- هو تجميع و تحليل منظم للبيانات و المعلومات الضرورية لصنع القرارات. وهـو عمليـة تلجـأ إليها معظم المؤسسات لتقويم برامجها منذ بداية تنفيذها و تطبيقها.

٨- التقويم يتضمن اتخاذ قرار.

٩- هو جهود عقلانية تستعمل في الغالب الطريق التجريبية أو أي طرق أخرى مـن طـرق البحـث بهدف توفير المعلومات الضرورية لاتخاذ القرار المتعلقة بالخطط و البـرامج السياسـات المقومة، فالأهداف و النتائج هما العاملان الأساسيان في بحوث التقويم.

يمثل التقويم في مفهومه الشمولي عملية تثمين الشيء بعناية ابتغاء التأكد من قيمته.

ولما كان التثمين ينضوي تحت مفهوم الحكم، وكان مصطلح الشيء يقتصر ـ عـلى الصـفة الماديـة والمعنوية معا، كان التقويم هو الحكم الصادر على قيمة الأشياء أو الموضوعات أو المواقف أو السـلوكات أو الأشخاص، استنادا إلى معايير ومحكات معينة. وعليه اعتبرت العنايـة شرطا أساسـيا تقـف عليـه عمليـة التثمين.

التقويم هو النوع، أو الجودة، أو الجدارة، أو القيمة أو عن الشيء المقاس ؛ إذن التقـويم يتضـمن اتخاذ قرار.

التقويم عملية إنسانية واستراتيجيه فعالة للتعرف على الذات وتحقيقها.

يعتمد تقويم العمل المدرسي على عدة مبادئ يجدر على مدير المدرسة مراعاتها وهي:

١- أن يكون التقويم عملية تعاونية يشترك فيها المدير والمعلمون بهدف الوصول إلى نتائج افضل.

٢- أن يكون التقويم شاملا لجميع أبعاد العمل المـدرسي وعناصره، وأن يسـتهدف دراسـة جوانـب القوة والضعف بقصد الإفادة من القوة وعلاج الضعف.

٣- أن يكون التقويم مستمرا من بداية العمل.

٤- أن يتم التقويم على أسـاس جمـع ودراسـة المعلومـات الصـحيحة الكافيـة بحيـث تتخـذ هـذه المعلومات معيارا للحكم.

٥- أن يكون التقويم وسيلة لا غاية، فهو وسيلة لتحقيق العمل المدرسي بشكل فعال ممـا يـؤدي إلى تحقيق أهداف المدرسة.

أهم مجالات التقويم في الإدارة المدرسية.

١- تقويم التنظيم المدرسي وأثره على تحقيق رسالة المدرسة.

٢- تقويم العلاقة بين المجتمع والمدرسة لمعرفة ما تقدمه المدرسة للمجتمع من خدمات وما يقدمه المجتمع من مساعدة في تحقيق الأهداف التربوية والتعليمية.

٣- تقويم خطة المباني المدرسية والتجهيزات والأدوات المدرسية التي تسير العملية التعليمية.

٤- تقويم أداء المعلمين ومدى إقبالهم على مهنة التدريس وقدراتهم على تحقيق النمو المطلوب للطلاب

٥- تقويم المنهج الدراسي من حيث: أهدافه، محتواه، تنظيمه.

٦- تقويم مدى تقدم التلاميذ، وما اكتسبوه من مهارات.

ثالثا: اتخاذ القرار

- **مفهوم اتخاذ القرار:**

يعد اتخاذ القرار من أهم مراحل القرار،وليس مرادفا لصنع القرار، فمرحلة اتخاذ القرار هي خلاصة ما يتوصل إليه صانعوا القرار من معلومات وأفكار حول المشكلة القائمة، ومن ثم فإن اتخاذ القرار يعتبر أحد مراحل صنع القرار، بل هو نتاج عملية صنع القرار ذاتها.

ويتضح معنى اتخاذ القرار من خلال التعريفات المتعددة التي وضعها علماء الإدارة، فيرى ليفيم وهو Lipham& Hoeh أنه أختيار بديل من بديلين أو أكثر، لأنه إذا لم يوجد في الموقف إلا بديل واحد، فلن يكون هناك قرار يتخذ، وذلك لعدم وجود مجال للاختيار.

كما يعرفه ماركس Marks وآخرون أنه تصرف معين تم اختياره لمواجهة موقف أو مشكلة معينة، والقرار الرشيد هو الذي يواجه كافة المتطلبات في الموقف، وعموما يوجد القرار حينما تتواجد العناصر التالية: المشكلة، متخذ القرار، الهدف، البدائل، قواعد الاختيار، الموقف المعين.

ويعرفه نيجرو Nigro بأنه الاختيار المدرك (الواعي) بين البدائل المتاحة في موقف معين.

ويرى يس ودرويش أنه مسار فعل يختاره متخذ القرار باعتباره أنسب وسيلة أمامه لإنجاز الهدف أو الأهداف التي يتبعها، أيضا يرى علاقي أن اتخاذ القرار هو الاختيار الواعي الذي يتم بعد تقييم مجموعة من البدائل.

ويشير بوللي Polley وآخرون إلى أن إدراك عملية اتخاذ القرار يتضمن: معرفة المشكلة أو الموضوع وتكوين البدائل المتعلقة، والحصول على المعلومات، ودمج وتحليل المعلومات ودراسة البدائل وتعديلها، واختيار البديل المناسب والعمل إداريا على إقراره، ويجب مشاركة المتأثرين بالقرار في كل مرحلة من المراحل السابقة، ثم يلي ذلك

مرحلة التغذية الراجعة ويعرف ليوثانز اتخاذ القرار بأنه الاختيار بين بديلين أو أكثر، ومع ذلك فالبعض يرى أن الاختيار الحقيقي للنشاط الفعلي يسبقه تجميع المعلومات وتنمية البدائل.

من التعريفات السابقة للقرار الإداري، نلاحظ أن هناك عناصر جوهرية لازمة لوجود القرار، يمكن أجمالها في عنصرين هما: وجود موقف معين به أكثر من طريق أو بديل، وأن يختار الشخص بوعي بديلا من البدائل المتوفرة لديه، وهذا معناه أن يكون هناك مشكلة إدارية تتطلب حلا معينا، وأن يكون هناك بدائل متعددة لموجهتها، تطرح للنقاش ويتم دراستها وتقويمها حتى يتم اختيار البديل الأمثل.

ومن الملاحظ أن الأفراد لا يستطيعون اتخاذ قرار شامل وكامل ومعتدل في هذا المجال المعقد، ومن فإن عملية اتخاذ القرارات الإدارية في أغلب الأحوال تهتم بالاختيار، وتحقيق البدائل المرضية بدلا من البحث عن أفضل البدائل وأكثرها فائدة. وهذا ما أوضحه مارش وسيمون March & Simon من أن اتخاذ القرار سواء كان فرديا أو عن طريق المنظمة، فإنه يهتم في المقام الأول باكتشاف واختيار البدائل المرضية، ولا يهتم باكتشاف واختيار أفضل البدائل إلا في حالات خاصة.

- **مفهوم صنع القرار:**

يقصد به جميع الخطوات التي يتطلبها ظهور القرار إلى حيز الوجود، وتتضمن خطوات التعرف على المشكلة وتحديدها، وتحليل المشكلة وتقييمها، وجمع البيانات، واقتراح الحلول المناسبة، وتقييم كل حل على حده، ثم اختيار أفضل الحلول.

وقد تعدد تعريفات صنع القرار، فيرى تانبوم Tannenbaum أن صنع القرار عملية ديناميكية تتضمن مراحلها تفاعلات متعددة، تبدأ من مرحلة التصميم، وتنتهي بمرحلة اتخاذ القرار.

كما يرى الجوهري أن صنع القرار هو سلسلة من الاستجابات الفردية أو الجماعية التي تنتهي باختيار البديل الأنسب في مواجهة موقف معين.

ويمكن تحديد بعض السمات التي تتسم بها عملية صنع القرار بأن تتسم عملية صنع القرار من خلال إتباع عدة خطوات متتابعة كأسلوب متسلسل منطقيا، للوصول إلى حل ملائم، وأي موقف أو مشكلة لها –حلول بديلة، يجب التعرف عليها وتحديدها وتحليلها ومقارنتها طبقا لأسس وقواعد ومقاييس محددة سابقا، وفي عملية صنع القرار تعتمد طريقة اكتشاف البدائل وتحديد محكات الاختيار واختيار الحل الأمثل على الأهداف التي يمكن تحقيقها، وتقوم عملية صنع القرار على الجهود الجماعية المشتركة، ولهذا فهي تتصف بالعموم والشمول باعتبار أن نوع القرارات وأساليب اتخاذها تكاد تكون عامة بالنسبة لجميع المنظمات الإدارية.

من خلال العرض السابق نجد أن هناك فرقا بين مفهومي اتخاذ القرار، وصنعه، فاتخاذ القرار يمثل إحدى مراحل صنع القرار، فهو من نتاج عملية صنع القرار.

■ المشاركة في علميات اتخاذ القرار(صنع القرار).

قديما ساد اعتقاد أن القرارات ينبغي أن تتخذ في أي منظمة بواسطة فرد واحد هو المدير أو الرئيس، وما لبثت هذه الصورة أن تلاشت بسبب مجموعة من العوامل، منها ظهور أسلوب الشورى في الإدارة، وكبر حجم المنظمات، وتضخم مسؤولياتها، والاعتراف المتزايد بقصور قدرات الفرد عن الإلمام بكل شيء.

ومع بداية الاهتمام بالعنصر الإنساني في بداية الثلاثينيات، وبخاصة مع تجارب هورثون، ونتنجة لإسهامات رواد الجانب السلوكي في المنظمة مثل إلتون مايو، وكرس أرجريس، ودوجلاس ماك جريجور، وفردريك هرزبرج، ورنسيس ليكارت، بدأ يظهر إدراك مجموعات اتخاذ القرار بشكل مختلف، إذ أصبح كثير من المديرين يدركون أن اتخاذ القرار بواسطة مجموعة يمكن أن يكون أكثر دقة وأكثر عمقا واتساعا، كما إن ألإفراد يكونون أكثر التزاما بتنفيذ القرارات التي شاركوا في اتخاذها وغالبا ما تأتي هذه القرارات بأفكار واتجاهات لا يستطيع الفرد وحده أن يأتي بمثلها.

من هنا يتضح أن عملية اتخاذ القرارات حصيلة جهد جماعي مشترك، يتعاون فيه المدير مع المرؤوسين، مما يتطلب جمع المعلومات والبيانات، وتحليلها، وتقديم الآراء

والأفكار الممكنة، وتحقيق الاتصالات الفردية لضمان نجاح خط سير القرار، بمعنى أن المشاركة في عمليات اتخاذ القرارات هي اختيار جماعة من الأفراد بشكل مشترك حلا من بين بدائل الحلول المتاحة لمشكلة ما واتخاذ الإجراءات اللازمة لتنفيذ ذلك الحل.

حيث يرى هربرت سيمون أن التنظيم الإداري أساس يقوم على اتخاذ القرار وان اتخاذ القرار هو قلب الإدارة وأن النشاط الإداري ما هو إلا سلسلة من اتخاذ القرارات الجيدة.

لذا يمكن القول أن القرارات الناجحة تتميز بالغرضية والمعقولية والاختيار الصحيح لأنسب الاحتمالات الممكنة وهذا يستدعي أن يكون القرار قائم على مجموعة من الحقائق والبيانات وليس على التحيز والتعصب أو الرأي الشخصي.

- **العوامل التي تؤثر على اتخاذ القرار:**

١- الأساس الذي يقوم عليه القرار.

٢- الوسط المحيط باتخاذ القرار.

٣- النواحي السيكولوجية (النفسية) لمتخذ القرار.

٤- توقيت القرار.

٥- إشراك المعنيين وذوي الاختصاص في اتخاذ القرار.

٦- كفاءة الإداري في اتخاذ القرار.

٧- الطريقة التي يتخذ بها القرار.

٨- قنوات الاتصال.

- **المفاهيم الأساسية في اتخاذ القرار:**

١- إدارة عملية أو مرحلة بمعنى أنها نمط مركب من نشاط فكري وإنساني.

٢- اتخاذ القرار أساس ألإدارة، وهذا يعني بدراسة مزايا وعيوب لكل الحلول الممكنة.

٣- القرارات التي تتخذ تنفذ بواسطة أشخاص آخرين وهذا يتطلب وجود التعاون بين الأفراد.

٤- إن النشاط الإداري يركز على المستقبل.

٥- إن الاستخدام الأمثل للعناصر المادية والبشرية يتطلب مراجعة القرارات للتأكد من تحقيق ذلك.

- **المهارات الأساسية التي تساعد مدير المدرسة في اتخاذ القرار الرشيد.**

وهناك مجموعة من المهارات أجمع علماء الإدارة على أهميتها وضرورة توافرها لدى متخذ القرار، ويمكن تصنيفها إلى أربع مجموعات هي:المهارات الفكرية والإنسانية والتصورية (سبق الحديث عنها).

- **معوقات اتخاذ القرار:**

هناك بعض الأسباب التي تكمن وراء عدم الوصول إلى قرار رشيد، وهذه الأسباب متعددة في صورها، ومتباينة في آثارها، وبصفة عامة فإن الأسباب التي تعوق عملية اتخاذ القرار كما ذكرها درويش تدور حول إن مجموعة من الأسباب تتعلق بتكوين المشكلة محل القرار، وإيضاحها، وربطها بغيرها من المشاكل وتتعلق مجموعة أخرى بصانع القرار بصورة عامة، ومتخذ القرار بصفة خاصة، ومجموعة ثالثة تتعلق بمشاكل عملية صنع القرارات، وتتركز أساسا حول محور واحد هو مرحلة التوقع أو التنبؤ، وفي ضوء ذلك يرجع إحجام المدير عن اتخاذ القرارات إلى عدة أسباب من أهمها سوء فهم المدير للإدارة وهذا يؤدي إلى ضعف كفاءته وعدم مقدرته على الاختيار

السليم بين البدائل، وخوف المدير من اتخاذ القرار قد يكون ناتجا عن عدم وجود فلسفة معينة واضحة تقود عملية اتخاذ القرار، أو صعوبة التنبؤ بالمستقبل، أو أن يحمل القرار في مضمونه ما يتعارض مع عادات وتقاليد وقيما المجتمع وحداثة المدير في العمل وعدم وضوح النصوص والاختصاصات واللوائح والتعليمات بالنسبة له.

وهناك العديد من العناصر المؤثرة في اتخاذ القرار منها: انبعاث بعض القرارات عن التقاليد، أو الجهل، أو الخيلاء، وتكون مثل هذه القرارات أكثر ضررا وأقل حكمة.

وتوجد مجموعة من العوامل المتداخلة في عملية اتخاذ القرار، وقد تكون هذه العوامل من داخل المدرسة أو من خارجها، ويطلق عليها معوقات لأنها تعد حجر عثرة في طريق الاختيار الرشيد للبديل، وهذه المعوقات لها جوانب وأبعاد كثيرة، ويمكن التعرف عليها وتحديدها، وقد بلورها مطر على أنها معوقات مفروضة بحكم الوقت المخصص لاتخاذ القرار، وبحكم المعرفة المتاحة، والموارد المتاحة وتوزيعها، ودرجة الإجماع على القرار، والمطالب الوظيفية المتضاربة، ثم هناك معوقات إدارية لصنع القرار التعليمي واتخاذه.

إن أتحاذ القرارات في إطار المؤسسة التعليمية بدءا من تحديد المشكلة وجمع المعلومات، والبحث عن الحلول البديلة، واختيار البديل الأفضل، وانتهاء بالتنفيذ والمتابعة، ليس دائما بالعملية السهلة، ذلك لأن المشكلات التي تواجه متخذي القرار (المديرين) خلال هذه المراحل عديدة ومتشعبة، منها ما يرتبط بالتكوين الذاتي لمتخذ القرار، ومنها ما يرتبط بالمناخ المحيط به، وعادات وتقاليد المجتمع، وقد لخص عبد الحميد أهم هذه المشكلات التي تعوق عملية اتخذ القرارات المناسبة وهي: قصور البيانات والمعلومات والتردد (عدم الحسم)، وضعف الثقة المتبادلة، ووقت القرار، والجوانب النفسية والشخصية لمتخذ القرار وعدم المشاركة في اتخاذ القرار.

إن اتخاذ القرارات عملية معقدة ومركبة، وتتداخل فيها عوامل متعددة تعترض متخذ القرار، وتصبح حواجز للقرار الرشيد، وقد حددها الهواري على أنها عجز متخذ القرار عن تحديد المشكلة تحديدا واضحا، أو عدم قدرته على التمييز بين المشكلة السطحية والمشكلة الحقيقية، وعن الإلمام بجميع الحلول الممكنة للمشكلة، وعن معرفة

جميع النتائج المتوقعة لجميع الحلول، وعن القيام بعملية تقييم مثالي للبدائل بسبب التزامه بارتباطات سابقة، وأن الفرد محدود، في اتخاذ القرارات، بمهاراته وعاداته وانطباعاته الخارجة عن إرادته، ومحدود أيضا بقيمه الفلسفية والاجتماعية والأخلاقية وبمعلوماته وخبرته عن الأشياء التي تتعلق بوظيفته وبقدرته على التمييز بين الحقيقة والقيمة وبين التفكير بطريقة منطقية وبطريقة ابتكارية وعنصر الوقت غالبا ما يسبب ضغطا على متخذ القرار.

ومن ناحية أخرى فإن المشاكل والمعوقات الإدارية التي تعترض عملية اتخاذ القرار متعددة ومتنوعة، ومن أهم هذه المعوقات كما أشار إليها كنعان، المركزية الشديدة وعدم التفويض، والوضع التنظيمي للأجهزة الإدارية، والبيروقراطية، وتباين وتعقد الإجراءات، وعدم وفرة المعلومات اللازمة لاتخاذ القرار ن والتخطيط غير السليم، وقد أضاف كنعان معوقات بيئية أخرى تتمثل في الموروثات الاجتماعية وما يرتبط بها من عادات وتقاليد، وغموض وجمود اللوائح، وعدم الاستفادة من التقدم العلمي والتكنولوجي في مجال الإدارة، وبالإضافة إلى ذلك فإن هناك معوقات نابعة من وضع القيادات الإدارية مثل عدم توفر الكوادر القيادية ذات الكفاءة العالية، وعدم سلامة طرق وأساليب اختيار القيادات الإدارية، وكذلك عدم توفر الاستقرار الوظيفي والاطمئنان النفسي للقيادات الإدارية وعدم اهتمامها بالأسلوب الكمية لاتخاذ القرارات.

وأشار كل من هيوز ويوبن Hughes & Ubben إلى أن هناك ستة معوقات للقرار تحد من فاعليته وهي على النحو التالي:

١- التنظيم الخاطئ للمشكلات: فبعض المشكلات يمكن إعطاؤها أهمية ودراستها للوصول إلى حل لها، بينما هناك مشكلات أكثر منها أهمية لم يتم بحثها، والحل ينحصر في تحليل المشكلة، هل هي سهلة وبسيطة أم أن لها العديد من العناصر المعقدة، وإذا نظرنا إلى المشكلات الثانوية التابعة لها فينبغي التعرف على درجة أهميتها ومدى ضرورة حلها، وهل تتطلب قرارا فوريا أم لا، ويستطيع المدير والعاملون معه

الاستفادة من ذلك في توفير الوقت لجمع المعلومات مع مراعاة عدم تأخير القضايا وإهمالها.

٢- التسرع والخطأ في إصدار القرارات: وينتج ذلك عن اتخاذ قرارات هامة سريعة دون تفكير وروية نتيجة لعدم الاستفسار التام عن المشكلة أو الاستفسار الخاطئ عنها.

٣- التفكير المزدوج: يقع كثير من المديرين في وضع القضايا التي يتخذون قرارا بشأنها في محيط ضيق لا يتعدى جانبها السلبي والايجابي وهذا خطأ في حد ذاته، فقد تكون القرارات الصائبة خارج حدود هذه الدائرة الضيقة، فكلما اتسع مدى اختيار الحلول زادت فرصة التوصل إلى أفضل القرارات.

٤- القرار الوحيد الذي لا قرار دونه: وهو قرار فردي تعسفي يتخذه بعض المديرين، وقد يكون خاطئا، لأن الكثير من القرارات يتطلب مناقشات مستفيضة، والقرار الصائب يتم فيه جمع الآراء عن طريق تعريف المشكلة وتحديدها وجمع الحقائق حولها للتوصل إلى بدائل وحلول، وثم اختيار الحل الأمثل واتخاذ القرار وفقا لذلك.

٥- التقصير في عملية الاتصال: ينصب اهتمام المدير على اتخاذ قرارات من شأنها تيسير عمل المعلمين والمتعلمين وإنجازه بكفاءة وفاعليه، والقرارات إذا كانت مبهمة وغير واضحة للجميع فإنها لا تحقق شيئا من الأهداف الرئيسية للمدرسة

وتعتبر حدود العقلانية في اتخاذ القرار ذات قيمة في حد ذاتها، ويوضح ذلك سيمون Simon فبالنظر إلى العقلانية وحدودها في موقع الفرد نفسه نجد أن لها ثلاثة حدود، الأول أن يكون الشخص محدودا بمهاراته غير المقصودة وعاداته وانعكاسات ذاته، والثاني أن يكون محدودا بقيمة ومفاهيمه الذاتية عن الهدف الذي قد يختلف عن قيم ومفاهيم المؤسسة التي يعمل بها، والثالث أن يكون محدودا بمدى معرفته ومعلوماته،

بالإضافة إلى ذلك فإن هناك نظاما قيميا لمتخذ القرار، يجب عدم إهماله، فهذه القيم تعطي قدرا وقيمة للمشكلة، وتحدد درجة وطبيعة القرار المتخذ حيالها.

وهناك مجموعة من المعوقات التي يمكن أن تحد مدير المدرسة من اتخاذ قرار رشيد، وفيما يلي أهم تلك المعوقات:

١- شخصية متخذ القرار: فمن المسلم به أن عملية اتخذ القرار يمكن أن تتأثر بالسلوك الشخصي-لمتخذ القرار ذاته، والذي يتأثر بدوره إما بمؤثرات خارجية أو مؤثرات داخلية كالضغوط النفسية، واتجاهاته، وقيمه، وأفكاره، وخبراته، وهذا الأمر يترتب عليه حدوث ثلاثة أنماط من السلوك هي: الإجهاد ن الحذر، التسرع، وهذه الأنماط تنعكس آثارها على الأفراد خلال قيامهم بعملية صنع القرار، فمنهم من يتعامل مع المشكلة بحذر وبطء فتتفاقم آثارها، ومنهم من يتعامل معها بسرعة فلا يتمكن من الإحاطة بجزئياتها، والبعض الآخر يتعامل معها بتردد.

٢- التردد و الخوف: وذلك لأن عملية اتخاذ القرار تتعلق بأمور تنفذ في المستقبل وتنشا عملية التردد نتيجة لعدم وضو الأهداف في ذهن متخذ القرار، وهذا من شأنه جعل المستقبل يتسم بالغموض، أن تنشأ من قلة خبرة متخذ القرار التي تجعله يعتقد أن قراره يجب أن يكون صحيحا مائة في المائة، وقد تنشأ عملية التردد أيضا من عدم قدرة متخذ القرار على تحديد النتائج المتوقعة لكل بديل، ومن ثم عدم ترتيبها حسب أولويتها.

٣- توفير البيانات والمعلومات: إذا لم تتوفر البيانات والمعلومات المتعلقة بالمشكلة فإنها تمثل عائقا من معوقات اتخاذ القرار التي تواجه مدير المدرسة.

٤- بيئة القرار: حتى يكون القرار رشيدا فإنه يجب أن يكون متسقا ومحققا لأهداف نـوعين مـن البيئـات وهـما البيئـة الخارجيـة المتمثلـة في الظـروف الاقتصـادية و الاجتماعيـة والتكنولوجية، والبيئة الداخلية المتمثلة في الهيكل التنظيمـي الرسمـي وغير الرسمي وتشمل الاتصالات والعلاقات الإنسانية ومن ثم نرى أنه مـن الضـروري ألا يـتم اتخـاذ القرار بمعزل من القوى والنظم المؤثرة في المجتمع حتى لا تكون معوقا له.

وتعتبر مشكلة البيانات والمعلومات أحد المعوقات التي تمنع متخذ القرار مـن التوصل إلى قرار رشيد، وربما يرجع ذلك للأسباب التالية:

١- أن يكون القائمون على جمع وترتيب البيانات في المنظمة غير مؤهلين أصلا للقيام بهذه العملية.

٢- أن تتم عملية جمع البيانات ذاتها تحت ضغط ضيق الوقت، فلا يراعي فيها الدقة المطلوبة.

٣- أن يكون هناك اختلاف على الأسس التي ينبغي أن يبنى عليها جمع البيانات.

٤- أن يكون هناك عقبات أما انسياب البيانات والمعلومات من مصادر البيانات إلى متخذ القرار.

والمعلومـات أسـاس القرار لعـدة أسبـاب مـن أهمهـا أنه لا يمكن أن تحـدد المشكلة إلا بتـوافر المعلومات الوافية عنها، كما إن المعلومات تسهم في تحديد البدائل وتقييمها طبقا للنتائج المرتقبة في كـل بديل.

ويرى البعض أن من أهم الصعوبات التـي تعـترض عمليـة اتخـاذ القرار، عـدم تـوافر المعلومات الجيدة المتجددة عن ظروف العمل وإمكاناته، حيـث تعـتبر المعلومـات بمثابة الدعامـة الأساسـية لاتخـاذ القرارات، ويرجع ذلك إلى المعلومات التي تفيد في تحديد المشكلة والبدائل وتقييمها طبقا للنتائج المرتقبـة من كل بديل، والتغذية الراجعة عن نتائج التنفيذ ضرورية لتقييم القرار واتخاذ إجراءات تصحيحه إذا لـزم الأمر.

ويعتبر التردد من المشكلات التي تواجه متخذ القرار، وينشا هذا التردد عن أمور كثيرة مـن أهمهـا عدم القدرة على تحديد الأهداف التي يمكن أن تتحقق باتخاذ القرار، الأمر الـذي يجعـل صـورة الموقـف متأرجحة في نظر متخذ القرار، وعدم القدرة على تحديد النتائج المتوقعة لكل بـديل مـن البـدائل المتاحـة، وعدم القدرة على تقييم كل من المزايا والعيوب المتوقعة للبدائل المختلفة وظهور بدائل وتوقعات جديـدة لم يتيسر دراستها في المرحلة الأخيرة من مراحل اتخاذ القرار، ونقص خبرة متخذ القرار.

وسوء الاتصال أحد المعوقات الهامة في اتخاذ القرار، لأن عملية اتخاذ القرار تحتـاج عـلى شـبكة اتصالات فعالة في المدرسة لجمع البيانات والمعلومات والحقائق التي تسـند عليهـا مراحـل هـذه العمليـة، وكذا توصيل القرار الصادر إلى من يعنيهم الأمر.

ولقد أشار سيمون SIMON إلى أن عملية الاتصال ليست بالغـة الأهميـة للمـنظمات الإداريـة فحسب، بل إن توافر أساليب معينة للاتصال تحدد بدرجة كبيرة الطريقة التي يمكن أن توزع بها فعاليات اتخاذ القرار داخل المنظمة، كما إن إمكانيـة السـماح لشخص مـا باتخـاذ قـرار تعتمـد عـلى مـدى تـوافر المعلومات التي يحتاجها من أجل اتخاذ قرار رشيد وتعتمد أيضا على الكيفية التي يـتم بهـا إبـلاغ القـرار للأفراد الذين يتأثرون به، ومن ثم فإن صعوبة أو سهولة عملية الاتصال ونوع المعلومـات عامـل مهـم في جودة القرار.

وقد أشار الكبيسي إلى أنه أهم معوقات اتخاذ القرار هي نقص المعلومات الكمية والكيفيـة وعـدم دقتها وصحتها وحداثتها، ونقص الأجهزة والأساليب الحديثة لحفظهـا وتنسـيقها، وفقـدان التنسـيق، وقلـة نظم الاتصال الفعالة مما يؤدي إلى بعثرة الجهود والجهل بالقرارات وعدم الاهتمام بعنصر ـ الوقـت، وقلـة أساليب الجدولة الزمنية والمتابعة الدورية للقرارات الصادرة والخوف من المسؤولية، وتردد بعض متخذي القرارات من المواجهة الجزئية للمشكلات،

ولقد أوضح علاقي أن عوائق القرارات عوائق داخلية وخارجيـة،أما العوائـق الداخليـة فهـي تلـك العوائق التي تحد من اختيار الحل المناسب وتتمثل في العوائق

المالية والعوائق البشرية، والعوائق الفنية، أما العوائق الخارجية فيقصد بها المجتمع المحلي بالمؤسسة.

من ذلك يمكن أن نخلص إلى أن هناك مجموعة من المعوقات التي تؤثر على فاعلية القرار المتخذ عن طريق المدير، وقد اتفق معظم علماء الإدارة على أن هذه المعوقات تتمثل في شخصية متخذ القرار، وعدم توفر البيانات والإحصائيات اللازمة، والاختلاف الواضح في إدراك المشكلات وتفسير البيانات، وعدم وجود الأشخاص الأكفاء القادرين على جمعها وتحليلها. والتردد (عدم الحسم)، وضعف الثقة بين الرؤساء والمرؤوسين، والتردد والتخوف من إصدار القرارات، ووجود عوائق مالية كعدم توفر البنود اللازمة للصرف على المشكلة موضوع القرار، وعدم توفر الوقت الكافي (عدم ملاءمة توقيت القرار) وضعف عملية الاتصال، وأثره على اتخاذ القرار، ونقص الخبرة الفنية المدربة والقادرة على التنفيذ، وفي ضوء العرض السابق لمعوقات اتخاذ القرار التي ساعدت الباحثين للوصول إلى أن هناك معوقات لها تأثيرها السلبي على اتخاذ القرار، وتشمل (المعوقات الشخصية، الإدارة، المادية، البشرية، ذات الصلة بإدارة التعليم، وذات الصلة بالمجتمع المحلي) وقد تكون داخل المدرسة وخارجها، كل هذه المعوقات تمثل حجر عثرة في طريق مدير المدرسة للوصول إلى قرار رشيد.

رابعا:الاتصالات التربوية

يعتبر التواصل مهمة أساسية للعاملين في المجال التربوي، والاتصال عملية ضرورية وهامة لكل عمليات التوافق والفهم التي يتوجب على التربويين القيام بها بهدف الوصول إلى الأهداف المنشودة للمؤسسة التربوية. والاتصال عملية إجتماعية تفاعلية تقوم وتعتمد اعتمادا كبيرا في حدوثها على المشاركة في المعاني بين المرسل والمستقبل.

- **مفهوم الاتصال**

يعرف الاتصال بأنه العلمية التي يتم عن طريقها نقل المعلومات والتوجيهات والأفكار من شخص إلى آخر أو من مجموعة إلى أخرى في الهيكل التنظيمي، وبها يتم

إحداث التفاعل بين أفراد الهيئة ومساعدتهم على فهم أهداف وواجبات المنظمة وإيجاد التعـاون فيما بينهم بطريقة بناءه بقصد إحداث تغيير أو تعديل في الطريقة أو المحتوى أو السلوك أو الأداء.

والاتصال التربوي هو عملية نقل الأفكار والمعلومات التربوية مـن مـدير المدرسـة إلى المعلمـين أو بالعكس أو من مجموعة من المعلمين إلى مجموعة أخرى أو من المدرسـة إلى الإدارة التعليميـة وبـالعكس وذلك عن طريق الأسلوب الكتابي أو الشفهي مما يؤدي إلى وحدة الجهـود لتحقيـق أهـداف المدرسـة مـن أجل تحقيق رسالتها.

■ **أهداف الاتصالات التربوية:**

نقل التعليمات والتوجيهات ووجهات نظر المدير إلى المعلمين من أجل القيام بوظائفهم الأساسية.

إطلاع المعلمين على ما يجري في المدرسة من أنشطة مختلفة.

تزويد المعلمين بالأخبار المختلفة وخاصة الاجتماعية منها لدعم الروابط الإنسانية بين العاملين.

إكساب المستقبل خبرات جديدة ومهارات ومفاهيم جديدة تساير التغير والتطور في العالم وزيـادة التفاعل الاجتماعي بين المعلمين وتوطيد البعد الإنساني بينهم.

خلق درجة من الرضى الوظيفي والانسجام والتخلص من الضغوط المختلفة.

تحسين سير العمل الإداري من أجل التفاعل بين العاملين وتوجيه الجهود تجاه الهدف المنشود.

إمداد المدير والمشرف بالمعلومات والبيانات الصحيحة مما يساعد في اتخاذ القرارات السليمة.

الاتصال الفعال يمكن المدير من التأثير في المرؤوسين (العاملين) والقيام بعمله مـن حيـث التوجيـه والإشراف على أفضل وجه.

- **عناصر الاتصال:**

للاتصال خمسة عناصر هي:

المرسل ـ الرسالة ـ الوسيلة(قناة الاتصال) ـ المستقبل ـ الاستجابة (التغذية الراجعة)

- **عناصر الاتصال:**

١. المرسل (Source): هو الشخص أو الجهة التي تصدر منها الرسالة.

والمرسل يؤثر في الآخرين بشكل معين وهذا التأثير ينصب على معلومات أو اتجاهات أو سلوك الآخرين.

٢. المستقبل (Receiver): هو الشخص أو الجهة التي تستقبل الرسالة.

وهو الذي يتم الاتصال به وهو صاحب الخطوة الثانية في عملية الاتصال والذي يتلقى محاولات التأثير الصادرة عن المرسل.

٣. الرسالة: هي موضوع الاتصال أو مضمون الاتصال.

وهي المعلومات أو الأفكار أو الاتجاهات التي يهدف المرسل إلي نقلها إلى المستقبل والتأثير عليه.

٤. قناة الاتصال (Channel) هي الوسيلة أو الطريقة التي يتم بها الاتصال من أجل التفاعل بين المرسل والمستقبل.

٥. التغذية الراجعة (Feedback) وهي الإجابة أو الأثر التي يرد بها المستقبل على رسالة المرسل، لتحقق الأهداف التي من أجلها تم الاتصال.

أنواع الاتصالات:

هناك نوعان من الاتصالات:

أولا: الاتصالات الرسمية: وهي التي تتم حسب اللوائح والقنوات الرسمية التي يحددها الهيكل التنظيمي للمؤسسات التعليمية، وتقسم الاتصالات الرسمية إلى ثلاثة أنواع أساسية.

١- **الاتصالات الهابطة:** (Top- Down):

ويكون اتجاهها من أعلى إلى أسفل من الرؤساء إلى المرؤوسين. وهذا الاتصال ضروري لفعالية المنظمة، فهو يعني تدفق المعلومات والأفكار والمقترحات أو التوجيهات من الرؤساء على مرؤوسيهم. وهو أكثر أنواع الاتصال انتشارا.

فمثلا في المؤسسة التعليمية تصدر المعلومات والأفكار والمقترحات والأوامر والتعليمات من المدير إلى المعلمين لتوضيح أهداف العملية التربوية للمعلمين وتوجيه سلوكهم وتنفيذ الخطط والبرامج المعدة.

٢- **الاتصالات الصاعدة "Bottom-up":**

وتكون من أسفل إلى أعلى من المرؤوسين على رؤسائهم.

وهذا الاتصال يساعد رجل الإدارة على معرفة مدى تقبل الأفكار الموصلة وتلافي نشوء المشاكل، كما يساعد الأفراد العاملين على الإسهام بأفكار قيمة والإحساس بقيمتهم، وزيادة ارتباطهم بأغراض وبرامج المنظمة وتلقي مقترحات العاملين واتجاهاتهم وأفكارهم ومشاكلهم.

ومن العقبات التي تحد من هذا النوع من الاتصال:

انعزال رجل الإدارة، وطول خطوط الاتصال، وعدم رغبة رجل الإدارة في سماع الأخبار السيئة والخبرات السابقة غير الناجحة.

وهذا النوع من الاتصال قليل الانتشار لأن هناك مركزية في النظام الإداري المتبع.

٣- إتصالات أفقية أو مستعرضة(Horizontal Communication):

تكون بين المستويات الوظيفية المتشابهة، مثل الاتصال بين المدرسين الذين يقومون بتدريس نفس المادة أو بالتدريس في نفس الفرقة، وكذلك بين المديرين بعضهم بعضا في منطقة معينة بهدف تنسيق الجهود فيما بينهم.

وترجع أهمية هذا الاتصال إلى كونه يسهل إمكانية انتشار المعلومات المفيدة والأفكار بين الأعضاء العاملين، ويساعد على مزجهم جميعا في مجموعة مترابطة مهنيا واجتماعيا.

ثانيا: الاتصالات غير الرسمية: ويقوم هذا الاتصال على أساس العلاقات الشخصية والإجتماعية، ومن أمثلة هذا الاتصال ما يدور بين زملاء العمل من أحاديث حول موضوعات تستحوذ على تفكيرهم.

ويتميز الاتصال الغير رسمي بأنه:

١- يساعد على معرفة معلومات وأفكار قد لا يسمح بذكرها بصورة رسمية.

٢- يساعد على تنمية الروابط والصداقة والعلاقات الإنسانية الحسنة بين أعضاء الهيئة.

ولكن يعاب على الاتصال الغير رسمي أنه:

- قد يؤدي إلى وجود التنافس البغيض والتشاحن بين الأعضاء.

- قد يؤدي إلى إحتجاز أو تشويه المعلومات لتحقيق أغراض شخصية.

الاتصالات المكتوبة والاتصالات الشفهية:

ـ تعتبر الاتصالات المكتوبة في النواحي الرسمية أفضل استخداما من الاتصالات الشفهية وذلك للأسباب التالية:

١-   أنها يتم بها التركيز والتنظيم والفهرسة.

٢-   أنها تستخدم كمستند أو دليل على تحمل المسؤولية.

قواعد الاتصال:

يمكن تلخيص قواعد أو شروط تحقق فعالية الاتصال فيما يلي:

١-   أن تكون جميع الاتصالات بلغة مفهومة وواضحة تماما بين كل من المرسل والمستقبل.

٢-   أن يكون هناك انتباه كامل من المرسل عند إبلاغه للرسالة ومن المستقبل عند تلقيه لها.

عوائق الاستجابة أو الأثر(التغذية الراجعة Feedback):

١-   اختلاف الطبيعة البشرية.

٢-   المعاني المختلفة للألفاظ والرموز اللغوية.

٣-   التوقعات المسبقة.

العوائق التي تحد من فاعلية الاتصال: (العقبات)

العوامل التي تعيق الاتصال:

• لغة الرسالة غير معبرة عن مضمونها واستخدام صياغة معقدة، أو كلمات ذات معنى غير محدد.

• تفسير كل من المرسل والمستقبل الرسالة بصورة مختلفة.

• سوء العلاقة بين المرسل والمستقبل وعدم توفر الثقة بينهما.

- عدم اختيار الوقت والمكان المناسبين لإرسال الرسالة.
- تلقي المستقبل العديد من الرسائل مما يدفعه إلى الاهتمام ببعضها وإهمال الآخر.
- استعمال المرسل قناة اتصال غير ملائمة لطبيعة وهدف الرسالة.
- المعوقات الاجتماعية والثقافية واختلاف العادات والتقاليد والقيم والمعايير والتي تحـد مـن التأثير الإيجابي لعملية الاتصال.
- التعصب لموقف أو رأي أو وجهة نظر معينة.
- وجود فروق فردية بين المعلمين في القدرات والمستوى الوظيفي والاجتماعي والتعليمي.
- اتجاهات بعض المديرين السلبية غير المرغوبة تجاه فئة من المعلمين مما يعيق اتصـال جيـد بينه وبينهم.
- الخوف والرهبة وعدم الرغبة في المشاركة.
- التعمد في حجز المعلومات خشية إحداث تأثير سيء على الرؤساء.
- الأقوال السطحية أو غموض المعلومة.
- عدم النطق الجيد أو الصوت المنخفض أو عدم الاهتمام بمتابعة الرسالة.
- السخرية من اتجاهات الأفراد بدلا من اعتبارها وجهات نظر.
- الشعور بالتعالي والثقة المفرطة الزائدة عن الحد.

أهداف عملية الاتصال:

١- نقل المعلومات وجوانب المعرفة من شخص إلى آخر.

٢- تكوين وتعديل الاتجاهات وأفكار العاملين.

٣- توجيه نشاط الأفراد والعاملين نحو الإنجاز لتحقيق الهدف.

٤- تنمية شبكة متطورة من العلاقات الإنسانية.

وفي المجال العقلي نجد أن أغراض الاتصال هي:

١- إعلام العاملين في الجهاز التعليمي بالأهداف والبرامج والسياسات التعليمية والتنظيمية.

٢- إعلام المعلمين بالتعليمات الخاصة بالمنهج والتقويم.

٣- إعلام القيادة العليا بالمشكلات التي ظهرت أثناء وتنفيذ الخطط التعليمية.

مهارات التواصل:

١. الإصغاء: هو الاستماع لما يقوله الشخص الآخر وما يعني هذا القول له والتخلي عن الإطار المرجعي للمستمع ليتسنى له تقدير السياق المتضمن في حديث المتكلم.

٢. فهم الذات: هو معرفة نموذج التواصل الذي تتبناه في التعامل مع الآخرين.

٣. نقل الرسالة: هو إرسال المعنى الصحيح الذي يكمن في النتيجة المتوخاة أي أن تصل الرسالة إلى المستقبل ويفهم مضمونها كما يقصدها المرسل.

العوامل التي تساعد على نجاح عملية الاتصال:

يتوقف نجاح عملية الاتصال على نجاح كل عناصره في أداء الدور المطلوب منهم:

عوامل تتصل بالمرسل: من أجل أن يتحقق الاتصال الناجح على المرسل:

• أن يكون محل ثقة المستقبل حتى يتفاعل معه.

• أن تكون لديه مهارات اتصال عالية، لفظية، غير لفظية، القدرة على صياغة الرسالة المعبرة عن هدفه بوضوح والمراعية لطبيعة المستقبل.

- يحسن اختيار الوقت والزمان والوسيلة الملائمة لطبيعة المستقبل، وللرسالة وهدفها.

عوامل متصلة بالمستقبل:

- مستوى الإدارك الحسي للمستقبل.
- الإطار الدلالي (تصورات، واتجاهات) المستقبل في الاستجابة للرسالة.
- دافعية المستقبل للمعرفة.
- الظروف المحيطة بالمستقبل.
- سلوك المستقبل نتيجة لفهمه مضمون الرسالة.

عوامل متصلة بالرسالة: عند إعداد الرسالة يجب مراعاة ما يلي:-

- أن يتناسب موضوع الرسالة مع المستقبل من حيث اهتمامه ودرجة استيعابه ومستوى إداركه وتلبية إحتياجاته.
- حسن صياغتها ومضمونها من حيث التشويق والإثارة التي يخاطب إدراك المستقبل ويؤدي إلى تفاعله مع الرسالة.

عوامل تتعلق بوسائل الاتصال:

يجب أن يتوافر عند المرسل عدة وسائل للإتصال (الرمز، الشكل، اللغة المنطوقة، اللغة المكتوبة، رسائل غير لفظية..الخ) والتي تتناسب مع الهدف من الاتصال وصياغة الرسالة حسب طبيعة المستقبل وميوله وخصائصه.

أدوات الاتصال التربوي:

من وسائط الاتصال داخل النظم التعليمية:

المجالس ـ الاجتماعات المدرسية ـ التقارير ـ المقابلات الشخصية ـ النشرات والمؤتمرات والندوات ـ اللجان.

هناك قنوات كثيرة في مجال الإدارة التعليمية والتي تستخدم لنقـل الأوامـر، والتعليمات، والأفكـار والاتجاهات والمعلومات والخبرات والمقترحات. ويتوقف استخدام أي من هـذه القنـوات أو الوسـائل عـلى السرعة المطلوبة والسرية الواجب توفرهـا، والتكلفـة والعـدد المطلـوب ونـوع الرسـالة المطلـوب إيصالهـا وأهميتها. ومن أهم أدوات الاتصال التربوي شيوعا ما يلي:

الأوامر الشفهية والمكتوبة:

يقوم المدير بإعطاء العاملين بعض الأوامر الشفهية في الأمور ذات الأهمية المحدودة أمـا في الأمـور والمسائل المهمة فإن التعليمات تكون مكتوبة حتى لا يتعلل بعض العاملين بعدم الإخطار وهنا يطلب مـن العاملين التوقيع بالعلم.

النشرات:

وهي أكثر أدوات الاتصال شيوعا في مدارسنا ويجب أن تكون صياغتها دقيقة، وواضـحة، ومفهومـة حتى يصبح المعلمون ملتزمين بما جاء فيها ويطلب منهم التوقيع عليها.

المذكرات والتقارير:

المذكرة هي عرض لموضوع أو مشكلة معينة يقدمها المعلمون إلى المدير مـن أجـل إبـداء الـرأي في موقف معين. أما التقارير فهي تتضمن حقائق عن موضوع معين معروضا عرضا تحليليا.

تعتبر التقارير من الوسائط الهامة والتي تقوم بدور كبير في نقل الملومات والمعارف و الأفكار إلى المستويات الإدارية العليا.

وتختلف التقارير فيما بينها باختلاف أغراضها والهدف منهاـ فبعض التقارير قد تتطلب تفصيلات دقيقة إذا كانت تستهدف جمع المعلومات والبيانات بغرض توضيح مشكلة معينة أو استقصائها، وبعضها الآخر قد لا يتطلب مثل هذه التفصيلات إذا كان الهدف منها إعطاء فكـرة عامـة أو خطـوط عريضـة دون حاجة إلى التفصيلات.

والتقارير تكون إما شهرية أو سـنوية، و يجـب أن تكون منظمـة وتلتـزم بالثقـة والموضوعية في ألفاظها، وتقتصر على المعلومات والبيانات الضرورية، وتتسـم بالوضـوح والبسـاطة في التعبـير مـع مراعـاة الأمانة وعرض الحقائق السلبية والإيجابية منها، وعدم التحيـز. ومثـال عـلى ذلـك المـذكرات التـي يقـدمها الموجهون إلى المعلمين وتقارير المعلمين عن أحوال التلاميذ وتقارير المدير الدورية عن الحالة التعليميـة في المدرسة.

وهناك شروط رئيسة يجب أن تتوافر في كتابة التقارير هي:

- أن تقتصر على المعلومات والبيانات الضرورية التي يستفيد منها الشخص أو الهيئـة المرسـل إليها التقرير.

- أن تتسم بالوضوح والبساطة في التعبير دون حاجة إلى تنميق العبارات الإنشائية والبلاغية

- أن تلتزم الدقة والموضوعية في استخدام الألفاظ، وذلك بالبعد مـا أمكـن عـن الألفـاظ غـير المحددة لاسيما الألفاظ التي تحمل قيما ذاتيـة، مثـل كثـير أو قليـلا، جيد أو سيء، أو بنـاء الأفعال للمجهول على الرغم من أهمية ذكر أصحابها أو استخدام عبـارات غـير مضبوطه مثـل (قيـل لي) أو " سـمعت" أو " يقـال "، فينبغـي للتقريـر أن يلتـزم جانـب الموضوعية والحياد. وان تكون لغة الحقائق والأرقام والتواريخ والأسانيد هي التي تتكلم.

- أن يكون التقرير مسلسلا ومعروفا بطريقة منظمة ومتكاملة تبرز المشكلة بوضوح وتظهر عناصرها وأبعادها.

- أن يكون التقرير في نقده إيجابيا بناء لا سلبيا هداما، فبعد أن يعرض العيوب والمآخذ يشير إلى العلاج والإصلاح.

ويفضل أن ينتهي التقرير بكتابة بعض التوجيهات أو التوصيات مصاغة في صورة إجرائيـة ومفيـدة في علاج المشكلة ككل.

الإذاعة المدرسية:

تعتبر الإذاعة المدرسية من أدوات الاتصال التربوي السهل والسريع في توصيل الأخبار والمعلومات والآراء والتوجيهات للعاملين في المدرسة، وهي وسيلة اتصال يمكن لمدير المدرسة أن يوظفها للاتصال بالعاملين لتبليغهم الأمور الهامة في وقت واحد.

لوحة الإعلانات:

إن العديد من المدراس تستخدم لوحة إعلانات لتوصيل المعلومات والبيانات والتعليمات إلى العاملين بها. ويجب أن توضع لوحة الإعلانات في مكان بارز للجميع وتكون أخبارها متجددة. ويجب أخذ موافقة المدير قبل نشر أي إعلان على هذه اللوحة.

مجلة المدرسة:

وهي مجلة تصدرها بعض المدارس في نهاية كل عام وتحتوي على أخبار المدرسة والمعلمين ونشاط الطلاب ويشارك فيها مدير المدرسة والمعلمون وبعض الطلاب مما يرفع من روحهم المعنوية ويجعلهم يشعرون بأنهم أسرة واحدة تنمي لديهم شعور الانتماء والاعتزاز نحو المدرسة والفخر بها، ومن بين من يوزع عليهم هذه المجلة أعضاء المجتمع المحلي.

وفي الختام فإن هناك واقع اتصال معمول به في مدارسنا، فكيف يمكن تطوير وتنشيط هذا الواقع؟ لابد من العمل على تطوير وتنشيط الاتصالات بكافة صورها وأشكالها والتي تمارس في مؤسساتنا التربوية من خلال:-

وضع خطة محددة حتى يتعرف كل فرد على دوره في تحقيق اتصال جيد بعد أن يتم تحديد الوسائل والقنوات المستخدمة في الاتصال.

زيادة فهم العاملين لأهمية الاتصال وعناصره المختلفة وذلك عن طريق الدورات التدريبية للمعلمين.

ولأجل إجراء اتصـال فعـال يجـب تطـوير مهـارات الاتصـال عنـد المعلمـين مثـل مهـارة التحـدث، ومهارات الاستماع والاتصالات ومهارة التفكير...الخ.

بناء وتدعيم الروابط الإنسانية والثقة بين القيادة التربويـة والمعلمـين مـن أجـل تيسـير الاتصـالات واستثمار الوقت.

تدعيم شبكة الاتصال بالشفافية فيما يتعلق بالحقائق والمعلومات التـي تشبع بعـض حاجـات المعلمين إلى المعلومات فيما يتعلق بأمور تهمهم مثل الترقيات، التنقلات...الخ.

مسايرة الانفجار الهائل في وسائل الاتصالات والعمل علي توفير واستخدام البريد الالكتروني.

إن لمن الضروري مـن وقـت إلى آخـر تقـويم نتـائج الاتصـال في المؤسسـة التربويـة للتأكـد مـن أن الاتصال حقق أهدافه في توصيل المعلومات والخبرات والاتجاهـات والمقترحـات وذلـك مـن أجـل تحقيـق أهدافه العملية والتربوية والتعليمية.

الاجتماعات المدرسية:

تعتـبر الاجتماعـات المدرسـية مـن الوسـائل الضـرورية للإشـراف الإداري والتـي تسـاعد عـلى نقـل المعلومات والمعارف والأفكار والمقترحات. وهي من وسائل الاتصال الضرورية التي لا يستغني عنها مديرو المدارس حيث تكون الفرصة متاحة لتبادل وجهات النظر بين المدير والمعلمين وهنا يشعر المعلمـون بقـرب الإدارة منهم وهذا يشجعهم على العمل الجاد ويعمل على نجاح العملية التعليمية.

الباب المفتوح للمدير:

إن سياسة الباب المفتوح تساعد المدير على أن يتعرف عـلى مـا يجـري في المدرسـة بصـورة واقعيـة وكذلك التعرف على القضايا والمشكلات التي يعاني منها المعلمون من أجل العمل على حلها.

ويكون للاجتماعات المدرسية أثرها الفعال، إذا أحسنت فيها عمليات التخطيط والتنظيم والتوجيه، وأتيحت فيها الفرصة بالتفكير البناء وأتيحت الفرصة للمدرسين في التعرف على أحوال العمل في المدرسة.

الاعتبارات:

من الأمور التي ينبغي مراعاتها في الاجتماعات المدرسية:

- أن يكون لكل اجتماع جدول أعمال يتم إعداده مسبقا قبل الاجتماع ويشترك فيه جميع الأعضاء.

- أن يتناول الاجتماع موضوعات تهم المجتمعين بما يخدم مصلحة العمل.

- أن يكون لأعضاء الاجتماع الحق في ترتيب وتغيير أولوية الموضوعات في جدول الأعمال بطريقة منظمة ويستحسن أن يتم ذلك قبل الاجتماع.

- إتاحة الفرصة لتناول وجهات النظر بين قائد الاجتماع والأعضاء.

- أن يسود الاجتماع جو من الألفة والاحترام المتبادل وحسن الاستماع أثناء المناقشة.

تسجيل الاجتماع:

يستحسن الاحتفاظ بمحضر دائم للاجتماعات المدرسية يسجل فيه تاريخ الاجتماع ومكانه وأسماء المشتركين فيه وكل ما دار فيه بطريقة سليمة ومنظمة، ثم يمرر المحضر في نهاية الاجتماع على المشتركين للتوقيع عليه.

دور مدير المدرسة كرئيس للاجتماع المدرسي:

- توضيح الغرض من الاجتماع.

- يحرص على أن يسود الاجتماع جو صحي قوامه الألفة والاحترام المتبادل.

- أن يكون لطيفا مع الأعضاء مشجعا للملاحظات التي يبديها كل عضو.

- أن يوجه سير الاجتماع بطريقة إيجابية.
- إتاحة الفرصة لكل من يريد أن يسأل أو يعرض وجهة نظره.
- توضيح الغموض في وجهات نظر الأعضاء وتعبيراتهم.
- تلخيص المناقشة من وقت على آخر.
- الحرص على عدم خروج الأعضاء عن موضوع المناقشة.
- محاولة إشراك المدرسين الجدد بدون إحراج إو إلحاح.
- مقاطعة المسرفين في الكلام بطريقة لا تؤلمهم ونقل المناقشة لطرف آخر.
- أن يلتزم جانب الحذر كرئيس للاجتماع وان ينادي كل عضو باسمه.
- أن يختتم الاجتماع بشكر الأعضاء وبالحمد لله والصلاة والسلام على سيدنا محمد وعلى آله وصحبة وسلم.

وقت الاجتماع:

هناك عدة وجهات نظر بشأن وقت الاجتماع، فهناك من يرى أن يكون وقت الاجتماع قبل بدء اليوم المدرسي، ولكن هذا الوقت يعيبه قصره بحيث لا يسمح بالوصول إلى نتيجة وربما تطلب الأمر قطع الاجتماع لبدء اليوم الدراسي، كما أنه فيه إرهاق للمعلم يسبب الحضور المبكر مما يدعو إلى حدوث تغيب بين أعضاء الاجتماع.

وهناك من يرى أن يكون الاجتماع في نهاية اليوم الدراسي، وهذا الوقت يعبه أن المعلم يكون مرهقا من العمل طوال اليوم، ومن ثم فلا يتوقع منه مساهمة إيجابية.

وهناك من يرى أن تكون الاجتماعات المدرسية خلال اليوم المدرسي بحيث تخصص فترة معينة للاجتماع.

وهناك وجهة نظر تنادي بأن يكون الاجتماع لمدة نصف يوم مرة واخدة كل شهر أو كل شهرين.

معوقات الاتصالات الإدارية

نظرا لاختلاف الأفراد: - فكريا - إداريا لذا تظهر المعوقات عند إجراء العملية الاتصالية يحدث تشويش.

ويمكن تقسيم معوقات الاتصال إلى أربعة معوقات:

أولا: معوقات إدراكية: في إتجاهات الفرد أو مشاعره نحو موضوع معين أو نحو طرف آخر في الاتصال.

فتؤثر على سلوكه وموقفه ويؤثر على فعالية الاتصال.

ويمكن تحديد المعوقات الإدراكية.

* تباين إدراك طرفي الاتصال

إعطاء معاني متقايره لنفس الكلمات والرموز.

رغبة الشخص في سماع ما يريد أن يسمعه فقط.

عدم قبول المعلومات التي تتضارب مع المفاهيم والاتجاهات أو المشاعر.

ثانيا: المعوقات اللغوية:

تعتمد اللغة على استخدام الرموز وتريب الكلمات والمعاني المتفق عليها والمرتبطة بها.

وهذا هو الهدف من عملية الاتصال، ويدخل ضمن الرموز، الإشارات المتعارف عليها وحركة الجسم والوجه واليدين وكذلك شدة نبرات الصوت لكن يلاحظ أن نفس الرموز قد تحمل معان مختلفة مما يؤدي أحيانا إلى عدم فهم نفس المعنى الذي قصده أحد طرفي الاتصال. أما في حالة استخدام الكلمات التي يرتبط بها أكثر من معنى، خصوصا عند وضع أنظمة اللوائح، ونجد أن هناك ما يسمى باللوائح التفسيرية للحد من سؤ فهم بعض الكلمات وتفسيرها التفسير الخاطئ.

ثالثا: معوقات شخصية: ناتجة عن الشخص نفسه حيال عملية الاتصال، فالاتصالات عبارة عن نقل أفكار الفرد وأحاسيسه.

العوامل التي تلعب دورا كبيرا في الاتصالات الشخصية وتؤثر على اتخاذ القرار.

عامل التشويه والتحريف تأتي من: عدم النزهة - حب الموقع الوظيفي - عدم محبة الخير للغير - حب المصلحة الشخصية - متطلبات العمل الوظيفي - الصدور الضيقة والقلوب الضعيفة.

عامل الإدراك الشخصي: هذا العامل يؤثر في حكم الشخص على الآخرين، حيث تعمم نتيجة تجربة واحدة (حسنة أو سيئة) على بقية المجتمع (خلال فترة معينة على بقية الفترات) وهذا الإدراك غير سليم.

عامل السمات الفردية المشوهة: يحدث عندما يكون الشخص متحامل على شخص آخر، أو متحيز ضده لسبب، أو هوى نفسه، وهذا يؤدي إلى الإجحاف في حقوق الفرد وقد يصل إلى الإضرار أو الإيذاء به.

عامل الخبرة الشخصية: له تأثير كبير على عملية الاتصالات من خلال التجارب في الحياة.

رابعا: المعوقات التنظيمية:

من هذه العوامل التسلسل الرئاسي تعدد المستويات الإدارية.

المركزية واللامركزية نطاق الإشراف.

إضافة إلى:

- زحم المعلومات وتسلل إرسال الرسالة كمعوقات تنظيمية. لها تأثير على سلامة المعلومات المراد نقلها.

زحم المعلومات: قد يجد المدير لديه كمية ضخمة من المعلومات بحيث قد لا يجد الوقت الكافي لدراستها نظرا لانشغاله في قراءة الخطابات ودراسة

التقارير والاجتماعات والمقابلات وبالإضافة إلى الأعمال الأخرى فإذا زادت الواجبات عن طاقة الفرد تقل كفاءته وفعالية.

تسلسل إرسال الرسالة: اختلاف الإحساس ومفهوم معنى اللغة بين الأفراد يؤدي إلى عدم فهم الرسالة أو قد يؤدي إلى تشويه في معاني محتوى الرسالة، خصوصا عند تعدد أطراف نقل الرسالة. وهذا الأمر يزداد سوءا عندما تنقل الرسالة بصيغة شفوية فينسى محتوياتها (مما يؤدي إلى التشويه) وكلما زادت أطراف تسلسل الرسالة كلما زاد التشويه في معنى محتويات الرسالة.

المواقف الصعبة: لا يخلو التعامل مع الناس من موافق صعبة تحتاج إلى التعامل معها بأسلوب مقنع ومهذب ولكن كيف يمكن تحسين الاتصالات مع الأشخاص السلبيين؟

يحتاج الأمر إلى تحويل سلوكياتهم ووجهات نظرهم السلبية إلى سلوكيات إيجابية، ويكسب جانبهم ويتم تحويل العلاقات الصعبة إلى وئام وألفه. هذا يحتاج إلى استخدام السياسة، واللياقة، ومعرفة فن التفاوض. فإن استخدام العمل الجماعي ومعرفة كيفية إدارته أمر مطلوب خصوصا إذا علمنا أن الإدارة والقيادة هي عبارة عن تنسيق جهود الآخرين. وطريقة تعاملك يعطيك الريادة في الإدارة.

من أنواع الشخصيات الصعبة:

١- شخص القيل والقال

٢- الشخص صاحب الخبرة

٣- الشخص المتقلب (كالثعبان)

٤- الشخص دائم الشكوى (الشاكي)

٥- الشخص المستهتر (اللعوب)

٦- الشخص المشاغب.

التنازع (الصراع) الإداري

معرفة معناه اللغوي قد يكون أمر ضروري (أحيانا) لبيئة المنظمة لأنه يمدها ببعض المعلومات الخفية. وتأكيدا لذلك:

تحديد وتعريف أنواع التنازع (التصارع) التي تحدث في التنظيم الإداري.

تحليل خلفية التنازع (التصارع) الإداري.

كيفية معالجة التنازع (التصارع) وإدارته ليكون في صالح الفرد والمنظمة.

المعلومات اللازمة لمعالجة التنازع (التصارع).

الاقناع العلمي وتقديم الحجج كأسلوب لحل التنازع (التصارع).

التصارع (الصراع): استخدام أي من الكلمتين (التنازع) أو (الصراع) يعتمد على الحالة أو الموقف بين طرفي الخصومة.

تحليل خلفية التنازع:

يحدث التنازع في المنظمات نتيجة طموح الفرد للحصول على (السلطة) التي تعبر عن (القوة) وهي مظهرا اجتماعيا غالبا ما يحصل عليه الفرد عن طريق التفاعل مع الآخرين. (القوة أو السلطة ليست موهبة) فيحصل عليها الفرد طبقا لعلاقاته التي ينميها ويطورها مع الآخرين وهنا يستخدم الفرد كل قدراته الاتصالية للوصول للهدف.

والسلطة تأتي بأشكال مختلفة:

حجب مكافآت الأفراد دون سبب.

تمسك من بيده السلطة من إعطاء معلومات يحتاجها الأفراد الآخرين في المنظمة.

عدم تنفيذ القرارات الخاصة بالآخرين.

عدم تنفيذ الأنظمة واللوائح الإدارية في حق المقصرين اللذين يستحقون العقاب.

ملاحظة: وفي هذه الحالات وغيرها هضم لحقوق الآخرين تنشأ عنها الخصومات والتنازع كنوع من رد فعل لذلك التصرفات غير السليمة وبالتالي يصدر عنها محاولات عكسية لسلطة وهمية وهذا يولد التنافر والتباعد بين الأفراد يجعلهم مهددين في أداء أعمالهم مما يدفعهم إلى أخذ استراتيجية دافعية.

كيفية معالجة التنازع:

تطورا لفكر الإداري ومر بنظريات عديدة، كل نظرية تنظر إلى التنازع والخلافات طبقا لمفهوم تلك النظرية.

لنظرية الكلاسيكية (تيلور وفايول) يدعيان أنه لا وجود للتنازع فالمدير هو العاقل والناضج والراشد بينما الموظف ينقصه ذلك وعليه تنفيذ الأوامر دون نقاش. وإذا أظهرت بوارد أي خلاف أو عدم تنفيذ للأوامر لابد من معاقبة الموظف أو حتى فصله (لأنه لا يوجد اعتراف بوجود تنازع).

النظرية الإنسانية (ماسلو) تفترض هذه النظرية أهمية وجود وخلق علاقات إنسانية مرضية وبدرجة كبيرة من التفاهم بين الرئيس ومرؤوسية. ووجود تنازع يلقى هذا الافتراض لأن التنازع يوحي ويعير عن تفكك في العلاقات الإنسانية وعدم رضا الموظف بشكل عام مما يؤثر على إنتاجية الموظف.

لذا لابد من تلافي حدوث الخلافات (وبجهد أكبر تناسبها) وحتى يمكن للإدارة تطبيق هذه الفرضية حاولت الاهتمام بموضوع الرضا الوظيفي لأعضائها.

لكن نتيجة ذلك كل فرد يكبت مشاعره في داخله حتى لا يظهر الخلافات في المدى القصير ولكن على المدى الطويل أن ذلك يترك آثار أكبر وأعمق في النفوس مما يؤثر على سلامة المنظمة ونجاحها.

النظرية الحديثة: لا يمكن للمنظمة أن تتجاهل وجود التنازع بشكل أو آخر. ولا يمكن جعل كل فرد في المنظمة راضي دائما ودون حصول آثار سلبية.

ولذا تفترض النظرية الحديثة:

يحدث التنازع دائما لسبب أو آخر (قد يكون) عدم الاتفاق بين ما يتوقعه الموظف من المنظمة وما تقدمه المنظمة إليه أي حدوث عدم توافق وانسجام بين أهداف الفرد وأهداف المنظمة.

التنازع يساعد الفرد في إعادة النظر في حل مشاكلهم.

قد يكون للنزاع آثار إيجابية في المنظمات.

يمكن تخفيف حدة التنازع والتقليل منها في المنظمات الروتينية.

يساعد التنازع الأفراد في التعرف على بعضهم البعض وتنمية علاقات أفضل.

يساعد الأفراد على إدراك الاختلافات الفردية والاعتراف بوجودها ومحاولة تقليص فجوة هذه الاختلافات.

يساعد الفرد على إطلاق وتحرير الضغوط والغضب الداخلي بدلا من تركها داخل نفسه فتؤثر على صحته وعمله وإنتاجه.

يمكن أن يكون للتنازع آثارا حسنة أو سيئة للفرد وكذلك للمنظمة. فالفرد يكتشف وجود مشاكل في بعض الاستراتيجيات التنظيمية، وعلى ضوء ذلك تحاول المنظمة الأخذ في تعديل تلك الاستراتيجيات.

وبناء على ذلك فإنه لا يمكن تجنب النزاع في المنظمة وقد يكون أحيانا مفيدا أو مطلوب لعمل المنظمة ولكن هذا لا يعني تجاهل وجود أو حصول النزاع بل يتطلب مواجهة النزاع وتوجيهه لصالح الفرد والمنظمة ولذا لابد أن تكون لدى المنظمة قيادة فعالة وقادرة على مواجهة النزاع والبحث عن أسبابه لإدارته بحكمة وطريقة سليمة ترضي جميع الأطراف.

وحتى يمكن تنمية مهارة مواجهة النزاع وإيجاد حل مناسب نحتاج إلى دراسة العناصر التالية:

أ- محيط وخلقية التنازع.

ب- أسباب التنازع

ج - أساليب حل التنازع

* محيط التنازع # أطراف التنازع: (الشخص مع نفسه) (فرد مـع آخر) (مجموعـة مـع أخرى) (مجموعة مع فرد أو مجموعة).

أسباب التنازع كثيرة منها:

- تضارب المصالح

- تباين الطموحات

- التنازع لمجرد التنازع.

أساليب واستراتيجيات حل التنازع:

وجد العلماء أن حل التنازع يعتمد اعتمادا كبيرا على بعض العوامل مثل:

حقيقة الشخص (الشخص) الذي تنسب إليه المشكلة.

حقيقة الشخص (الطرف المحايد) الذي يريد التنازع وأسلوبه في إدارة التنازع وذلك في حالة وجود طرف محايد.

فالطرف المحايد: ربما تكون له نظرة مختلفة تماما في كيفيـة إدارة عمليـة التنـازع (الخـلاف) عـن أطراف، أصحاب النزاع، وله أسلوبه الذي يستخدمه في المناقشة من تكتيـك واسـتراتيجية للوصـول إلى حـل عادل لطرفي التنازع وغالبا ما تكون هذه الاسـتراتيجية أو التكتيـك مخططة مسبقا أو قـد تكـون روتينيـة وذلك طبقا لنوعية وحجم التنازع.

وهناك خمسة أنواع من الاستراتيجيات التي وضعها (بليك وموتون) والـذين اقترحـا شـبكة مكونـة من خمس مربعات توصف أنواع القيادة الإدارية.

- استراتيجية التجنب

- استراتيجية التكيف

- استراتيجية القوة

- استراتيجية التعاون

- استراتيجية الحل المتوازن (العادل).

استراتيجية التجنب: تجنب الطرف الآخر أو عدم الاهتمام به (هذا الأسلوب قد يكون مجديا لفترة بسيطة مؤقتة.

استراتيجية التكيف: الاهتمام بـالطرف الآخـر والتعامـل معـه لحـل المشـكلة (قـد تسـتخدم هـذه الاستراتيجية في مواقف تبادلية) التي تعتبر بسيطة أو غير معقدة وللمحافظة عـلى علاقـات إنسـانية طيبـة مع الآخرين والتنازع يمر وكأنه لم يحدث.

استراتيجية القوة: الاهتمام بالنفس فقط.

الشخص هنا يستخدم الإجبار والقوة وأحيانا القسوة للحصول عـلى مـا يريـد وليس هنـاك وجـود للاقتناع أو التعاون ويلجأ الشخص إلى كل الطرق التي تؤكد ذاته.

- يؤكد ويجزم بشيء ما.

- لا يعترف بأخطائه.

- يستخدم الاتصال الشفوي كي لا يوثق الاتصال.

- يلجأ إلى تطبيق الأنظمة واللوائح ضد الشخص الآخر. ولكنه يترك آثارا عكسـية ويخلق ج وا سـ يئا للمنظمة ويوحي بعدم الثقة في الأشخاص.

استراتيجية التعاون: تدعوا إلى حل المشاكل. مفضلة لدى معظم المنظمات الإدارية وهـذا الأسـلوب يدعم كل الأطراف المعنية.

ونجاحها يعتمد على:

حرية التعبير عن المشكلة والرأي بأنه.

قدرة الشخص على التسامح والتساوي في المعاملة.

قدرة الشخص على الاستماع للإرشادات والتوجيه وليس اللوم أو التوبيخ.

وفشلها ينتج عندما يكون المحيط مليء:

أخذ موقف معارض.

التمسك والتعصب لرأي ما.

إلقاء المسئولية على طرف واحد فقط.

* استراتيجية الحل المتوازن (العادل) التسوية والتالف للحصول على الحل الوسط.

هذه الاستراتيجية أحد الاستراتيجيات العادلة لحل التنازع.

يشترط هذا الأسلوب:

الأساليب المحبب استخدامها والمرغوبة من كلا الطرفين.

ويشترط أيضا الحث على حل وسط عادل يرضي الطرفين.

ويمكن تقسيم الخلافات إلى مجموعتين ومواجهة الأطراف المعنية في الوسط للحصول على شيء من الرضا.

(قد تبدو هذه الاستراتيجية سريعة للوصول إلى الحل المطلوب) ولن يكون طرف كاسب أو طرف خاسر.

التدخل الخارجي لحل التنازع: وهو ما يسمى بالطرف الثالث ومهمته إدارة التنازع عند عدم قدرة أي من الطرفين الوصول إلى حل مناسب فيلجأ أحدهما أو كلاهما إلى طرف خارجي محايد للمساعدة في تعديل الوضع وإحقاق الحق.

الطرف الثالث: - أما يكون موظف آخر - أو رئيس قسم - أو طرف خارج المنظمة (موظف قانوني).

ويسمى بالوسيط أو الحكم:

إذا كان حكما:

على كل طرف الالتزام والإنصياع للقرار الذي يصدره الحكم.

عمل القرار المناسب بناء على المعلومات التي حصل عليها من الطرفين.

إعطاء فرصة متساوية للطرفين في الإدلاء بأقوالهم والسماع لكل منهم على حدة.

وإذا كان وسيطا:

جمع الطرفين في مكان محايد.

فتح باب النقاش بين الطرفين.

إعطاء فرصة متساوية للطرفين في الإدلاء بأقوالهم والسماع إليهم وعملية الاتصال تلعب دورا كبيرا حيث يكون كل منهم وجها لوجه وكل واحد يحاول أن يتكلم من وجهة نظره عن المشكلة حتى يصل إلى قناعة وقرار معين مع نفسه.

قد يحدث أن أحد الطرفين لا يستخدم المنطق في الأقوال أو منفعلا فيكون دور الطرف الثالث تكتكي يقوم بتوجيه النقاش الوجهة الصحيحة والسليمة والمحاولة في الحصول على معلومات كافية وصحيحة من كلا الطرفين وتهدئة الموقف.

عمل توصيات مناسبة للطرفين بناء على المناقشات والمفاوضات التي تمت.

إعطاء فرصة لإجراء لقاءت متكررة إذا دعت الحاجة إلى ذلك.

التزام الطرفين بالقرارات التي تم الاتفاق عليها.

كيف يمكن التعامل مع النزاعات والخصومات:

إجراء اجتماعات دورية لمناقشة الشكاوي أو القضايا سواء موجبة أو سالبة.

التأكد بأن كل فرد فهم المعنى المقصود.

الابتعاد عن الاعتقاد بأن الشخص الآخر لا يمكن التفاهم معه.

إعطاء الطرف فرصة أخرى للتعامل معه وفهمه والصفح إذا لزم الأمر.

بعد انتهاء الاجتماع لابد من عمل ما تم الاتفاق عليه.

التغلب على عقبات ومعوقات الاتصالات:

أي عقبات تقلل من فعالية القيام بالعمل والواجبات الإدارية ويؤدي إلى خلافات وصراعات جسيمة.

ويمكن وضع أساليب إضافية تساعد على التغلب على بعض العقبات:

- الحصول على معلومات مرتدة (التغذية العكسية) لأهمية المعلومات لكل من المرسل والمستقبل.

- استخدام الاتصال الشفوي (وجها لوجه) للتوضيح والحصول على معلومات مرتدة والتعرف على الأثر.

- الاتفاق على المعاني المقصودة حتى لا يساء الهدف من الاتصال وهذا يتطلب الاهتمام بالمعنى الرمزي وفهم الكلمات على الوجه الصحيح والسليم.

- استخدام أسلوب البساطة والدقة في الاتصال وخصوصا الاتصال الشفوي.

خامسا:نظريات الإدارة

ومن أبرز النظريات الحديثة في الإدارة ما يلي:

أولا: نظرية الإدارة كعملية اجتماعية Social Processing Theory

وتقوم هذه النظرية على فكرة أن دور المدير أو دور الموظف لا يتحدد إلا من خلال علاقة كل منهما بالآخر، وهذا يتطلب تحليلا دقيقا علميا واجتماعيا ونفسيا، انطلاقا

من طبيعة الشخصية التي تقوم بهذا الدور. ويمكن توضيح النماذج التالية لهذه النظرية:(١)

أ - نموذج جيتزلز Getzels: ينظر جيتزلز إلى الإدارة على أنها تسلسل هرمي للعلاقات بين الرؤساء والمرؤوسين في إطار نظام اجتماعي، وأن أي نظام اجتماعي يتكون من جانبين يمكن تصورهما في صورة مستقلة كل منهما عن الآخر وإن كانا في الواقع متداخلين.

فالجانب الأول يتعلق بالمؤسسات وما تقوم به من أدوار أو ما يسمى بمجموعة المهام المترابطة والأداءات والسلوكات التي يقوم بها الأفراد من أجل تحقيق الأهداف والغايات الكبرى للنظام الاجتماعي والجانب الثاني يتعلق بالأفراد وشخصياتهم واحتياجاتهم وطرق تمايز أداءاتهم، بمعنى هل هم متساهلون، أم متسامحون، أم يتسمون بالجلافة أم بالتعاون أم هل هم معنيون بالإنجاز.. وما إلى ذلك من أمور يمتازون بها.

والسلوك الاجتماعي هو وظيفة لهذين الجانبين الرئيسيين، المؤسسات والأدوار والتوقعات وهي تمثل البعد التنظيمي أو المعياري، والأفراد والشخصيات والحاجات وهي تمثل البعد الشخصي- من العلاقة بين مدير المدرسة والمعلم يجب أن ينظر إليها من جانب المدير من خلال حاجاته الشخصية والأهداف أيضا، فإذا التقت النظريات استطاع كل منهما أن يفهم الآخر وأن يعملا معا بروح متعاونة بناءة، أما عندما تختلف النظريات فإن العلاقة بينهما تكون على غير ما يرام. والفكرة الأساسية في هذا النموذج تقوم على أساس أن سلوك الفرد ضمن النظام الاجتماعي وفي إطاره

(١): د.حامد علي، مصطفى دعمس، اتجاهات حديثة في الإدارة التربوية، الاردن- عمان، دار غيداء ٢٠٠٨،ص١٢٧

كالمدرسة مثلا هو محصلة ونتيجة لكل من التوقعات المطلوبة منه من قبل الآخرين وحاجاته الشخصية وما تشمله من نزعات وأمزجة.[1]

ب - نموذج جوبا Guba للإدارة كعملية إجتماعية: ينظر جوبا إلى رجل الإدارة على أنه يمارس قوة ديناميكية يخولها له مصدران: المركز الذي يشغله في ارتباطه بالدور الذي يمارسه والمكانة الشخصية التي يتمتع بها، ويحظى رجل الإدارة بحكم مركزه بالسلطة التي يخولها له هذا المركز، وهذه السلطة يمكن أن ينظر إليها على أنها رسمية لأنها مفوضة إله من السلطات الأعلى، أما المصدر الثاني للقوة المتعلقة بالمكانة الشخصية وما يصحبه من قدرة على التأثير فإنه يمثل قوة غير رسمية ولا يمكن تفويضها وكل رجال الإدارة بلا استثناء يحظون بالقوة الرسمية المخولة لهم، لكن ليس جميعهم يحظون بقوة التأثير الشخصية، ورجل الإدارة الذي يتمتع بالسلطة فقط دون قوة التأثير يكون في الواقع قد فقد نصف قوته الإدارية، وينبغي على رجل الإدارة أن يتمتع بالسلطة وقوة التأثير معا وهما المصدران الرئيسيان للقوة بالنسبة لرجل لإدارة التعليمية وغيره.

ج - نظرية تالكوت بارسونز T.Parsons: يرى بارسونز أن جميع المؤسسات الاجتماعية يجب أن تحقق أربعة أغراض رئيسية هي:

١- التأقلم أو التكيف: بمعنى تكييف النظام الإجتماعي للمطالب الحقيقة للبيئة الخارجية.

٢- تحقيق الهدف: بمهعنى تحديد الأهداف وجنيد كل الوسائل من أجل الوصول إلى تحقيقها.

٣- التكامل: بمعنى إرساء وتنظيم مجموعة من العلاقات بين أعضاء التنظيم بحيث تكفل التنسيق بينهم وتوحدهم في كل متكامل.

---

(١) عطوي، جودت (٢٠٠١). الإدارة التعليمية والإشراف التربوي: أصولها وتطبيقاتها، الدار العلمية الدولية، عمان.

٤- الكمون: بمعنى أن يحافظ التنظيم على استمرار حوافزه وإطاره الثقافي.[١]

ثانيا: نظرية العلاقات الإنسانية Leadership Theory

تهتم بأهمية العلاقات الإنسانية في العمل، وهذه النظرية تؤمن بأن السلطة ليست موروثة في القائد التربوي، ولا هي نابعة من القائد لأتباعه في المدرسة، فالسلطة في القائد نظرية وهو يكتسبها من أتباعه من خلال إدراكهم للمؤهلات التي يمتلكها هذا القائد، ومن ضمن مسؤوليات مدير المدرسة ليتعرف ويفهم ويحلل حاجات المدرسين والتلاميذ وليقدر أهمية التوفيق بين حاجات المدرسين والتلاميذ وحاجات المدرسة.[٢]

ولا يقصد أصحاب هذه النظرية أن ينخرط الإداري في علاقات شخصية مباشرة مع العاملين، بحيث لا تعود هناك مسافات اجتماعية تفصل بين الإداري والمرؤوسين، لأن جهود الإداري في هذه الحالة تتشتت بعيدا عن الهدف الإنتاجي للمؤسسة ولكن ما يتوخاه أصحاب النظرية هو مراعاة الأبعاد النفسية والاجتماعية التي تجعل العاملين يؤدون دورهم بدون اللجوء للمراوغة ومقاومة السلطة، لأن العاملين يتطلعون دائما إلى نوع من الفهم المشترك يجعل السلطة تشعرهم بأن مصلحتها أن تنظر في شأنهم بعناية مثلما تولي متطلبات العمل عنايتها، إن المرؤوس الذي لا يكون معوقا بمشكلات يستطيع أن يركز العمل، فتقل الأخطار التي يرتكبها وتزداد وجوه التكامل بين عمله وأعمال الفريق، ويحافظ على التعاون مع الأقران دعما لاستمرارية المؤسسة ونجاحها، وبهذا يضمن المحافظة على الأوضاع القائمة التي يرتاح لها.[٣]

ثالثا: نظرية اتخاذ القرار Dicesion Making Theory

تقوم هذه النظرية على أساس أن الإدارة نوع من السلوك يوجد به كافة التنظيمات الإنسانية أو البشرية وهي عملية التوجيه والسيطرة على النشاط في

(١) المرجع السابق
(٢) الخواجا، عبدالفتاح (٢٠٠٤). تطوير الإدارة المدرسية، دار الثقافة، عمان،ص٤١
(٣) عريفج، سامي سلطي (٢٠٠١). الإدارة التربوية المعاصرة، دار الفكر للطباعة والنشر، عمان،ص٢٥

التنظيم لاجتماعي ووظيفة الإدارة هي تنمية وتنظيم عملية اتخاذ القرارات بطريقة وبدرجة كفاءة عالية، ومدير المدرسة يعمل مع مجموعات من المدرسين والتلاميذ وأولياء أمورهم والعاملين أو مـع أفراد لهـم ارتباطات اجتماعية وليس مع أفراد بذاتهم. [1]

وتعتبر عملية اتخاذ القرار هي حجر الزاوية في إدارة أي مؤسسة، والمعيار الذي يمكن علـى أساسـه تقييم المؤسسة هي نوعية القرارات التي تتخذها الإدارة والكفاية التي توضـع بهـا تلـك القرارات موضـع التنفيذ، وتتأثر تلك القرارات بسلوك المدير وشخصيته والنمط الـذي يـدير بـه مؤسسـته، ويمكن مراعـاة الخطوات التالية عند اتخاذ القرار: [2]

١- التعرف على المشكلة وتحديدها.

٢- تحليل وتقييم المشكلة.

٣- وضع معايير للحكم يمكن بها تقييم الحل المقبول والمتفق مع الحاجة.

٤- جمع المادة (البيانات والمعلومات).

٥- صياغة واختيار الحل أو الحلول المفضلة واختيارها مقدما أي البدائل الممكنة.

٦- وضع الحل المفضل موضع التنفيذ مع تهيئة الجو لتنفيذه وضمان مستوى أدائه ليتناسـب مـع خطة التنفيذ ثم تقويم صلاحية القرار الذي اتخذ وهل هو أنسب القرارات؟.

(١) د.حامد، دعمس، مرجع سابق ص١٢٩
(٢) د.حامد، دعمس،٢٠٠٨،المرجع السابق ص١٣٠.

رابعا: نظرية المؤسسات: Organaiztion Theory

تعتبر التنظيمات الرسمية وغير الرسمية نظاما اجتماعيا كليا في نظرية التنظيم، ومن خلال النظام تكون الإدارة أحيانا عاملا يزيد أو ينقص من التعارض بين أعضاء المجموعات والمؤسسات أو المنظمة - المدرسة - فنظرية التنظيم هي محاولة لمساعدة الإداري ليحلل مشاكل المنظمة وترشده في خطته وقراراته الإدارية كذلك تساعده ليكون أكثر حساسية لفهم المجموعات الرسمية وغير الرسمية التي لها علاقة بها.[1]

خامسا: نظرية الإدارة كوظائف ومكونات:

لا تخرج وظائف الإدارة التي أشار إليها سيرز عن مجموعة الوظائف التي أشار إليها سابقوه، وفي مقدمتهم المهندس الفرنسي " هنري فايول " والوظائف الرئيسية للإداري في ميادين الإدارات المختلفة كما يحددها سيرز هي:

التخطيط Planning

التنظيم Organazing

التوجيه Directoring

التنسيق assortment

الرقابة Controling

وعند تحليل هذه الوظائف يمكن الكشف عن طبيعة العمل الإداري في لميادين المختلفة، حيث أن الوظائف نفسها هي ما يقوم به الإداري.

ففي عملية التخطيط، يحتاج الإداري إلى تدارس لظروف استعدادا لاتخاذ قرارات ناجحة وعملية، تأخذ بعين الاعتبار طبيعة الأهداف والإمكانات المتوفرة لتحقيقها، والعقبات التي تعترض التقدم نحو الأهداف وموقف العاملين منها. وفي

---

(١) الخواجا، ٢٠٠٤، مرجع سابق،ص٤٢.

عملية التنظيم يحتاج إلى أن يضع القوانين والأنظمة والتعليمات لى صورة ترتيبات في الموارد البشرية والمادية، بما يسهل عمليات تنفيذ الأهداف المتوخاة على المنظمة أو التنظيم الذي ينشأ عن الترتيبات.[١]

وفي عملية التوجيه ينشط الإداري إجراءات التنفيذ بالتوفيق بين السلطة التي يكون مؤهلا لها من خلال صلاحيات مركزه والسلطة المستمدة من ذكائه ومعلوماته وخبراته المتمثلة في إدراكه الشامل لأهداف المنظمة، وطبيعة العمل المناط بها، وإمكاناتها المادية والبشرية، والقوى والظروف الاجتماعية المؤثرة عليها. وفي عملية التنسيق، يحتاج الإداري إلى جعل كل عناصر التنظيم وعملياته تسير بشكل متكامل لا ازدواجية فيه ولا تناقض، بحيث توجه الجهود بشكل رشيد نحو الأهداف المرسومة في نطاق الإمكانات المتوفرة، وفي حدود ما تسمح به القوى الاجتماعية والاقتصادية ولسياسية والثقافية في بيئة التنظيم.

أما الرقابة: فهي متابعة مباشرة أو غير مباشرة لمؤسسة لتقييم نظام عملها، ومدى جدواه على ضوء الأهداف المنتظرة منها[٢].

سادسا: نظرية القيادة Leadership Theory

تعتبر القيادة التربوية للمؤسسة التعليمية من الأمور الهامة بالنسبة للمجتمع عامة وبالنسبة لإدارة التعليمية والمدرسية بصفة خاصة، نظرا لعلاقتها المباشرة بأولياء لأمور والمدرسين والتلاميذ، والقيادة ليست ببساطة امتلاك مجموعة من صفات أو احتياجات مشتركة، ولكنها علاقة عمل بين أعضاء المدرسة أو المؤسسة التربوية، ويمكن القول إن هذه النظرية تقترب من أفكار نظرية العلاقات الإنسانية في كونها تركز على بلوغ الهدف لطبيعي للإنسان.

---

(١) د.حامد، دعمس،٢٠٠٨،مرجع سابق، ص١٣١.

(٢) عريفج، ٢٠٠١، مرجع سابق، ص ٣٠- ٣١.

سابعا: نظرية الدور Role Theory

إذا افترضنا أن مدير المدرسة يخطط لتكوين فريق رياضي لمدرسته – فمن يكلف بهـذه المسـؤولية – وإذا كلف أحد مدرسي التربية الرياضية ذلك ولم يستطع أن ينجح في تكوين الفريق المناسب، ماذا يفعل مدير المدرسة؟ ما موقف بقية مدرسي التربية الرياضية الآخرين؟ ل يشاورهم كجماعة فربما يحدث تصادما في الرأي، وعليه في مثل هذه الحالات يجب على مدير المدرسة أن يعرف الدور المتوقع مـن كـل مـدرس في المدرسة وكذلك توقعات الجماعة التي ينتمون إليها، مع مراعاة توقعات ومتطلبات المدرسة بشكل عامة.

تهتم هذه النظرية بوصف وفهم جانب السلوك الإنساني المعقد في لمؤسسات التعليمية (المدارس). فيجب عليه أن يولي اهتماما خاصا للمهارات، المقدرات والحاجات الشخصية لكل مـدرس ويتخذ مـن الإجراءات ما يعزز وسائل الاتصال بينهم وبينه وطبيعتهم اجتماعيا وتنمية معلوماتهم حتى يمكن أن يكون دور كل واحد منهم إيجابيا وفعالا ومساعدا على تحقيق هدف المدرسة. [١]

ثامنا: نظرية النظم System Theory

لقد شاع استعمال هذه النظرية في لعلوم البيولوجية والطبيعية، وكذلك شاع استخدامها في لعلـوم الاجتماعية الأخرى، والتي من بينها علم الإدارة التعليمية والمدرسية، وتفسر هذه النظرية الـنظم المختلفـة بأنها تتكون من تركيبات منطقية بواسطة تحليلها تفسر الظواهر المعقـدة في المؤسسـات أو المؤسسـات في قالب كمي بالرغم من أن البحوث التطبيقية المتعلقة بـالتغير في المواقـف أو الدراسـات الاجتماعيـة تكون أحيانا غير عملية أو غير دقيقة، تقوم هذه النظرية على أساس أن أي تنظيم اجتماعيا أو بيولوجيا أو علميا يجب أن ينظر إليه من خلال مدخلاته وعملياته ومخرجاته، فالأنظمة التربوية تتألف من عوامـل وعنـاصر متداخلة متصلة مباشرة وغير مباشرة

---

(١) المرجع السابق، ص٤٧.

وتشمل: أفراد النظام، جماعاته الرسمية وغير الرسمية، الاتجاهات السائدة فيه ودافع النظام والعاملين فيه، طريقة بنائه الرسمي، التفاعلات التي تحدث بين تركيباته ومراكزها، والسلطة التي يشتمل عليها.

وترجع نشأة أسلوب تحليل النظم إلى ما بعد الحرب العالمية الثانية، عندما استخدمه الجيش الأمريكي فيما عرف باسم (بحوث العمليات)، ومن هنا انتقل إلى الميادين الأخرى، بيد أن الاهتمام به في التعليم بدأ مؤخرا، وبدأ يظهر بصورة واضحة منذ العقد السادس من القرن "العشرين" وكان ذلك على يد عالم الاقتصاد بولدنج (Bolding) وبكلي (Buckley) عالم الاجتماع، وقد جاء هذا الاهتمام نتيجة "لتزايد الاهتمام بالتعليم ونظمه من ناحية، وتركز الاهتمام على اقتصاديات التعليم من ناحية أخرى". وأسلوب النظم في الإدارة يشير إلى عملية تطبيق التفكير العلمي في حل المشكلات الإدارية، ونظرية النظم تطرح أسلوبا في التعامل ينطلق عبر الوحدات والأقسام وكل النظم الفرعية المكونة للنظام الواحد، وكذلك عبر النظم المزاملة له، فالنظام أكبر من مجموعة الأجزاء.

أما مسيرة النظام فإنها تعتمد على المعلومات الكمية والمعلومات التجريبية والاستنتاج المنطقي، والأبحاث الإبداعية الخلاقة، وتذوق للقيم الفردية والاجتماعية ومن ثم دمجها داخل إطار تعمل فيه بنسق يوصل المؤسسة إلى أهدافها المرسومة[١]

تاسعا: نظريات أخرى في الإدارة [٢]

١- نظرية البعدين في القيادة:

يظهر تحليل سلوك القائد ودراسته على أن هناك نمطين من السلوك هما: السلوك الموجه نحو المهمة والسلوك الموجه نحو الناس. وهناك من القادة من يطغى على سلوكه البعد الأول وهناك من يطغي على سلوك البعد الثاني. وأكثرية القادة يكون سلوكهم متوازنا.

(١) العمايرة، محمد حسن (٢٠٠٢) مبادىء الإدارة المدرسية، ط ٣، دار المسيرة، عمان.

(٢) د.حامد، دعمس،٢٠٠٨،مرجع سابق، ص١٣٤- ١٣٦.

٢- **نظرية التبادل في تقرير القيادة لهومان** Homan

يمكن استخدام هذه لتفسير متى يستطيع الفرد أن يتخذ القرار ويمارس القيادة وفي هذه يفكر الفرد بالمردود الذي سيناله إذا ما اتخذ موقفا قياديا في مشكلة ما ثم ينظر إلى ما سيكلفه ذلك من فقدان تقبل الجماعة له وبذل مزيد من الجهد... الخ، ثم يقارن المردود بالتكاليف لتبرير قيامه بالقيادة أم لا. ويتسم سلوك المرؤوس بنفس الأسلوب حيث يقوم بمقارنة المردود بالكلفة لتقرير فيما أنه سيبقى تابعا بدلا من أن يقود.

٣- **نظرية تصنيف الحاجات لماسلو** Maslow

يعتبر ماسلو أن القوة الدافعة للناس للانضمام للمؤسسات والمؤسسات الإدارية وبقائهم فيها وعملهم باتجاه أهدافها هي في الحقيقة سلسلة من الحاجات، وعندما تشبع الحاجات في أسفل السلسلة تظهر حاجات أعلى يريد الفرد إشباعها،مثل حاجات فسيولوجية (جسمية) أساسية كالطعام والماء والسكن والهواء.. الخ

الانتماء الاجتماعي (حب – انتماء – تقبل الآخرين)

الأمان والضمان الفسيولوجي والمالي.

الاحترام (احترام الذات وتقدير الزملاء) وينبغي ان ندرك بأن الحاجة المشبعة ليست محفزا، ولكن تظهر حاجة أخرى محلها كمحفز، وحاجات الفرد متشابكة ومعقدة ويميل الفرد إلى السلوك الذي يؤدي إلى تحقيق حاجاته المحفزة.

وهكذا يستمر الاتجاه إلى أعلى، وتصنف الحاجات من وجهة نظر ماسلو إلى:

معرفة الدافعية إلى العمل:

تعتبر معرفة الدافعية الى العمل أو لماذا يعمل الناس المدخل الرئيسي لفهم العلاقات الإنسانية.

وتقوم الدافعية إلى العمل في أساسها على ما يسمى بالتسلسل الهرمي للحاجات الإنسانية " لماسلو" Maslow والواقع أن النظرية السابقة لماكرجر تتطابق مع التسلسل

الهرمي للحاجات الإنسانية "لماسلو" الـذي يعتقـد أن الإنسـان حيوان تحركه الرغبـة وأنه إذا أشبعت رغبة ما لدى الإنسان فإنه سرعان ما تظهر رغبة أخرى في مكانها تتطلب الإشباع وأن هذه الرغبات تنتظم في مجموعة من المستويات حسب أ هميتها في التسلسل الهرمي.

وفي المستويات الدنيا توجد الحاجات الفسيولوجية وهي الحاجة إلى الطعام والنوم والراحة، يليها في المستوى الأعلى حاجات الأمن والحماية ضـد الأخطـار والتهديـد، يليهـا في المسـتوى الثالـث الحاجـات الاجتماعية وتشمل الحاجـة إلى الانتماء والتقبل والأخذ والعطاء، يليها في المستوى الرابع حاجات الـذات وتشمل الحاجة إلى الاحترام والتقدير والمكانـة الاجتماعيـة، ويليهـا في المستوى الخـامس حاجات تحقيـق الذات وتشمل الحاجة إلى التعبير عن الذات والنمو الذاتي والابتكار.

وهكذا يقسم ماسلو الحاجات الإنسانية إلى خمسة أنواع هي:

١- الحاجات الفسيولوجية والبيولوجية (مثل الأكل والشرب والنوم والراحة...)

٢- الحاجة إلى الأمن والطمأنينة.

٣- الحاجة إلى الانتماء والنشاط الاجتماعي.

٤- الحاجة إلى التقدير والمكانية الاجتماعية.

٥- الحاجة إلى تحقيق الذات.

والنوع الأول من الحاجات يعرف كما أشرنا في مكن آخر بالحاجات الأولية وعدم إشباعها يؤدي إلى هلاك الإنسان، إما النـوع الثاني فيعـره بالحاجـات الثانوية وإشباعها ضروري لإحداث الاتـزان النفسي- والاجتماعي للفرد مع بيئته ومجتمعه.

ويمكن ترجمة هذه الحاجات إلى دوافع تدفع الإنسان إلى العمل والنشاط، ومن الطبيعي أن تكون هذه الدوافع مادية وغير مادية.

ويوضح الرسم التالي دوافع العمل على أساس الحاجات الإنسانية السابقة وبنفس الترتيب.

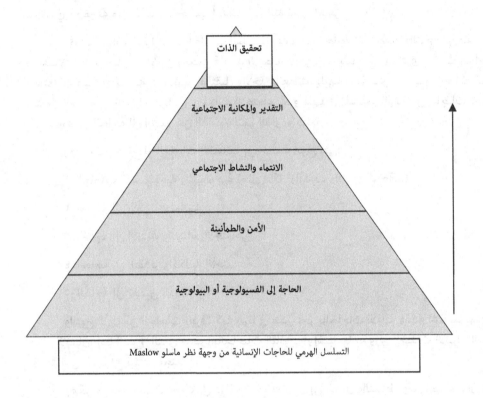

التسلسل الهرمي للحاجات الإنسانية من وجهة نظر ماسلو Maslow

٤- نظرية إدارة المصادر البشرية:

إن من أهم مسلمات هذه النظرية:

أ – أن يهيئ البناء الداخلي للمنظمة مناخا يزيد من نمو الإنسان وحفزه لكي يتحقق الحد الأعلى لفاعليتها.

ب- إن إدراك الإداريين لقدرات المنظمة لإدارية يزيد من مساهمتهم في اتخاذ القرارات مع التأكيد على المعرفة والخبرة والقدرة على الخلق والإبداع لديهم.

جـ - تتطلب المساهمة البناءة مناخا يتصف بالثقة العالية والوضوح.

د- التركيز على مرونة العمل في المنظمة الإدارية أكثر من التركيز على التسلسل الهرمي.

هـ - يعود النفوذ واللامبالاة والأداء السيئ لعدم إلى عدم رضا العاملين عن وظائفهم أكثر من أن تعزى إلى نوعيتهم.

إن استخدام هذا الأسلوب في لمؤسسات التربوية يعني أخذ الطالب من المكان الذي هو فيه إلى المكان الذي يستطيع الوصول إيه وكذلك بالنسبة لكل العاملين.

٥- نظرية الاحتمالات أو الطوارئ، وتؤكد هذه النظرية على الأسس التالية:

ليست هناك طريقة واحدة مثلى لتنظيم وإدارة المدارس.

لا تتساوى جميع طرق التنظيم والإدارة والفاعلية في ظرف معين، إذ تعتمد الفاعلية على مناسبة التصميم أو النمط للظرف المعين.

يجب أن يبنى الاختيار لتصميم التنظيم ولنمط الإدارة على أساس التحليل الدقيق والاحتمالات المهمة في الظرف المعين.

٦- نظرية الإدارة العلمية (فردريك تايلور) ولهذه النظرية خصائص:

أـ تحديد كمية العمل المطلوب تأديته بوضوح تام بمعنى أنها تهتم بالكمية دون الكيفية.

ب ـ تحديد متطلبات العمل ومستوياته وشروطه والفترة الزمنية اللازم لتحقيقه.

ج ـ تقسيم الواجبات والمسؤوليات.

د _ اختيار الشخص المناسب في المكان المناسب (للوظيفة)

هـ ربط المكافأة المادية بمدى نجاح العنصر البشري في تأدية العمل المطلوب.

عيوب هذه النظرية:

١.فصل التخطيط عن التنفيذ.

٢.تجاهل الفروق الفردية بين العاملين.

٣.الإجهاد الجسمي

٤.الاهتمام بالكم دون الكيف.

٥.فرض الناحية السلطوية أو الديكتاتورية.

٧- النظرية البيروقراطية لـ(ماكس فيبر)

خصائص هذه النظرية:

أـ أنها تسير ضمن قوانين وفلسفة واضحة.

ب ـ أنها لا تخضع لمزاج الرئيس المباشر.

عيوب هذه النظرية:

١.   البطء في القيمة الإنتاجية.

٢.   لا تسمح بعملية الابتكار والتطوير والتجديد.

٣.   الاهتمام بالقيمة الإنتاجية أكثر من الاهتمام بالعاملين وحاجاتهم النفسية.

٨- نظرية العاملين لـ (هرزبرج)

يقول هرزبرج هناك عوامل دافعية وهناك عوامل وقائية وصحية.

العوامل الدافعية (الداخلية):

١ـ التقدير ٢- الإنجاز   ٣- تحمل المسؤولية   ٤- التقدم والرقي.

العوامل الوقائية والصحية (الخارجية).

١- الراتب   ٢- ظروف العمل المادية

٣- العلاقة مع الزملاء والإدارة   ٤- الإشراف والمتابعة.

٩- نظرية الإدارة كعملية اجتماعية لـ(يعقوب جيزلز).

ينظر يعقوب للإدارة على أنها تسلسل هرمي للعلاقات بين الرؤساء والمرؤوسين في ظل إطار نظام اجتماعي.

وهذه النظرية هي أكثر النظريات الحديثة شهرة في الإدارة التعليمية وهي تمثل الفرد والعمل (القيمة الإنتاجية)

لعل أكثر النظريـات شهـرة في الإدارة التعليميـة حتـى الآن ما يسـمى بنظريـة الإدارة كعمليـة اجتماعية التي تنسب إلى يعقوب جيتزلز J.Getzels فهو ينظر إلى الإدارة من حيث البيئة على أنها تسلسل هرمـي للعلاقات بيت الرؤساء والمرؤوسين في إطار نظام اجتماعي. وهذا التسلسل الهرمي للعلاقات هو من الناحية الوظيفية توزيع الأدوار والإمكانيات وتكاملها من أجل تحقيق أهـداف النظام الاجتماعي، ولكن ماذا نعني بالنظام الاجتماعي؟ إن أي نظام اجتماعي يتكون من جانبين يمكن تصورهما في صـورة مستقلة كل منهما عن الآخر وإن كانا في الواقع متداخلين، الجانب الأول يتعلق بالمؤسسات وما تقوم بـه مـن أدوار وما يتوقع منها بما يحقق الأهداف الكبرى للنظام الاجتماعي، ويتعلق الجانب الثـاني بالأفراد وشخصياتهم واحتياجاتهم المكونة للنظام. والسلوك الاجتماعي وظيفة لهذين الجانبين الرئيسيين: المؤسسـات والأدوار والتوقعات وهي تمثل البعد التنظيمي أو المعياري Nomothetic والأفراد والشخصيات والحاجات وهي تمثل البعـد الشخصي- Idiographic للنشاط في النظام الاجتماعـي ويعنى جيتزلز بالمؤسسـة أي هيئـة تقـوم بالوظائف الثابتة للنظام الاجتماعي ككل، وتمثل الأدوار الجوانب الحية (الديناميكيـة) للوظـائف في المؤسسة، وتتحدد الأدوار من خلال ما يسمى بتوقعات الـدور Role expectations وهي تمثل الالتزامات والمسؤوليات المتعارف عليها والتي تقع على أكتاف من يشغل هذا الدور.

والأدوار تكاملية بمعنى أن كل دور يستمد معناه من الأدوار الأخرى المرتبطة في المؤسسة، فدور مدير أو ناظر المدرسة على سبيل المثال ودور المدرس لا يمكن تحديدهما

إلا في علاقة كل منهما بالآخر. والأدوار يقوم بها أفراد والأفراد يختلفون فيما بينهم ولذلك يلون كل فرد دوره بصفاته الخاصة الفريدة. وعلى هذا لا يكفي لكي نفهم الدور الملاحظ لناظر المدرسة أو المعلم مثلا أن نعرف طبيعة الدور وتوقعاته على الرغم من أن ذلك يعتبر شيئا هاما ينبغي علينا معرفته وإنما يجب أن نعرف أيضا طبيعة الشخصيات والأفراد الذين يقومون بالدور وهذا يعنى أن الفهم المتكامل للدور يتضمن الجانبين التنظيمي والشخصي وهذا يقتضي إدخال التحليل الاجتماعي والسيكولوجي أيضا.

ويعرف جيتزلز الشخصية بأنها تنظيم ديناميكي للحاجات في داخل الفرد يجعله ينزع إلى الاستجابة إلى الأشياء بطريقة خاصة، وهذا يمكننا أن نميز مثلا بين ناظرين أحدهما لديه نزعة قوية للخضوع والثاني لديه نزعه قوية للاستعلاء، وبالمثل يمكن أن نضرب مثالا بالمعلين، بيد أن العلاقة بين الناظر والمعلم ينظر إليها من جانب الناظر من خلال حاجاته الشخصية والأهداف المنشودة وبالمثل ينظر إليها من جانب المعلم من خلال حاجاته الشخصية وهذه الأهداف أيضا، فإذا التقت النظرتان استطاع كل منهما أن يفهم الآخر وان يعملا معا بروح متعاونة بناءه، أما عندما تختلف النظرتان فإن كلا منهما لن يفهم الآخر وبالتالي ستكون العلاقة بينهما على غير ما يرام.

نموذج جيتزلز للبعد التنظيمي المعياري والبعد الشخصي للسلوك الاجتماعي وأي سلوك معين يصدر عن كل من البعدين التنظيمي والشخصي في آن واحد، أي أن السلوك الاجتماعي يترتب على محاولة الفرد أن يواجه بيئة لها توقعات لسلوكه بطريقة تتمشى مع حاجاته الشخصية.

ويوضح جيتزلز ذلك بالمعادلة التالية:

س = ل (د × ش)

حيث أن السلوك الملاحظ (س) دالة (ل) على الدور (د) كما تحدده التوقعات المرتبطة به والشخصية (ش) كما تحددها حاجاتها.

وبالطبع فإن الوزن النسبي لكل من د (الدور). وش (الشخصية) سيختلف باختلاف الظروف نظرا لوجود تفاعل بينهما. ويمكن فهم هذا التفاعل بالرسم التالي الذي يوضح التداخل بين الدور والشخصية في الاجراء السلوكي:

فأي إجراء سلوكي يمكن أن يشبه بخط يقطع مثلثي الدور والشخصية ويمثل الخط (أ) نموذجا لإجراء سلوكي أملته الاعتبارات الشخصية بصورة رئيسية ولم يكن لاعتبارات الدور فيه إلا حظ يسير. أما الخط (ب) فيمثل إجراء سلوكيا تتوازن فيه الاعتبارات الشخصية وتوقعات الدور والخط (جـ) عكس (أ) يمثل إجراء سلوكيا كان التوقعات الدور فيه الاعتبار الأكبر في حين أن الاعتبار الشخصي- لم يكن له فيه إلا حظ قليل، ويتوقف ميل سلوك رجل الإدارة على التأثر بتوقعات الدور أو الشخصية على نمط المنظمة التي يعمل فيها.

ونظر لأن الوضع المعقد للإدارة يفرض على رجل الإدارة التعليمية الواعي مراعاة الظروف الاجتماعية والنفسية والانثروبولوجية والسياسية والاقتصادية فإن هناك تعديلا للنموذج السابق لجيتزلز لكي يتسع للسلوك خارج وداخل المنظمة.

ويرتبط بنظرية جيتزلز نظرية أجريس Argyris ارتباطا كبيرا. وتهدف إلى تحقيق فهم للميكانيزم الذي يحقق به الفرد نفسه من خلال المنظمة وفي نفس الوقت تحقق المنظمة نفسها عن طريق الفرد، ويركز هذا المدخل على فهم المنظمة ليس عن طريق دراسة المنظمة وحدها أو الفرد وحده وإنما يفهم الفرد ـ المنظمة. ويجب أن يضاف إلى المنظمة ـ كما تصورها الخريطة الرسمية ـ كل النشاطات غير الرسمية التي يظهرها الأفراد لتعاونهم على التكييف مع البناء الرسمي، كذلك كل النشاطات التي يصممها الأفراد لإشباع حاجاتهم الخاصة، وأخيرا كل النشاطات الناتجة عن التفاعل.

سادسا: خصائص القيادة الإدارية

صفات الإداري الناجح: [1]

١.أن تقوم شخصية القيادي على الإيمان الذي يجعل من القيادي شخصا متوازنا ومتصفا بكافة الصفات الإيمانية التي تبعده عن الشبهات.

٢.توخي الموضوعية في اتخاذ القرارات وعدم السماح للميول الشخصية بأن تسيطر على توجهاته وقراراته.

٣.الاعتدال والوسطية في حسم الأمور.

٤.انتهاج الأساليب العلمية في وضع وتبني الخطط الإدارية.

٥.الرغبة القوية في تحقيق نتائج وأهداف متميزة

٦. الانخراط في العمل لدرجة الابتكار والإبداع في حل مشكلات العمل.

٧. الشعور بالرغبة في الانتماء للوطن والمجتمع والعمل من أجل ذلك.

٨. توفر درجة عالية من الرغبة في القدرة على تحمل المخاطر.

٩. اتخاذ قرارات جريئة وحاسمة.

١٠.   الحرص على التدقيق في الأمور.

١١.   تقدير الوقت وأهميته.

ويمكن تصنيف صفات القائد الإداري إلى صفات شخصية وصفات إدارية:

(١) د.حامد، دعمس، مرجع سابق ص١٨

الصفات الشخصية:

- السمعة الطيبة والأمانة والأخلاق الحسنة.
- الهدوء والاتزان في معالجة الأمور والرزانة والتعقل عند اتخاذ القرارات.
- القوة البدنية والسلامة الصحية.
- المرونة وسعة الأفق.
- القدرة على ضبط النفس عند اللزوم.
- المظهر الحسن.
- احترام نفسه واحترام الغير.
- الإيجابية في العمل.
- القدرة على الابتكار وحسن التصرف.
- أن تتسم علاقاته مع زملائه ورؤسائه ومرؤوسيه بالكمال والتعاون.

الصفات الإدارية:

تشمل المهارات والقدرات الفنية التي يمكن تنميتها بالتدريب، وأبرزها ما يأتي:

- الإلمام الكامل بالعلاقات الإنسانية، وعلاقات العمل.
- الإلمام الكامل بالأنظمة واللوائح المنظمة للعمل.
- القدرة على اكتشاف الأخطاء، وتقبل النقد البناء.
- القدرة على اتخاذ القرارات السريعة في المواقف العاجلة دون تردد.

- الثقة في النفس المبنية على الكفاءة العالية في تخصصه، واكتساب ثقة الغير.

- الحزم وسرعة البت، وتجنب الاندفاع والتهور.

- الديمقراطية في القيادة وتجنب الاستئثار بالرأي أو السلطة.

- القدرة على خلق الجو الطيب والملائم لحسن سير العمل.

- المواظبة والانتظام حتى يكون قدوة حسنة لمرؤوسيه.

- سعة الصدر والقدرة على التصرف، ومواجهة المواقف الصعبة.

- توخي العدالة في مواجهة مرؤوسيه.

- تجنب الأنانية وحب الـذات، وإعطـاء الفرصـة لمرؤوسيه لإبـراز مـواهبهم وقدراتهم.

المهارات الأساسية للقائد وهي: [١]

١. القدرة على التخطيط.

٢. إجادة التعامل مع الآخرين.

٣. مهارة الحوار وإدارة النقاش.

٤. القدرة على إدارة الوقت.

٥. تشكيل وإدارة الفريق الجماعي.

٦. إدارة الاجتماعات.

٧. حل المشكلات واتخاذ القرارات.

---

(١) المرجع السابق ص١٤٩

مبادئ القيادة:

١- أن نجعل العائد الشخصي غير الملموس بالنسبة للعمل أكثر وضوحا ورؤية من ذي قبل.

٢- أن نجعل مهام العمل وبيئته أكثر جاذبية.

٣- أن نجعل من أهداف العمل وتحقيقها شيئا ذا جاذبية أكبر.

٤- أن نربط بين مهام العمل وإنجاز الأهداف المحددة لها.

٥- أن نربط تحقيق أهداف العمل بالعائد الشخصي.

بعض المقترحات الخاصة باستخدام هذه المبادئ:

أن القادة المبدعين من ذوي البذل يتسمون بالقدرة على النظر بعناية في الظروف والأحوال المحيطة بعملهم، وإدخال وتطوير الاستراتيجيات المناسبة لتلك الظروف والأحوال.. والمقترحات هي:

المبدأ الأول: أن نجعل العائد الشخصي غير الملموس من العمل أكثر وضوحا ورؤية :

المبدأ الثاني: أن نجعل مهام العمل وبيئته أكثر جاذبية:

المبدأ الثالث: وضع أهداف أكثر جاذبية للعمل:

المبدأ الرابع: الربط بين مهام العمل وإنجاز الأهداف:

المبدأ الخامس: ربط إنجاز الأهداف بالعائد الشخصي:

الأسس الأربعة للإدارة من هدي القرآن العظيم[1]

الأخوة الدينية: قال تعالى : (إنما المؤمنون إخوة فأصلحوا بين أخويكم واتقوا الله لعلكم ترحمون (١٠) الحجرات: ١٠

(١) المرجع السابق ص٢٥.

قال تعالى: (واعتصموا بحبل الله جميعا ولا تفرقوا واذكروا نعمة الله عليكم إذ كنتم أعداء فألف بين قلوبكم فأصبحتم بنعمته(١٠٣)) عمران:

التكافل الاجتماعي:

[الأمر بالمعروف والنهي عن المنكر]. قال تعالى : (ولتكن منكم أمة يدعون إلى الخير ويأمرون بالمعروف وينهون عن المنكر وأولئك هم المفلحون (١٠٤)) آل عمران: ١٠٤

الشورى:

أساس الإدارة الصالحة، وهي السبيل إلى تبين الحق، ومعرفة الآراء الناضجة وقد أمر بها القرآن الكريم في سورة سماها الشورى، قال تعالى: (والذين استجابوا لربهم وأقاموا الصلاة وأمرهم شورى بينهم ومما رزقناهم ينفقون (٣٨)) الشورى: ٣٨

العدل:

أمر الله بالعدل عاما ودون تخصيص حفظا لكيان المجتمع.

عباد الله جميعهم يستوون أمام عدله وحكمه.

جعل الله إقرار العدل بين الناس هو الهدف من بعث الرسل وإنزال الشرائع والأحكام.

قال تعالى : (لقد أرسلنا رسلنا بالبينات وأنزلنا معهم الكتاب والميزان ليقوم الناس بالقسط وأنزلنا الحديد فيه بأس شديد ومنافع للناس وليعلم الله من ينصره ورسله بالغيب إن الله قوي عزيز (٢٥)) الحديد: ٢٥

ملامح تفيد الإدارة من هدي القرآن العظيم

١- التوكل على اللـه سبحانه وتعالى والاعتماد عليه نقطـة البدايـة وأسـاس السـداد والتوفيـق في الأعمال.

٢- الاحتكام إلى عقيدة الإسلام وشريعته في كل أمور العمل وترتيب العلاقات بين أطراف العلاقة.

٣- التأسي في كل الأعمال والتوجهات بهدي الرسول الأعظم النبي الخاتم محمـد صلى اللـه عليـه وسلم.

٤- مشروعية الأهداف وسلامة المقاصـد واسـتهداف المنفعـة العامة للجميـع ودرأ الضـرر والأذى عنهم، وعمار الأرض واستثمار ما بها من خيرات.

٥- إخلاص النية وسلامة الصدور من الأحقاد شرط تحقق الغايات.

٦- التدبر والتعقل والتفكر واجتناب التسرع والانفعال والتحيز أو التعصب حين اتخاذ القرارات.

٧- الإعداد والتجهيز وترتيب الأولويات والالتزام بها شرط حسن تنفيذ الواجبات والمهـام والوصـول إلى الأهداف.

٨- حسن التنظيم وملاءمته لمقتضى الأحوال من عوامل النجاح، وتوفير المرونة وسرعة التكيـف مـع تطورات الظروف شرط مهم لفعالية الأعمال ونجاحها.

٩- حشد الموارد وتنسيقها وإزالة ما بينها من تناقضات يحقق تعظيم القدرة في الأداء، ويتفـق مـع قيم التعاون والتكافل في الإسلام.

١٠- الإنسان مجبول على الخير والشر، وعلى الإدارة تنمية نوازع الخير فيه ومقاومة توجهاته للشر، واستثمار ما أتاحه اللـه عز وجل للبشر من قدرات فيما ينفع الناس.

١١- المحاسبة على أساس نتائج العمل، يفعل الإنسان الخير فيثاب، ويفعل الشرـ أو يتقاعس عـن الأداء فيعاقب، وكل مسئول عن أفعاله.

١٢- مراقبة النفس أساس صلاح الأعمال، والتقويم الذاتي لب التطوير والتوفيق في أداء الأعمال.

١٣- السعي الحثيث لاقتناء المعرفة الصالحة والاستزادة منها وتوظيفها في خدمة أهداف المـنظمات وبما يتفق والفلسفة والنظم الإدارية.

قال تعالى : (يؤتي الحكمة من يشاء ومن يؤت الحكمة فقد أوتي خيرا كثيرا وما يـذكر إلا أولو الألباب (٢٦٩)) البقرة: ٢٦٩

١٤- العـدل بـين النـاس أسـاس الشـعور بالرضا وتنميـة الانتـماء إلى المنظمـة والالتـزام بأهـدافها وفلسفتها ونظمها.

قال تعالى : (وإذا حكمتم بين الناس أن تحكموا بالعدل(٥٨)) النساء: ٥٨

قال تعالى : (فأوفوا الكيل والميزان ولا تبخسوا الناس أشياءهم ولا تفسدوا في الأرض بعد إصلاحها ذلكم خير لكم إن كنتم مؤمنين (٨٥)) الأعراف: ٨٥

١٥- إحسـان العمـل واتقانـه مسـئولية كـل فـرد مـن ذوي العلاقـة، ومراعـاة الجـودة وشروطهـا ومواصفاتها التزام بالأمر الرباني أن يتقن المؤمن ما يعمل.

١٦- لا يصرف الإدارة اهتمامها بمشكلات الوقت الحاضر عن استشراف المستقبل والإعداد له.

١٧- إشاعة الاطمئنان بين الجميع وتوفير مقومات الثقة فيما بينهم يحقق الإجادة في الأداء ويعظم القدرة على تحقيق الأهداف.

١٨- التدرج في إسناد المهام والمسئوليات، والتوازن في الصلاحيات بما يوافق القدرات.

١٩- التغيير من ثوابت الحياة، وأخذ النفس بالتغيير ومواكبة ما يطرأ على الأحوال من تطورات ضرورة لحسن الأداء.

٢٠- يتم اختيار الأفراد للعمل على أساس الكفاءة والقدرة والصلاحية [إن خير من استئجرت القوي الأمين].

٢١- القيادة الإدارية ريادة وتوجيه وعلاقة متصلة بأطراف العمل، و يقع عليها مسئولية الأمر بالمعروف والنهي عن المنكر فيما يحقق الأهداف.

القائد قدوة لمرؤوسيه.

قال تعالى : (أتأمرون الناس بالبر وتنسون أنفسكم وأنتم تتلون الكتاب أفلا تعقلون (٤٤)) البقرة: ٤٤.

٢٢- يراعى إسناد المهام وتوزيع المسئوليات بين أفراد المنظمة على أساس القدرة والاختصاص.[قل هل يستوي الذين يعلمون والذين لا يعلمون].

٢٣- يكافأ الأفراد عن أعمالهم بحسب النتائج التي يحققونها، ويكون أداء حقوقهم فور إنجازهم لمسئولياتهم، ولا يسأل الفرد إلا عن ناتج عمله:

[وكل إنسان ألزمناه طائره في عنقه ونخرج له يوم القيامة كتابا يلقاه منشورا].

[ولا تزر وازرة وزر أخـــــرى].

٢٤- يتم توفير المعلومات والإرشادات للمساعدة في أداء الأعمال، وتكون الإدارة مسئولة عن تحديث تلك المعلومات وضمان وصولها للعاملين في التوقيت السليم.

[وما أرسلنا من رسول إلا بلسان قومه ليبين لهم، فيضل الله من يشاء ويهدي من يشاء وهو العزيز الحكيم].

٢٥- الإدارة الفعالة المهتدية بالقرآن مسئولة عن حفظ أموال المؤسسة وصيانتها والبعد عن الهوى والغرض في تعاملاتها.

قال تعالى : (ولا تأكلوا أموالكم بينكم بالباطل وتدلوا بها إلى الحكام لتأكلوا فريقا من أموال الناس بالإثم وأنتم تعلمون (١٨٨))البقرة: ١٨٨

أساليب القيادة الإدارية في تنمية الموارد البشرية

القيادة الادارية هي القدرة على التأثير في الآخرين وتوجيه سلوكهم لتحقيق أهداف مشتركة وتنسيق جهودهم ليقدموا أفضل ما لديهم لتحقيق الأهداف والنتائج المرجوة. والقائد الإداري هو الشخص الذي يستخدم نفوذه وقوته ليؤثر على سلوك وتوجهات الأفراد من حوله لإنجاز أهداف محددة.[(١)]

وعادة ما يفضل كبار المديرين، أولئك الأشخاص الذين يقودون إداراتهم أو أقسامهم بسلاسة وبدون مشاكل مع العاملين. ومثل هؤلاء الأشخاص عادة ما يصعدون السلم الوظيفي بسرعة بسبب هذه الخاصية، لأن كبار المديرين لا يريدون أن يضيعوا وقتهم في حل المشاكل والحفاظ على الوئام بين مديري الإدارات والأقسام وموظفيهم.

إلا أن مثل هؤلاء الأشخاص لا يمكن أن يصبحوا قادة مميزين، لأن القادة المميزين ليسوا عادة لاعبين ضمن فريق، بل ربما يفضلون أن يعمل الآخرون كفريق في حين أنهم يرددون الشعارات المؤيدة للفرق فقط.

---

(١): د. ناصر عبدالله ناصر المعيلي:

http://www.ecoworld-mag.com/Detail.asp?InNewsItemID=246286

ولكن عندما يتطلب الأمر اتخاذ قرار حاسم فإنهم يدركون أنهم ليسوا في حاجة ماسة إلى الاستماع الكامل إلى الآخرين قبل القيام بخطوتهم، فهـم مسـتقلون في تفكيرهم ولا يمانعون في اتخـاذ القـرارات بأنفسهم وهي قرارات تجعلهم في عزلة عن المجموعة.

وبعض هؤلاء القادة الإداريين يتمتع بالقدرة على إشاعة البشاشة فيمن حولهم، لكن البعض الآخـر يترك دائما انطباعا سيئا بالجفاء والاستعلاء لدى من يقابلونهم. ولذلك فإن رد الفعل يختلـف إزاء كـل نـوع من القادة، حسب طبيعته. فالنوع الأول صاحب الشخصية البشوشة يلقى الترحيب في كـل مكـان وتأتيـه الدعوات من كل جانب ويكثر أصحابه ومعارفه، بينما الشخص المنعزل قلما يسعى إليه الناس.

أهمية القيادة الإدارية

- تعد حلقة الوصل بين العاملين وبين خطط المنشأة وتصوراتها المستقبلية.

- تعتبر البوتقة التي تنصهر داخلها كافة المفاهيم والاستراتيجيات والسياسات الإدارية.

- تدعيم القوى الايجابية في المنشأة وتقليص الجوانب السلبية قدر الإمكان.

- السيطرة على مشكلات العمل وحلها، وحسم الخلافات والترجيح بين الآراء.

- تنمية وتدريب ورعاية الأفراد باعتبارهم أهم مورد للمنشأة، كما أن الأفراد يتخـذون مـن القائد الإداري قدوة لهم.

- مواكبة المتغيرات المحيطة وتوظيفها لخدمة المنشأة.

- تسهل للمنشأة تحقيق الأهداف المرسومة لها.

القيادة الادارية نوعان

- القيـادة الرسـمية؛ وهـي القيـادة التـي تمـارس مهامهـا وفقـا لمـنهج التنظـيم (أي الأنظمـة واللوائح) التي تنظم أعمال المنشأة. فالقائد الذي يمـارس مهامـه مـن هـذا المنطلـق تكـون سلطاته ومسؤولياته محددة من قبل مركزه الوظيفي والقوانين واللوائح المعمول بها.

- القيـادة غـير الرسـمية؛ وهـي تلـك القيـادة التـي يمارسـها بعـض الأفـراد وفقـا لقـدراتهم ومواهبهم القيادية وليس من مركـزهم ووضـعهم الـوظيفي. فقـد يكـون الـبعض مـنهم في مستوى الإدارة التنفيذية أو الإدارة المبـاشرة، إلا أن مواهبـه القياديـة وقـوة شخصـيته بـين زملائـه وقدرتـه عـلى التصرـف والحركـة والمناقشـة والإقنـاع يجعـل منـه قائـدا ناجحـا. وبوجه عام، فإنه لا غنى عن هذين النوعين من القيادة في المنشأة، فالقيادة الرسـمية وغـير الرسمية يتعاونان في كثير من الأحيان لتحقيق أهداف المنشـأة وقلـما تجتمعـان في شـخص واحد.

المهام الأساسية للقائد الإداري

- مهام رسمية تنظيمية؛ تشمل التخطيط، والتنظيم، والتنسيق بـين أطـراف العمـل وأجنحتـه وتوجيه جميع الموظفين للسير باتجـاه هـدف المنشـأة الأسـاسي، والحـث عـلى الأداء بـأعلى مستوى من الكفاءة والفاعلية، وتشكيل شبكة من الاتصالات العمودية والأفقيـة، والمتابعـة والإشراف.

- مهام غير رسمية؛ تشمل الحماس والاتصالات الدائمة بالأطراف الفاعلة في المنشأة، ومشاركة العاملين في اتخاذ القـرارات الإداريـة وبحـث مشـكلات العمـل ومعالجتهـا ووضـع الحلـول الناجحة لها بروح جماعية متوحدة، وتمثل القـيم والمثـل الإنسـانية والأخلاقيـة في التعامـل، وتبصر الأهداف العامة للمنشأة وربطها بأهداف المجتمع، ومعالجة المشـكلات الإداريـة في إطار الأعراف العامة، والمهارة في تنظيم الوقت وإدارته.

المهارات الإداريةManagement skills :

يتطلب من أي مدير أن يتمتع بالمهارات التالية:

١- **مهارات فكرية**Conceptual Skills

كالقدرة على الرؤية الشمولية للمنظمة ككل، وربط أجزاء الموضوع ببعضها البعض... الخ.

وهذه المهارة مطلوبة أكثر في الإدارة العليا.

٢- **مهارات إنسانية** Human Skills

وتعني باختصار القدرة على التعامل مع الآخرين، وهي مطلوبة بشكل متساوي في جميع المستويات الإدارية.

٣- **مهارات فنية**Technical Skills

كاكتساب مهارة اللغة والمحاسبة، واستخدام الحاسوب وهي مطلوبة أكثر في المستويات الإدارية الدنيا.

نظريات لبعض القادة الإداريين

- القائد الإداري الأوتوقراطي؛ هو القائد الإداري الذي لديه تصميم على استخدام سلطته للتأثير على تفكير وسلوك مرؤوسيه، وأن يظهر دائما أمامهم بمظهر القوة.
- القائد الإداري المتسلط؛ يتخذ القرار ويلزم المرؤوسين بتنفيذه.
- القائد الإداري النفعي: يحاور المرؤوسين بموضوع القرار ثم يتخذه بنفسه.
- القائد الإداري الاستشاري؛ يستشير مرؤوسيه بأمور القرار ويسمح بمشاركتهم في بعض جوانب القرار.

- القائد الإداري المشارك؛ يشارك المرؤوسين في صنع القرار، وذلك لأن الإدارة الوسطى هي حلقة الوصل بين الإدارتين العليا والدنيا في مجال صنع القرار.
- القائد الإداري الميال للإنجاز؛ يميل للإنجاز والشروع بمشاريع جديدة يتم إنجازها تحت بصره.
- القائد الإداري الفعال؛ هو القائد القادر على حل المشاكل، ومثل هذا القائد يكون ذكيا وقادرا على وضع الخطط والاستراتيجيات وصنع القرارات الفاعلة والشروع بأعمال جديدة من تلقاء نفسه، ويعتبر القدوة للعاملين معه في المنشأة. ومثل هذا القائد يحفز لدى العاملين الثقة بالنفس والقدرة على المبادرة باكتشاف المشاكل والثغرات.

على القائد الإداري الناجح أن يبدأ بتحفيز الآخرين عن طريق الاحترام، وعندها سيجد أن كل رغباته قد تحققت. فالمدير الذي يدعم المرؤوسين ويشجعهم ويثني عليهم ويمدحهم، يساعد على رفع معنوياتهم ودفعهم لمزيد من العطاء، ويكون أكثر فاعلية من غيره.

العلاقات الإنسانية

- **مفهوم العلاقات الإنسانية:**

ويقصد بها عملية تنشيط واقع الأفراد في موقف معين مع تحقيق توازن بين رضائهم النفسية وتحقيق الأهداف المرغوبة.[١]

ومن هنا يمكن أن نفهم أن الهدف الرئيسي للعلاقات الإنسانية في الإدارة يدور حول التوفيق بين إرضاء المطالب البشرية الإنسانية للعاملين وبين تحقيق أهداف المنظمة ولهذا فإن الهدف الرئيسي للعلاقات الإنسانية يتضمن إرضاء أو إشباع الحاجات

(١) من كتاب الإدارة التعليمية أصولها وتطبيقاتها د. محمد منير مرسي

الإنسانية وما يرتبط بها من دوافع وتنظيم غير رسمي ورفع الروح المعنوية وتحسين ظروف العمل والوضع المادي للعاملين.

وعرفت العلاقات الإنسانية بأنها الأساليب والوسائل السلوكية التي يمكن عن طريقها استثارة دافعية العاملين وحفزهم على المزيد من العمل المثمر المنتج.

ولذا يمكن القول أن العلاقات الإنسانية ليست مجرد كلمات طيبة أو عبارات مجاملة تقال للآخرين وإنما هي بالإضافة إلى ذلك تفهم عميق لقدرات العاملين وطاقاتهم وإمكاناتهم وظروفهم ودوافعهم وحاجاتهم واستخدام كل ذلك لحفزهم على العمل معا كجماعة تسعى لتحقيق هدف واحد في جو من التفاهم والتعاون والتعاطف.

- **مجالات العلاقات الإنسانية:**

١- تهيئة المكان المناسب المريح للعمل.

٢- الأمن والطمأنينة.

٣- الشعور بالانتماء.

٤- النجاح والتقدير.

٥- المكانة الاجتماعية.

٦- تحقيق الذات.

- **أسس العلاقات الإنسانية:**

١- الاهتمام بقيمة الفرد.

٢- المشاركة والتعاون.

٣- العدالة في توزيع العمل.

٤- التحديث والتجديد والتطوير.

والطريقة الأساسية التي تساعد على إيجاد جو مرضي وتكوين علاقات إنسانية جيدة في المدرسة:

احترام شخصية العاملين الذين يعمل معهم مدير المدرسة، واحترام شخصيتهم له مظاهر عديدة:

الاهتمام بهم وبمشكلاتهم.

إعطاء حق الاعتبار التام لآرائهم وأفكارهم ومقترحاتهم وذلك نابع من اجتماعات هيئة التدريس.

تشجيع أوجه النشاطات الاجتماعية التي تساعد على إقامة علاقات صداقة بين أعضاء هيئة المدرسة وبين إدارة المدرسة.

ولا يقتصر هذا الاحترام على شخصية المدرس فحسب بل يتعداه أيضا إلى احترام شخصية الطلاب، فكل من في المدرسة يجب أن يحس بأنه مرحب به وأنه جزء من برنامج المدرسة كما يجب أن يعامل كل طالب معاملة عادلة، وأن يحس أن إدارة والمدرسين أصدقائه وليسو مجرد أشخاص يوجهون كل جهودهم لتشكيله وفق نمط معين من السلوك.

ولا شك أن مثل هذه الروح تتطلب طرقا خاصة تتعلق بمدير المدرسة أما طلابه فعليه أن يسمع لرغباتهم وشكاواهم، وان يوجد وسائل الاتصال التي يمكن عن طريقها سماع آرائهم، وأن يشجع جمع البيانات الكافية عن كل منهم حتى يمكن للمدرسة أن توجههم التوجيه المناسب.

فالإدارة المدرسية يجب أن تقدر أهمية مساعدة المدرسين والطلاب في حل مشكلاتهم الشخصية وأن تعاونهم على التغلب على هذه الصعاب ومعالجتها.

ولا شك أن مدير المدرسة بحله للمشكلات الشخصية للمدرسين يساعد على إيجاد جو عاطفى وروحي طيب للطلاب، إذ تنعكس حالة المدرسين النفسية على الطلاب.

معرفة الدافعية إلى العمل:

وتقوم الدافعية إلى العمل في أساسها على ما يسمى بالتسلسل الهرمي للحاجات الإنسانية لماسلو "Maslowa" ويقسمها ماسلو إلى خمسة أنواع هي:

الحاجات الفسيولوجية (مثل الأكل والشرب والنوم والراحة) (الحاجات الأساسية).

- الحاجة إلى الانتماء إلى المؤسسة.

- الحاجة إلى الأمن والطمأنينة.

- الحاجة إلى التقدير والمكانة الاجتماعية.

- الحاجة إلى تحقيق الذات.

ويمكن ترجمة هذه الحاجات إلى دوافع تدفع الإنسان إلى العمل والنشاط ويمكن أن تكون هذا الدوافع مادية وغير مادية كما جاءت في نظرية العاملين لهرزبرج "Herzberg" العوامل الدافعية والعوامل الوقائية والصحية.

الحوافز: وتتمثل في التقدير والاستقلال والإنجاز، المسؤولية، التقدم والرقي، والعوامل الوقائية والصحية وتتمثل في الراتب، الأمن، والظروف المادية للعمل، العلاقة مع الزملاء والرؤساء، والإشراف، والاستقرار، العوامل الأولى تتفق مع تحقيق الذات في نظرية الحاجات لماسلو والعوامل الثانية تتفق مع حاجات ماسلو الدنيا.

العمل مع الجماعة:

ويتم عن طريق:

أ- تقليل الخلافات بالإقناع والاقتناع والحصول على اتفاق جماعي.

ب- التعاون لا التنافس.

ويستطيع رجل الإدارة بطرق مختلفة أن يساعد مجموعته على الوصول إلى اتفاق أو إجماع بشأن اتخاذ القرار، كما يساعد على تقارب الجماعة والتفاعل بهم ويجعل الفرد يساهم في اتخاذ القرار بالطرق التالية:

١- تجنب المجاملة والتعرف على إمكانات كل فرد.

٢- أن تكون صلته بمرؤوسيه صلة رسمية لكن إنسانية في نفس الوقت قائمة على الاحترام.

٣- أن يبتعد عن الانتقادات الشخصية.

٤- أن لا يغتر بالسلطة الممنوحة له ويسيء استغلالها.

ديناميات الجماعة:

بناء الجماعة وتركيبها والعلاقات التي تحكمها والتفاعل السلوكي والاجتماعي بين أفرادها تساعد رجل الإدارة على توجيه الجماعة توجيها سليما.

الاعتبارات التي تساعد على تماسك الجماعة وتفاعلها:

أ ـ توفير الاتصال الفعال: نقل المعلومات والبيانات الباب المفتوح.

الاتصال الأتوقراطي[1]:يتميز بالبطء في الأداء عيوبه عزل ألأفراد عن بعضهم البعض، يضع على الرئيس (وحيد الاتجاه).

العبء لكن الاتصال فردي.

الاتصال الديمقراطي تبادل الآراء ويتميز

الاتصال المتبادل بالسرعة في الأداء.

(١) الأتوقراطية :(autocracy)حكومة يقوم على رأسها شخص واحد أو جماعة صغيرة أو حزب, لا تتقيد بدستور أو قانون, ويقال أتوقراطي autocratic لمن يحكم حكما مطلقا ويقرر وحده السياسة التي تتبع دون أية مساهمة من الجماعة.

ب ـ المشاركة:

عملية نفسية سلوكية تساعد الأفراد على إشباع حاجاتهم من حيث المكانة والتقدير الاجتماعي وتحقيق الذات، وتجعل الفرد يحس بنفسه وأهميته وهذه المشاركة تسهم بطريقة مباشرة بإيجاد العلاقات الإنسانية وترتبط ارتباطا طرديا بها.

ج ـ التشاور:

يعد مظهر عمليا للمشاركة ويترتب عليه إبداء الرأي والنصيحة.

د ـ الاهتمام بالنواحي النفسية والاجتماعية:

يترتب على المشكلات في العلاقات الإنسانية مشكلات نفسية واجتماعية وقد يترتب على عدم معالجتها مظاهر سلوكية تشير إلى ضعف العلاقات الإنسانية مثل (التغيب، الانقطاع، المرض، انخفاض الأداء، الشقاق، الخلافات، النزاع، الشكاوي، وكثرة التظلمات.

ـ الروح المعنوية:

الجو العام الذي يسيطر بين الجماعة ويوجه سلوكها، وأنها واضحة على وجود العلاقات الإنسانية في المنظمة ن أي هناك ارتباط بين الروح المعنوية والعلاقات الإنسانية وهذا الارتباط ارتباط طردي بمعنى كلما ارتفعت الروح المعنوية أدى إلى ارتفاع نسبة العلاقات الإنسانية الجيدة بينهم.

المظاهر العامة التي يمكن الاستدلال بها على مستوى الروح المعنوية:

أ ـ مستوى الأداء والإنتاج.

ب ـ مدى استمرار العاملين في العمل.

ج ـ مدى غياب العاملين وانقطاعهم عن العمل.

د ـ مدى ما يسود بين الأفراد من شقاق ونزاع وخلاف.

هـ ـ مدى كثرة الشكاوي والتظلمات.

ـ الصراع:

مرتبط بسوء التفاهم والخلافات والمنازعات بين الجماعة وهذا مرتبط بالحياة البشرية إلا أنها في حاجة ماسة إلى التكيف وأن المسؤولين يقللون ويعاجلون حدة الصراع بين العاملين حيث أظهرت درجة كفاءة المنظمة والصراع يرتبط ارتباطا عكسيا مع العلاقات الإنسانية بمعنى كلما ارتفعت درجة الصراع بين العاملين في المدرسة كلما أدى ذلك إلى انخفاض العلاقات ألإنسانية بينهم.

ويتطلب إيجاد الجو المدرسي الصحيح أن يكون مدير المدرسة (صفاته):

١- الشخصية المتكاملة.

٢- أن يكون ودودا محبا للعاملين وان يجيد العاملين العمل معه.

٣- الإخلاص في العمل.

٤- أن يتميز بالحكم الصائب.

٥- القدرة على كسب ثقة الآخرين.

٦- القدوة في العمل.

الفصل الثاني
إدارة الجودة الشاملة

Total Quality Management

الفصل الثاني

إدارة الجودة الشاملة

مدخل إلى علم الجودة

أزداد الاهتمام بإدارة الجودة الشاملة في المؤسسات الإنتاجية والخدماتية خلال العقدين الماضيين على المستويين الحكومي والخاص، وأخذت ممارستها تزداد بشكل تلقائي وفقا لمقاييس عالمية حددت لهذا الغرض.

ولعبت العديد من العوامل دورها الفاعل في تزايد الاهتمام بإدارة الجودة الشاملة، ومن أبرز هذه العوامل التغيرات الاقتصادية المصاحبة للانفجار العلمي والتكنولوجي، ونتيجة للتوسع في التعليم وزيادة الإقبال عليه في جميع المراحل مما نتج عنه زيادة في الكثافة الطلابية صاحبها أوجه قصور تمثلت في عدم التناسب بين أعضاء الهيئة التدريسية والطلاب.

الجودة تعتبر أحد العوامل الرئيسية التي ساعدت في رفع روح التنافس بين الشركات والمصانع والخدمات المختلفة وذلك لوعى المستهلكين في اختيار السلعة أو الخدمة ذات الجودة العالية وبالسعر المناسب. جرى الاعتقاد لدى البعض بأن السلعة أو الخدمة ذات السعر العالي هي في نفس الوقت ذات جودة عالية، الا أنه في الحقيقة فان كون سعر المنتج أو الخدمة المقدمة مرتفع، ليس دليلا على جودتها. ومن هنا بدأ التنافس يظهر بين الشركات والمصانع المقدمة للمنتجات و الخدمات المختلفة لزيادة الجودة وتخفيض الاسعار لادراكهم بأن ذلك هو مايبحث عنه المستهلك. وهذا بالفعل يقودنا High Quality Low Price الى شعار الجودة الذي ينص على جودة عالية بأسعار منخفضة

لقد أصبحت الجودة إحدى أهم مبادئ الإدارة في الوقت الحاضر. لقد كانت الإدارة بالماضي، تعتقد بأن نجاح الشركة يعني تصنيع منتجات وتقديم خدمات بشكل

أسرع وأرخص، ثم السعي لتصريفها في الأسواق، وتقديم خدمات لتلك المنتجات بعد بيعها من أجل تصليح العيوب الظاهر فيها.

لقد غيرت مبادئ الجودة هذا المفهوم القديم واستبدلته كما يقول فايغونبـاوم "رئيس الأكاديميـة الدولية للجودة" بمفهوم آخر يدعو إلى ما يلي: "إن تصنيع المنتجات بشكل أفضل، هو الطريق الأمثل الـذي يؤدي إلى تصنيعها بشكل أسرع وأرخص"

حيث أن إدارة الجودة الشاملة تدعو إلى:

- تحريك براعة ومواهب وقـدرات جميع المـوظفين والشركاء (المـوردين والمتعهدين والزبائن) لشركة ما.

- إرضاء الزبائن الحاليين والمتوقعين، مع المحافظة على التحسين المستمر لكـل شـئ قـد يـؤدي إلى زيادة هذا الرضا وزيادة الربح.

ومفهوم التسويق هو: تحديد احتياجات ورغبات المستهلكين ومن ثم تطوير المنتجات والخدمات التي تشبع هذه الرغبات والاحتياجـات، مـن خـلال العنـاصر الأربعـة للمـزيج التسـويقي (إنتـاج، توزيـع، ترويج، تسعير).

نجد أن تطبيق مفهوم الجودة الشاملة على العملية التسويقية سيؤدي بالتأكيد لتحسين كفاءة وفاعلية المنشأة ومن ثم رفع قدرتها التنافسية وزيادة الأرباح.

وقبل أن نتعرف مفهوم الجودة الشاملة وأهميتها ودورها في التعليم لا بـد مـن معرفـة التسلسـل التاريخي لإدارة الجودة الشاملة منذ القرن الماضي واقترابها مـن المئويـة الأولى في العقـد الأول مـن الألفيـة الثالثة.

نشأة إدارة الجودة الشاملة:

في العشرينات من القرن الماضي قام مجموعة من موظفي شركة بـل للهاتف بجهد كبير جـدا في وضع بعض الطرق والنظريات المتطورة للارتقاء بعمليات الفحص عـلى المنتجات بهـدف تطويـر Quality Assurance مستوى المنتجات المقدمة من خلال، توكيد الجودة وكان من هؤلاء الرواد في علم توكيد الجودة في تلك الحقبة الزمنية

المهمـة Walter Shewhart والـتر شـيوارت Harold Dodge هـارود دوج George Edwards جـورج ادوارد Edward Deming بالاضافة الي ادوارد ديمنج ، بقيادة والتر Western Electric وهـذه المجموعـة مـن الرواد الذين كانوا يعملون في قسم شبوارت، أجادو في تطوير عـدد مـن الاسـاليب المفيـدة لتحسـين وحـل مشاكل الجودة اعتمادا على كثير مـن الطـرق الاحصـائية المختلفـة، واسـتطاعوا تخطـى الهـدف الاول مـن عملية مراقبة الجودة وهو الاجراء الوقائي الى الهدف الاخر وهـو محاولـة التعـرف عـلى سـلبيات المشـكلة واستبعادها.

وفي خلال الحرب العالمية الثانية، بدا الجيش الامريكي الاعتماد عـلى اجـراءات المعاينـة الاحصـائية، وتم تنظيم عدد من الدورات التدريبية لتعليم الطرق الاحصائية لاستخدامها في تحقيق الجـودة، ومـن ثـم ظهر علم المراقبة الاحصائية عـلى الجـودة ينتشر ويأخـذ مكانـا مرموقـا في المجـالات الصـناعيه والخدميـه المختلفة. وفي عام ١٩٤٤م، بدأ ظهور اول مجلة علمية متخصصه في هـذا المجـال وهـي Industrial Quality Control وأصبحت تعـرف فـيما بعـد باسـم Journal of Quality Technology)ASQ) American Society for Quality وبعد فترة بسيطه جدا أنشئت الجمعيه الامريكية للجـودة، وقـد وصـل عـدد المشـاركين في هـذة الجمعية الان الى مايزيد عن ١٢٠الف شخص على مستوى العالم.

وفي نهاية الاربعينات ومع بداية الخمسينات أراد العـالم الاحصائى الامـريكي ادوارد ديمـنج تطبيـق بعض المفاهيم الادارية والاحصائية في تحسين الجودة الا أنه لم يعطى له الفرصة لتطبيق أفكـاره الجديـدة في امريكا مما جعله ينتقل الى اليابان لتطبيق أفكاره على الجودة وساهم بشكل واضح في تحسين الجـودة. وكانت فلسفتة تتركز عـلى ادارة الجـودة اكـثر منهـا عـلى اسـتخدام الاسـاليب النظريـة الاحصـائية. وهـذة الفلسفة لم تكـون تهـدف الى الحصـول عـلي الجـودة فقـط بـل كانـت تهـدف أيضـا الى تطـوير المنتجـات والخدمات المختلفة. وقد ساهم في نجاح ديمنج في تطبيق فلسفته، دمج ثقافة المجتمع الياباني مـع الطـرق الادارية التطبيقية لتحقيق الجودة ومواصلة تطويرها.

فنشأت إدارة الجودة الشاملة مع الابتكار الياباني الذي كان يسمى بـ «دوائر الجودة» ويشار إليه أحيانا بـ «دوائر رقابة الجودة» وكان الهدف من دوائر الجودة هـو أن يجتمـع كـل المـوظفين في لقـاءات أسبوعية منظمة؛ لمناقشة سبل تحسين موقع العمل وجودة العمل ويتم فيها تحفيز الموظفين عـلى تحديـد المشكلات المختلفة للجودة، ثم مناقشة وعرض حلولهم الخاصة.

وبعد ذلك بفترة ليست بالقصيرة، نجح المجتمـع اليابـاني في تحقيـق الجودة الشاملة، وأصبحت المنتجات اليابانية هي السائدة في الاسواق العالمية وازداد عدد المنتجات التي كتب عليها صنع في اليابان.

وبدأت دوائر الجودة لأول مرة في اليابان في عام ١٩٦٢م، وبحلول ١٩٨٠م زاد عـدد دوائـر الجودة إلى أكثر من ١٠٠,٠٠٠ دائرة تمارس عملها في الشركات اليابانية.

انتقلت - بعد ذلك - فكرة دوائر الجودة إلى الولايات المتحدة الامريكية في السبعينات وحققت رواجا كبيرا في الثمانينات، وفي ضوء نجاحها الواضح في اليابان،وبحلول عام ١٩٨٠م، ونظرا للخسائر الكبيرة التي تكبدتها الاسواق والشركات الامريكية في ذلك الوقت، استخدمت الطرق الاحصائية لتطوير الجودة في امريكا وتبعه التركيز على استخدام وتطبيق أسلوب ديمنج الذي عرف بأسلوب ادارة الجودة الشاملة للحصول على الجودة في كافة المجالات داخل المصنع أو الشركة أو الجهة التعليمية وغيرها.

انتشرت دوائر الجودة داخل الصناعة الأمريكية، مع توقعات كبيرة من الجميع عن نتائجها الرائعة والفورية وشاعت دوائر الجودة لدرجـة أنهـا وصـفت في مجلـة Besiness Week عام ١٩٨٦م بأنها موضـة الثمانينات.

وبينما نجحت دوائر الجودة بشكل ملحوظ في اليابان، وكان لها تأثير إيجابي على تحسين الجودة في الصناعات اليابانية، فإنها لم تلق إلا نجاحا هامشيا في أمريكا وأحيانا كان لها تـأثير سـلبي عـلى الجودة وفي الغالب قل استخدام دوائر الجودة في أواخر الثمانينات واختفت تقريبا بنفس السرعة التـي ظهـرت بهـا. ويرجع فشل دوائر الجودة في

أمريكا إلى حد كبير إلى الطريقة التي استخدمت بها، لا لأي سبب جوهري في التقنية نفسها، فلقد تعامل مسهلو دوائر الجودة الأمريكيون معها كندوة يمكن فيها تطبيق أي فكرة داخل الشركة مما أفقدها حيويتها.

وفي مطلع الألفية الثالثة أصبحت إدارة الجودة الشاملة من الاستراتيجات الحديثة في المؤسسات الإنتاجية والخدماتية كما في التعليم على المستويين الرسمي والخاص، وأخذت ممارستها تزداد بشكل تلقائي وفقا لمقاييس عالمية حددت لهذا الغرض.

مفهوم إدارة الجودة الشاملة

إدارة الجودة الشاملة، الكلمة السحرية التي طالما تداولتها الألسن خلال الثمانينات من القرن الماضي، عادت لتطل من جديد وبقوة في القرن الجديد، إن مفهوم إدارة الجودة الشاملة يعتبر من المفاهيم الإدارية الحديثة التي تهدف إلى تحسين وتطوير الأداء بصفة مستمرة وذلك من خلال الاستجابة لمتطلبات العميل. حيث أن الكثير من مبادئها بدأت تنساب تدريجيا من خلال معايير نظام ISO9001 لإدارة الجودة، الذي تعد تطبيقاته الأساس الذي تبنى عليه تطبيقات إدارة الجودة الشاملة.

مفهوم إدارة الجودة الشاملة ينص على أن الجودة يمكن إدارتها وأن هناك أسلوب منهجي للقيام بذلك.والذي بدأت بتطبيقه العديد من المنظمات العالمية لتحسين وتطوير نوعية خدماتها وإنتاجها، والمساعدة في مواجهة التحديات الشديدة وكسب رضا الجمهور. ونتيجة لأهمية هذا المفهوم وانتشار تطبيقه في دول العالم ازداد اهتمام الباحثين والدارسين ومراكز العلم به.وقد طرحت تعريفات عديدة لهذا المفهوم.

أن مفهوم إدارة الجودة الشاملة أصبح يحمل معان كثيرة بالنسبة للباحثين حيث إن لكل باحث في هذا المجال مصطلحاته الخاصة بهذا المفهوم.

ونبدأ أولا بتعريف وفهم معنى (الجودة) ومقصودها قبل الخوض في مفهوم إدارة الجودة الشاملة.

أولا: تعاريف الجودة

تعريفات ومصطلحات الجودة:

- **الجودة في اللغة:**

الكلمة أصلها الاشتقاقي: (ج و د) وهو أصل يدل على التسمح بالشيء وكثرة العطاء (جود)[1]

الجيد: نقيض الرديء، على فيعل، وأصله جيود فقلبت الـواو يـاء لانكسـارها ومجاورتها اليـاء، ثم أدغمت الياء الزائدة فيها، والجمع جياد، وجيادات جمع الجمع؛ أنشـد ابـن الأعرابي: كم كـان عنـد بنـي العوام من حسب، ومن سيوف جيادات وأرماح وفي الصحاح في جمعه جيائد، بالهمز على غير قياس.

وجاد الشيء جودة وجودة أي صار جيدا، وأجدت الشيء فجاد، والتجويد مثله.

وقد قالوا أجودت كما قالوا: أطال وأطول وأطاب وأطيب وألان وألين على النقصان والتمام.

ويقال: هذا شيء جيد بين الجودة والجودة.

وجاد(يجود) جودة وجودة: صار جيدا، وأجاده غيره، وأجوده،

وجاد وأجاد: أتى بالجيد، فهو مجواد.[2]

وجاد الفرس، أي صار رائعا، يجود جودة بالضم، فهو جواد للذكر والأنثى، من خيـل جيـاد وأجيـاد وأجاويد.

وجاد الشيء جودة وجودة، أي صار جيدا.[3]

وخلاصة المعنى اللغوي يتضمن ما يلي:

---

(١) لسان العرب، ابن منظور
(٢) القاموس المحيط، الفيروز أبادي
(٣) الصحاح في اللغة،الجوهري

العطاء الواسع والأداء الجيد الذي يبلغ حدا فائقا

المرادفات :

الإتقان: الأصل الاشتقاقي (ت ق ن) يدل على إحكام الشيء

وخلاصة المعنى اللغوي يتضمن ما يلي:

الحذق وإحكام الأشياء وجودة الأداء

الكفاءة: الأصل الاشتقاقي (ك ف ا) يدل على الحسب الذي لا مستزاد فيه

وخلاصة المعنى اللغوي يتضمن ما يلي:

القيام بالأمر قياما حنا لا مزيد عليه

- **الجودة في الاصطلاح**

يفهم كثيرا من الناس الجودة بأنها تعـي (النوعيـة الجيـدة) أو (الخامـة الأصـلية) ويقصـد بهـا الكيف عكس الكم الذي يعني بالعدد.

وإليك أيها القاريء جملة من التعاريف للجودة كما يراها رواد هذا المفهوم:

- (الرضا التام للعميل) أرماند فيخبوم ١٩٥٦.

- (المطابقة مع المتطلبات) كروسبي ١٩٧٩.

- (دقة الاستخدام حسب ما يراه المستفيد) جوزيف جوران ١٩٨٩.

- (درجة متوقعه من التناسق والاعتماد تناسب السوق بتكلفة منخفضة) ديمنع ١٩٨٦.

ونستنتج من هذه التعاريف بأن (الجودة) تتعلق بمنظور العميل وتوقعاتـه وذلك بمقارنـة الأداء الفعلي للمنتج أو الخدمة مع التوقعات المرجوة من هذا المنتج أو الخدمة وبالتالي يمكن الحكم مـن خـلال منظور العميل بجودة أو رداءة ذلك المنتج أو الخدمة.

فإذا كان المنتج أو الخدمة تحقق توقعات العميل فإنه قد أمكن تحقيق مضمون الجودة.

وحيث أننا قد وصلنا لهذا الاستنتاج فإنه يمكن الجمع بين هذه التعاريف ووضع تعريف شامل للجودة على أنها (تلبية حاجيات وتوقعات العميل المعقولة).

وتجدر الإشارة إلى أنه من الصعوبة بمكان تقديم تعريف دقيق للجودة حيث أن كل شخص له مفهومه الخاص للجودة.

الجودة: (الريادة والامتياز في عمل الأشياء).

فالريادة: تعني السبق في الاستجابة لمتطلبات العميل.

والامتياز: يعني الاتقان (الضبط والدقة والكمال) في العمل.

ثانيا: تعاريف (إدارة الجودة الشاملة)

هناك تعاريف عديدة لمفهوم إدارة الجودة الشاملة ويختلف الباحثون في تعريفها.

في السياق التالي نوضح بعض التعريفات لمفهوم إدارة الجودة الشاملة ثم نحلل هذه التعريفات لتوضيح الاتفاق والاختلاف في المفهوم والمعنى.

" أداء العمل الصحيح بشكل صحيح من المرة الأولى مع الاعتماد علي تقييم المستفيد في [1] معرفة مدى تحسين الأداء ".

" هي فلسفة تعزز مهمة مؤسسة ما باستخدام أدوات وتقنيات تحسين الجودة المستمر كوسيلة لتحقيق الرضا المتبادل والمتزامن لجميع الأطراف المشاركة [١]

" هي عبارة عن شكل تعاوني لإنجاز الأعمال، يعتمد علي القدرات والمواهب الخاصة بكل من الإدارة والعاملين لتحسين الجودة والإنتاجية بشكل مستمر عن طريق فريق العمل " [٢]

(1) معهد الجودة الفيدرالي الأمريكي

(1) Robert Kronsky :

(2) Jablonski:

"هي العملية التي يمكن من خلالها رفع مستوي القائمين بالتدريس والنظام والكلية في ضوء توقعات الطلاب من خلال عملية متقنة البناء لحل المشكلات، يستطيع القائمين بالتدريس والطلاب تطوير جودة التعليم ".[1]

" التغيير الجوهري في طريقة أداء الأعمال، فهي ابتكار لاتجاه جديد يتضح من خلال أداء صاحب العمل وأفراد الإدارة العليا، إنها عبارة عن مناخ يتضمن الإبداع والقيادة والابتكارية والمسؤولية الفردية وتطبيق الحساب ".[2]

من التعريفات السابقة الذكر يتضح أن هناك بعض الاختلافات فيما بينها كالتركيز على أداء العمل وتطوير عمليات التشغيل،أو تحسين الأداء التعليمي وتحقيق أهداف رسالة المؤسسة التعليمية.

أصبحت التعريفات السابقة للجودة الشاملة متعددة الأبعاد انتقلت من مجال الصناعة والعمل الحكومي إلى ميدان التعليم أسوة بمصطلح الاستراتيجية الذي انتقل من مفهوم فن قيادة الحرب إلى استراتيجية التدريس في المؤسسات التعليمية. هذه النمطية من المصطلحات التي أخذت جانب كبير من الاهتمام على مستوى العمل الحكومي في كل من بلدان العالم المتقدم وانتقلت إلينا متأخرة لنوظفها في مجالات العمل المختلفة، لقد أصبحت الجودة الشاملة وجودتها هي سمة الحوار السائد ألان حول العملية التعليمية بإبعادها المختلفة. ولاشك أن هذه المفهوم سواء اتفقنا على مسماه او اختلفنا او كان للآخرين رؤى واتجاهات أخرى إلا انه ظهر كنتاج لمجموعة من العوامل والمتغيرات العالمية الجديدة التي تشكل في مضمونها معالم القرن الواحد والعشرون والذي يسمى بالنظام العالمي الجديد الذي يتصف بالتغيير السريع والمستمر والتحول الجذري نحو ما هو أفضل للبشرية.

وجميع هذه التعاريف وإن كانت تختلف في ألفاظها ومعانيها تحمل مفهوما واحدا وهو كسب رضاء العملاء.

---

(1) Rio Sal ado College :

(2) Lam :

وكذلك فإن هذه التعاريف تشترك بالتأكيد على ما يلي:

١ – التحسين المستمر في التطوير لجني النتائج طويلة المدى.

٢- العمل الجماعي مع عدة أفراد بخبرات مختلفة.

٣- المراجعة والاستجابة لمتطلبات العملاء.

وأخيرا يمكن حصرمم سبق بالتعريف الشامل لمفهوم (إدارة الجودة الشاملة) كما يلي:

(هي التطوير المستمر للعمليات الإدارية وذلك بمراجعتها وتحليلها والبحث عن الوسائل والطرق لرفع مستوى الأداء وتقليل الوقت لإنجازها بالاستغناء عن جميع المهام والوظائف عديمـة الفائـدة والغـير ضرورية للعميل أو للعملية وذلك لتخفيض التكلفـة ورفـع مسـتوى الجـودة مسـتندين في جميـع مراحـل التطوير على متطلبات وإحتياجات العميل)

فلسفة بعض علماء الجودة لتعريف الجودة

جوزيف جوران Juran Joseph:

والذي ركز في مجال ما هو مطلوب من الإدارة القيام به في موضوع الجودة الشاملة.

عرف جوران الجودة على أن لها عدة معاني منها:

• الجودة تحتوي علي جميع مظاهر المنتج الذي يحقق احتياجات وتطلعات المستهلك من المنتج.

• الجودة تعرف على انها عدم وجود الخلل في المنتج

• الملائمه في الاستخدام

وقد اهتم جوزيف جوران في مساهماته على إبراز ما يلي:

١- العمل على ضرورة تحسين الجودة.

٢- ضرورة تنمية مهارات العاملين من خلال التدريب.

٣- وضع تقارير تبين مراحل العمل المنجز.

٤- الاعتراف للآخرين بالإنجاز. ويمكن القول بأن جوزيف إشتهر بعمليات تخطيط الجودة والرقابة عليها وتحسينها وكانت أهم أولوياته.

فيليب كروسبي Crospy Philip:

ترتكز الأفكار الأساسية لمساهماته في تحسين الجودة على مفهومين هما:

إدارة الجودة والعناصر الأساسية للتطوير.

أما العناصر الأساسية كما حددها كروسبي فهي:

١- تعريف الجودة على أنها المطابقة للمواصفات.

٢- العمل على منع حدوث الأخطاء.

٣- الإصرار من قبل الإدارة العليا على برامج الجودة.

٤- تعليم جميع الأفراد العاملين والسعي إلى تدريبهم.

٥- التطبيق الفعلي لهذه الأساسيات.

إدوارد ديمينج Deming W. Edwards:

يعتبر إدوار ديمينج من أوائل الرواد الذين لهم فضل نشر الرقابة على الجودة في اليابان في أوائل ١٩٥٠م.

تعريف ديمنج Deming للجودة:

عرف ديمنج الجودة على أنها الجودة والمستهلك، بمعني الحصول على جودة عالية مع تحقيق رغبات المستهلك. ووضع ديمنج بعض النقاط للنقاش حول تعريف الجودة منها:الجودة يجب أن تعرف في حدود متطلبات الزبون. وكذلك كون الجودة

لها عدة ابعاد، ومن غير الممكن تعريف الجودة بمعنى المنتجات والخدمات في حدود خاصية واحدة وأن درجة الجودة ليس متساوية في كل الأحوال نظر لاعتمادها على متطلبات المستهلك.

وقد تطرق إدوارد ديمينج في مساهماته لتحسين إدارة الجودة الشاملة إلى أربعة عشر مبدأ هي:

١- ضرورة تحسين أنظمة العمل بصورة مستمرة.

٢- التركيز على أهمية القيادة.

٣- إعادة تنظيم الحوافز داخل الأقسام في التنظيم.

٤- استخدام التدريب لتنمية المهارات.

٥- استخدام المنهجية العلمية.

٦- ضرورة عدم التعارض بين الأهداف.

٧- ضرورة إدخال التغيير.

٨- إيقاف الاعتماد على الاختبار بقصد الكشف عن الأخطاء.

٩- إيجاد علاقة طويلة الأمد مع الأطراف.

١٠- العمل على إزالة الخوف لدى فريق العمل.

١١- التوقف عن تهديد العاملين.

١٢- وضع برامج تعليم.

١٣- إعطاء الفرص لرفع الروح المعنوية لفريق العمل.

١٤- إشراك كل فرد داخل التنظيم في عملية التمويل والتطبيق لهذا المفهوم.

تعريف فيقنبم للجودة:Feigenbaum

عرف فيقنبم الجودة على أنها تحديد احتياجات ومتطلبات المستهلك لما يريد وليس تحديد الاسواق او تحديد الادارة في المصنع أو الشركة وغيره، بمعنى الجودة تعتمد على خبرة المستهلك للمنتج أو الخدمة المقدمة قياسا كما يريد من متطلبات ورغبات، ومن ثم وضع بعض النقاط الاساسية منها:

- الجودة يجب أن تعرف في حدود متطلبات المستهلك أو العميل.
- الجودة لها عدة ابعاد ويجب ان تعرف اجماليا.
- نظرا لان المستهلك تتغير احتياجاتة وتطلعاته عن المنتج من وقت لاخر، لذلك ينبغي على مهندسي الجوده أن تكون خططهم مواكبة لهذه التغيرات المتوقعة.

من خلال الأراء المختلفه التي ذكرت اعلاه في تعريف الجودة يمكن لنا أن نلخص تعريف الجودة بأنها: تكامل الملامح و الخصائص لمنتج أو خدمة ما، بصورة تمكن من تلبية احتياجات ومتطلبات محددة أو معروفة ضمنا، أو هي مجموعة من الخصائص والمميزات لكيان ما تعبر عن قدرتها على تحقيق المتطلبات المحددة أو المتوقعة من قبل المستفيد.

ويهتم نظام الجودة: بالتحديد الشامل للهيكل التنظيمي، وتوزيع المسئوليات والصلاحيات على الموظفين والعمال، وإيضاح الأعمال والإجراءات الكفيلة بمراقبة العمل ومتابعته، وكذلك مراقبة وفحص كل ما يرد إلى المنشأة والتأكيد على أن الخدمة قد تم فحصها وأنها تحقق مستلزمات الجودة المطلوبة.

ويقوم نظام الجودة الشاملة على مشاركة جميع أعضاء المنظمة ويستهدف النجاح طويل المدى، وتحقيق منافع للعاملين في المنظمة وللمجتمع وسميت بالشاملة لأن المسئولية تشمل جميع فريق العمل كل فرد في حدود مجال عمله وصلاحياته، بالإضافة إلى أن الجودة تشمل جميع مجالات العمل وعناصره صغيرها وكبيرها.

جرافين (Gravin 1980)أما أبعاد الجودة فهي تتمثل في النقاط الاتية كما وضعها جرافين (، ومتى تم تحقيقها يكون قد توصلنا لتلبية متطلبات المستهلك

مدى قدرة المنتج على القيام بالوظائف المطلوبة منه.

١. الاداء Performance

: أقصى مدة يمكن للمنتج أن يكون صالح للاستخدام.

٢. الصلاحية: Reliability

: أقصى مدة يمكن للمنتج أن يعيش.

٣. صمود المنتج Durability

٤. خدمة المنتج :Serviceability

مدى سهولة اصلاح المنتج واعادته لحالته الطبيعية مع الاخذ في الاعتبار التكلفة المالية والسرعة الزمنية للاصلاح.

٥. شكل وجمال المنتج :Aesthetics

مدى أناقة وجاذبية المنتج.

أمكانية اضافة بعض الوظائف لتحديث وتطوير المنتج

٦. مزايا أو خصائص المنتجFeatures

٧. سمعة المنتج :Perceived Quality

سمعة الشركة المصنعة للمنتج.

٨. التقيد بالمواصفات المطلوبة: Conformance to Standards

مدى التقيد بالمواصفات المطلوبة من قبل المصنع لتحقيق متطلبات المستهلك.

ولتحقيق متطلبات المستهلك في الجودة المطلوبة وابعادها، يتوجب تطبيق مفهوم الجودة على موظفي الشركات أو الجامعة او المنظمة أو الجهة المقدمة للمنتج، ومنها

بدأت فكرة ادارة الجودة الشاملة، وهذا الأسلوب يعمل على تحقيق ما يحتاج اليه المستهلك اضافة الى تقليل التكاليف المتوقعة والربحية العالية المالية منها والمعنوية.

الفرق بين الجودة والجودة الشاملة:

(أن التركيز على الجودة عملية مؤقتة في الغالب بينما إدارة الجودة الشاملة هي عملية طويلة الأجل لا تأخذ الصفة المؤقتة وإنما تأخذ البعد الاستراتيجي بحيث توجه كل الخطط الإنتاجية والتسويقية والمالية والإدارية بالاتجاه الذي يخدم هذا البعد الاستراتيجي)

مفاهيم أساسية في الجودة الشاملة:

- إدارة الجودة الشاملة لابد أن تكون جزءا أساسيا من فلسفة الشركة، وهي ليست ملحقة بالمؤسسة، ولكنها الأساس الذي تقوم عليها الشركة.

- إدارة الجودة الشاملة يجب أن تنبع وتكون من مسئوليات الإدارة العليا، ويكون موقعها القمة.

يحتاج التطبيق الناجح لإدارة الجودة الشاملة إلى جهود مدروسة ومتناسقة وشاملة من جميع أفراد المؤسسة

- تعتبر إدارة الجودة الشاملة بمثابة التزام شامل نحو أداء الأعمال بشكل صحيح.

- فلسفة إدارة الجودة الشاملة أن الجودة ليست هدفا محددا ونحتفل به ثم ننساه، بل تعبر الجودة عن هدف متغير والهدف هنا هن تحسين الجودة باستمرار.

- ترجع معظم حالات الفشل في تطبيق إدارة الجودة الشاملة إما على عدم الإيمان بمبادئها وإما على عدم الالتزام من قبل الإدارة العليا بالمشروع.

أن الجودة الشاملة تتضمن جوانب أساسية هي:

١- ثقافة فكرية: أن الجودة الشاملة هي الثقافة التي يقتنع بها جميع العاملين في المنشأة

ويمكننا القول أن جوهر هذه الثقافة يرتكز على:

أهمية العمل والإتقان.

جدوى الشورى والتعاون.

٢- إيجابية نفسية: أن الجودة الشاملة روح حيوية إيجابية متنامية في نفوس جميع العاملين

ويمكننا القول أن جوهر هذه المشاعر النفسية يرتكز على:

التحفز النفسي السامي.

الرضا النفسي المتبادل.

٣- ممارسة معيارية: أن الجودة الشاملة معايير منضبطة وعالية تتم مراجعتها وتطويرها

باستمرار

أن جوهر هذه المعيارية يرتكز على:

المعلومات والخبرات المتراكمة.

الرقابة والمراجعة المتنامية.

٤- مشاركة جماعية: أن الجودة الشاملة مشاركة جماعية تنتظم فيها القيادة مع جميع العاملين

على حد سواء

أن جوهر هذه المشاركة يرتكز على:

المسؤولية الفردية في العمل الجماعي.

القدوة النموذجية في القيادة العلي.

الأهميــــة:

أهمية إدارة الجودة الشاملة

إن الهدف الأساسي مـن تطبيـق برنـامج إدارة الجـودة الشـاملة في المنشـآت هـو تطويـر الجـودة للمنتجات والخدمات مع تخفيض التكاليف والإقلال من الوقت والجهد الضائع لتحسـين الخدمـة المقدمـة للعملاء وكسب رضاهم، وذلك من خلال:

خلق بيئة تدعم وتحافظ على التطوير المستمر.

إشراك جميع العاملين في التطوير والتنمية.

متابعة وتطوير أدوات قياس أداء العمليات.

تقليل المهام والنشاطات اللازمة لتحويل المدخلات من المواد الأولية إلى منتجـات أو خـدمات ذات قيمة للعملاء.

إيجاد ثقافة تركز بقوة على العملاء.

تحسين نوعية المخرجات.

زيادة الكفـاءة بزيـادة التعـاون بـين الإدارات وتشـجيع العمـل الجماعـي. تحسين الربحية والإنتاجية.

تعليم الإدارة والعاملين كيفية تحديد وترتيب وتحليل المشاكل وتجزئتها إلى مشاكل أصغر حتـى يمكن السيطرة عليها.

تعلم اتخاذ القرارات استنادا على الحقائق لا المشاعر.

تدريب الموظفين على أسلوب تطوير العمليات.

تقليل المهام عديمة الفائدة وزمن العمل المتكرر.

زيادة القدرة على جذب العملاء وتقليل شكاواهم.

تحسين الثقة وأداء العمل للعاملين.

زيادة نسبة تحقيق الأهداف الرئيسية للشركة.

تؤدي إلى زيادة إنتاجية المتعلمين.

تعمل على تحسين أداء القائمين بالتدريس من خلال إدارة الجودة.

تعمل علي تقليل الأخطاء في العمل العلمي والإداري، بالتالي تقود إلي خفض التكاليف المادية.

تعمل على توفير الامكانات والتسهيلات اللازمة لإنجاز العمل.

تعمل بفلسفة علمية تقوم علي أساس ربط العملية التعليمية باحتياجات سوق العمل.

ترابط الأداء، حيث تداخل العمل الجماعي مع القيادة الفعالة مع الرؤية المشتركة يؤدى إلي جودة المنتج التعليمي.

من أهميتها أنها تراعى بشكل مباشر احتياجات المستفيدين.

تساعد في توفير قاعدة بيانات علمية وإدارية متكاملة.

متطلبات تطبيق إدارة الجودة الشاملة:

١- إلمام الموظفين بمفاهيم إدارة الجودة الشاملة.

٢- التزام الجميع بالتغيير.

٣-إنشاء برامج تدريب والالتزام بها.

٤- معرفة الهيكل التنظيمي الحالي للمنظمة.

٥- إعادة تشكيل ثقافة المنظمة من خلال تغيير الأساليب الإدارية.

٦- ترويج برامج إدارة الجودة الشاملة.

٧- تشكيل فرق العمل من أفراد محدودين.

٨- تشجيع وتحفيز العاملين في الاستمرار في برامج الجودة الشاملة.

٩- وضع استراتيجية لتطبيق الجودة الشاملة وفقا لمراحلها وهي:

أ - الإعداد: ويشمل معرفة الأهداف وتحديدها.

ب - التخطيط والتغذية: ويشمل التقويم الذاتي للعاملين والتقويم التنظيمي للمنظمة والتغذية العكسية من خلال التدريب.

جـ - التنفيذ: ويكون وفق الخطط المرسومة من خلال قياس رغبات العملاء وتوقع حاجاتهم والالتزام بجودة الخدمة المقدّمة.

معوقات تطبيق إدارة الجودة الشاملة في القطاع العام:

١- عدم وجود المنافسة في القطاع العام.

٢- تأثير العوامل السياسية على اتخاذ القرارات.

٣- تأثير قوانين الخدمة المدنية.

٤- مقاومة بعض العاملين في القطاع العام للتغيير.

٥- عدم توفر الإمكانات المادية وبالتالي عجز برامج التدريب عن القيام بواجبها.

٦- سوء اختيار مشروع التحسين أو معالجة أعراض المشكلة وليس أصلها.

٧- عدم الترويج لنظام الجودة الشاملة أو عدم وضع خطط لها.

مبادئ الجودة الشاملة: ـ

أولا ـ التركيز على المستفيد: وهذا يعني كيف تجعل من عملك جودة تحقق رغبات المستفيد منك، خاصة أن المنشأة بمختلف أنواعها وجدت من أجلهم.

ثانيا ـ التركيز على العمليات: وتعني أن السيطرة على عملية الأداء، وليس جودة المنتج هو قلب نظام إدارة الجودة الشاملة.

ثالثا ـ القيادة والإدارة: إذ لا توجد مؤسسة ناجحة بدون قائد.

رابعا ـ تمكين العاملين: بمعنى أشراكهم في اتخاذ القرار:

١ ـ أي أن النجاح لا يأتي مما تعرف، ولكنه يأتي من الذين تعرفهم.

٢ ـ الجودة تبدأ من الداخل: بمعنى الاهتمام بالعاملين، والتعرف على حاجاتهم، وظروف العمل المحيطة بهم.

٣ ـ يمكن تفجير الطاقة المخزونة في دواخلهم من خلال التعاون المستمر، وإشراكهم في القرار.
خامسا ـ التحسين والتطوير الشامل المستمر: يرتكز التحسين والتطوير المستمر على ثلاث قواعد مهمة هي:

١ ـ التركيز على العميل.

٢ ـ فهم العملية.

٣ ـ الالتزام بالجودة.

سادسا ـ الوقاية: تطبيق مبدأ الوقاية خير من العلاج، وهو العمل الذي يجعل عدد الأخطاء عند الحد الأدنى، وذلك وفق مبدأ أداء العمل الصحيح من أول مرة، وبدون أخطاء، وهذا يهدف إلى جعل التكلفة في الحد الأدنى، وفي نفس الوقت للحصول على رضا المستفيدين.

سابعا ـ الإدارة بالحقائق: يعتبر القياس والمغايرة هما العمود الفقري للجودة، وهما المؤشر الذي يعطي المعلومات لاتخاذ القرار المناسب.

ثامنا ـ النظام الكلي المتكامل: عبارة عن مجموعة من الإجراءات المتكاملة، أو ذات خصائص مشتركة، أو مجموعة من العلاقات تؤدي إلى هدف مشترك مثل: الإدارة العامة، والإشراف، الإدارة التعليمية، الشئون الإدارية، التجهيزات. توحيد الجهود السابقة للتركيز على المستفيد.

تاسعا ـ العلاقة مع الموردين.

وسائل التطبيق:

التحول نحو إدارة الجودة الشاملة:

لمعرفة التحول نحو العمل بإدارة الجودة الشاملة لا بد من عقد مقارنة بين النظام التقليدي المعمول به، وبين النظام الجديد والذي يعرف بالجودة الشاملة:

العمل بالنظام التقليدي	العمل بالنظام الجديد (الجودة الشاملة)
التحسين وقت الحاجة	التحسين مستمر
جودة أعلى تعني تكلفة أعلى	جودة أعلى تعني تكلفة أقل.
البحث عن المشكلات المتعلقة بالنتائج	البحث عن المشكلات المتعلقة بالعمليات، ومن ثم معالجتها حتى لا يتكرر وقوعها
يتم تصيد الأخطاء ومعالجتها	الافتراض بأن الأخطاء لن تحدث، ويتم التخطيط لتجنبها
من الممكن تقبل الأخطاء	تقبل الأخطاء مرفوض
المهم إرضاء المدير	المهم إرضاء العميل قبل كل شيء
الجودة وظيفة من وظائف التصنيع	الجودة مهمة لكل فرد
تقوم على التركيز على النتائج	التركيز على أسلوب العمل أو العملية
تقوم على حفظ البيانات التاريخية	الاهتمام بتسجيل النتائج وإجراء المقارنات
تقوم على اتخاذ القرار فردي	تقوم على اتخاذ القرار بالإجماع
تقوم على إصدار الأوامر وإلقاء اللوم	تقوم على إزالة العوائق وغرس الثقة
تقوم على طريقة مثلى وحيدة	تقوم على التحسين والتطوير المستمر
تقوم على التنظيم الهرمي الرأسي الجامد	تقوم على التنظيم الأفقي المرن
تقوم على الإدارة بالرقابة اللصيقة	تقوم على الإدارة بالالتزام الذاتي
قسم الجودة هو المسؤول عن الجودة	الجودة مسؤولية كل فرد مشارك في المؤسسة

مميزات إدارة الجودة الشاملة

تقليل الأخطاء الشائعة داخل المنشأة.

تقليل الوقت اللازم لإنهاء المهام والمسؤوليات.

الاستفادة المثلى من الموارد الموجودة في المنشأة.

تقليل عمليات المراقبة المستمرة بدون جدوى.

زيادة رضا المستفيدين.

زيادة رضا العاملين من إداريين وفنيين في المنشأة.

تقليل الاجتماعات واللجان غير الضرورية.

تحديد المسؤولية وعدم إلقاء التبعات على الآخرين عند حدوث أي أمر غير مبرر.

تقوية الولاء للعمل والمؤسسة والمنشأة.

بناء وتعزيز العلاقات الإنسانية والاجتماعية.

تحسين بيئة العمل بتوفير كافة الخدمات.

تحديد أنماط قيادية مناسبة لنظام إدارة الجودة الشاملة.

تأسيس نظام معلوماتي دقيق لإدارة الجودة الشاملة.

معوقات إدارة الجودة الشاملة

ضعف المتابعة الإدارية على الإدارات والأقسام.

نقص الخبرة الإدارية لدى بعض المسؤولين.

عدم قدرة بعض الرؤساء على اتخاذ القرار.

ضعف التنسيق بين الأجهزة ذات العلاقة.

عدم وجود الموظف المناسب في المكان المناسب.

عدم فهم بعض المسؤولين للمتغيرات الداخلية والخارجية.

عدم إزالة الخوف بأن يشعر الموظف وبشكل معقول بالأمان داخل المنشأة.

عدم إزالة الحواجز بين الإدارات وذلك بالقضاء على الحواجز التنظيمية والتنسيق وتفعيل الاتصال بين الإدارات والأقسام على المستويين الأفقي والعمودي. ولتكن الجودة هي الهدف وليس المنافسة بين الزملاء والادارات.

عدم إنشاء مراكز للتدريب والتطوير الفعال وتدريب الموظف تدريبا محددا متعلقا بعمله.

متطلبات أساسية قبل التطبيق

إعادة تشكيل الهيكل الثقافي داخل المنشأة.

الترويج وتسويق البرنامج بشكل فاعل وجيد.

تدريب وتعليم المشاركين بأساليب وأدوات البرنامج.

الاستعانة بالمختصين والاستشاريين والباحثين. في مجال إدارة الجودة الشاملة بشكل عام والمختصين بإدارة الموارد البشرية بشكل خاص.

تشكيل فرق العمل في المنشأة.

تشجيع وتحفيز فريق العمل بشكل مستمر.

المتابعة والإشراف على فريق العمل بشكل منتظم.

إدارة الجودة الشاملة والقيادة:Total Quality Management And Leadership

يناقش دائما دور القائد في برامج التدريب الإداري. وتعتبر القيادة ذات أهمية بالغة فيما يختص بإدخال وتنفيذ إدارة الجودة الشاملة. (TQM)، وفي الواقع تعتبر القيادة الموجهة للهدف الفعالة متطلبا سابقا لبقاء طويل المدى للمؤسسة.

المراحل الأربع لإدارة الجودة الشاملة FOUR PHASES FOR TQM

يتضمن بدء عملية إدارة الجودة الشاملة بصفة عامة أربع مراحل:[1]

مراحل عملية إدارة الجودة الشاملة:

المرحلة الأولى: وضع فكرة عامة عن الجودة حيث تقوم الإدارة العليا بتعريف مفهوم الشركة عـن الجودة.

المرحلة الثانية: تخطيط الجودة الإستراتيجي الذي يتطلب تحديد المجالات المختلفة للعمليات التي تحتاج للتحسين (مثل القيادة، المعلومات والتحليل، التخطيط الإستـراتيجي، تنمية الموظفين، العمليات التجارية أو الصناعية، نتائج المشروعات وإرضـاء الزبائن).

المرحلة الثالثة: التعليم والتدريب لكل شخص في الشركة بدايـة مـن الإدارة العليـا وحتـى جميـع الموظفين

المرحلة الرابعة: التحسين المستمر، ويتم ذلك من خلال مراقبة الأداء و تحسينه بصـفة مسـتمرة و تتلخص هذه المرحلة في أربعة كلمات:

خطط للعمل Plan

نفذ العمل Do

قيم العمل Check

تفاعل و طور من العمل Act

---

(1):بينو إنجستروم، كبير خبراء أكاديمية الإتصالات السويدية في كالمار و مدير عام برنامج الجودة، تيليا - السويد

<table>
<tr><td>التحسين التغيير</td><td>التعليم
والتدريب</td><td>التحضير</td><td>القرار</td></tr>
</table>

الفكرة العامة

- تحديد الأشخاص الأساسيين
- تقدير أولي للموقف الحالي
- خطة عمل إستراتيجية

- الإدارة
- الإدارة المتوسطة
- باقي الموظفين

هل نحتاج لبدء عملية الجودة؟

خطط ≡ Plan ≡ P

نفذ ≡ Do ≡ D

راجع ≡ Check ≡ C

إفعل ≡ Act ≡ A

شكل (١)عملية تحسين الجودة

النموذج المناسب للقائد

The right type of leader

من المؤكد أن نجاح عملية إدارة الجودة الشاملة يعتمد بدرجة كبيرة على إلتزام كامل من الإدارة، وأيضا على إدراك الإدارة بضرورة توفير النوع المناسب من القيادة. وتقع المسئولية المطلقة لتحضير وتنفيذ إدارة الجودة الشاملة على عاتق الإدارة وحدها. ويجب أن تخضع عملية اختيار قادة إدارة الجودة الشاملة لمقاييس دقيقة بالنسبة لنوعيات القيادة الموصوفة أدناه.

ويجب أن تناط قيادة عملية تنفيذ الجودة بشخص واع تماما بالجودة الشاملة ويفهم أن الجودة تشمل كافة الأنشطة والمهام. أى أن الشخص الذي سيقود الجودة

يجب أن تتوفر لديه الشخصية والنشاط والرؤية الواضحة لعملية تحسين الجودة، فبدون إعطاء مثال من خلال المثابرة والتصميم للحصول على الأشياء الصحيحة من البداية لا يستطيع قائد الجودة أن يخلق في الموظفين الإحساس المناسب بالجودة.

وتحتاج قيادة برنامج الجودة أيضا للسمات العامة التي ترتبط بالقيادة مثل الخبرة والمنافسة والإستقامة والثبات على المبدأ والثقة العالية.

وبالإضافة إلى ذلك فإن القائد الجيد تتوفر لديه مهارات الإتصال مع الناس والمرونة للتعامل مع النوعيات المختلفة للموظفين من أجل تحقيق النتائج التي تتناسب مع إمكانياتهم. ويجب أن تعتمد القيادة على معالجة الخلافات والصراعات وإتخاذ القرار في الوقت المناسب.

التطوير الإستراتيجي للجودة

Strategic Quality Development

تتطلب قيادة برنامج إدارة الجودة الشاملة تحديد رؤية معينة يستطيع كل فرد أن يفهمها، وكذلك وضع أهداف فرعية يتوقع من الموظفين تحقيقها واقعيا. ويجب وضع الأهداف ضمن إطار عمل لجدول زمني محدد والذي يشكل جزءا من الخطة الإستراتيجية.

ويمكن تسهيل متابعة التقدم في تحسين الجودة باختيار عدد محدد من المؤشرات الأساسية. ويجب على قائد الجودة التأكد من وجود إجراءات واضحة وثابتة لمراقبة هذه المؤشرات.

ومن المهم إستغلال التغذية العكسية من إجراءات المراقبة بشكل مناسب وإعلام الموظفين بالنتائج حتى تصبح عملية تحسين الجودة حقيقية بالنسبة لهم.

ويجب عرض النشاطات للموظفين في خطوات متسلسلة مدروسة وأن يكون عدد هذه النشاطات المعروضة محدودا ووصفها وعرضها بوضوح مع شرح كل نشاط نوعي بطريقة مختصرة وبمصطلحات عملية.

ويمكن أن يكون البرنامج التدريبي المصمم بشكل جيد أداة فعالة في عمل الجودة. ويجب أن يكون الهدف الرئيسي للبرنامج هو إعلام الموظفين وإشراكهم وحفزهم للتأكد من أن مفهوم إدارة الجودة الشاملة واضحا ومقبولا لدى كل فرد.

كيف يستفيد الموظفون من الجودة

How Quality Benefits Employees

كما ورد سابقا، فإن الأهداف الثلاثة للشركة يمكن تحديدها كما يلي: إرضاء الزبائن وإرضاء أصحاب العمل وإرضاء الموظفين. وقد يبدو لبعض الموظفين أن إدخال الجودة الشاملة سوف يعني رضا أقل بالنسبة لهم، حيث يقل بدل العمل الإضافي والمخصصات.

وفيما يختص بهذه النقطة يجب ومنذ البداية توضيح أن الحصول على جودة أعلى يفيد كل فرد في الشركة. ويجب النظر إلى تحسين الجودة من خلال الحصول على رضا أكبر للزبائن وأصحاب العمل، وكذلك المحافظة على إستمرارية المؤسسة لأطول فترة ممكنة. ويجب على الموظفين أن يفهموا أن وظائفهم تعتمد على بقاء وإستمرارية الشركة وأن هذه البقاء يعتمد بدوره على جودة أعلى.

ويجب التوضيح هنا، أنه بالرغم من أن الجودة الأفضل تقلل من فرص العمل الإضافي إلا أنها تؤدي إلى رضا وظيفي أكبر وزيادات ملموسة في شكل علاوات.

المحافظة على رضا الزبائن Keeping Customers Satisfied

يتضمن التركيز على الزبائن الإستماع إلى توقعات الزبائن، ويجب على موظفي الإتصالات المحافظة على حوار حول الجودة مع الزبائن الذين يقدمون لهم خدماتهم.

وأحد متطلبات إستمرار هذا الحوار هو إرضاء الشركة لزبائنها الداخليين، أي موظفيها، حيث أن الموظفين الراضون يجدون من السهل تجاوز الخوف أو التردد في مقابلة الزبائن. كما أنهم يكونون مستعدين بطريقة أفضل لتفهم حاجات الزبائن وتمثيل شركاتهم بفخر والتصرف تبعا لسياسة الجودة التي تتبناها الشركة.

ومن المهم رؤية شكاوي الزبائن من عدة زوايا مختلفة، فعلى سبيل المثال، قد لا يتوفر لدى جميع الموظفين الحافز للإستماع والفهم والتصرف تجاه شكاوى معينة.

وفي هذه الحالة يكون دور قائد الجودة دعم الموظفين وإيجاد الطرق المناسبة لمكافأة الأفعال التي تحسن الجودة. ويجب أن تتوفر لدى القائد السلطة لمنح مكافآت مادية لأفعال تعزز الجودة.

كذلك يجب أن يتولد لدى الموظفين إدراك واضح لكيفية تحسين الجودة ولنتائج أو أنشطة الجودة. وهذا يعني أن يتعلموا تحديد أنفسهم وربطها مع أهداف الشركة الأساسية بالإضافة إلى المفهوم العام للجودة.

الأسلوب الموجه للعملية

Process-Oriented approach

ويعني إعتبار نشاطات الشركة على أنها وحدة متكاملة وليست كإدارات منفصلة ذات مهام عمل مختلفة. فعلى سبيل المثال تتضمن عملية إعداد الفواتير Billing Process مشاركة عدة وحدات تنظيمية بداية من قراءة عداد الزبون مرورا بإصدار الفاتورة إلى تسجيل القيمة المالية المطلوب تحصيلها.

ولا يعتبر هذا الأمر سهلا دائما، حيث إعتاد الموظفون على إنتظار صدور الأوامر، وعمل فقط ما يطلب منهم أو ما اعتادوا عمله.

وعلى القائد معرفة الموظفين الذين فهموا الأسلوب الموجه للعملية وإقناعهم لتشجيع زملائهم على المشاركة. وكثيرا ما تساعد البرامج التدريبية المصممة بشكل جيد والمشروعات الخاصة على نشر إستيعاب الأسلوب الموجه للعملية.

المثابرة Persistence

تتطلب القيادة المثابرة ليس فقط في التنفيذ، بل أيضا في مكافأة التقدم في عملية الجودة. ويمكن التعبير عن المثابرة بالثبات في إعطاء المكافآت والتقدير للسلوك الذي يعزز الجودة وكذلك الثبات في رفض السلوك ذو التأثيرات غير المرغوبة المعاكسة.

وغالبا ما يكون من الصعب تجاوز ضغط المجموعات الرسمية أو القادة الذين يمثلون إهتماماتهم الشخصية فقط. ويجب على قادة عملية إدارة الجودة الشاملة المبادرة بإعداد الطرق والوسائل للتخلص من هذه الضغوط.

مكافآت تحسينات الجودة المحققة Rewarding Verified Quality Improvement

تتنوع مكافآت تحسينات الجودة المحققة حسب الثقافات المختلفة، وفي معظم الأحيان يجب إستخدام جميع المكافآت المتاحة. ويجب تذكر أن المكافآت المالية المنتظمة سوف ينظر إليها على أنها جزء طبيعي من الراتب وسوف تفقد تأثيرها على المدى البعيد. كما أن كلمات الثناء بدون مكافآت مالية سوف يكون لها نفس التأثير السلبي على المدى البعيد.

وتأخذ المكافآت المناسبة أحد الأشكال التالية: شهادات تقدير، ترقيات، زيادات مالية، إعلان عن الشخص أو الأشخاص الذين حققوا نتائج متميزة.

ومن المهم جعل المكافآت شخصية بقدر الإمكان حتى يشعر الموظف بالرضا الفردي. ويجب مكافأة الفرق أيضا، فسوف يؤدي ذلك على المدى البعيد إلى تعزيز مفهوم العمل الجماعي ويجعل من المجهود المبذول في الجودة جزءا من واجباتهم اليومية.

النواحي القانونية والمسئولية

Legal Aspects and Responsibility

يتزايد الضغط في قطاع الإتصالات للتقيد بمعايير الجودة العالمية مثل سلسلة أيزو٩٠٠٠. ويطلب الكثير من الزبائن من مورديهم التقيد بواحد أو أكثر من هذه المعايير. وتجد بعض الشركات التي لم تحصل على شهادة الأيزو نفسها غير مؤهلة للتنافس في بعض العطاءات وبالتالي فإنها تواجه مشكلة واضحة في صراعها مع البقاء.

ويطلب الزبائن شهادة الأيزو لقناعتهم أن المنتجات والنظم والخدمات التي يحصلون عليها من شركات حاصلة على شهادة الأيزو تكون على درجة عالية من

الجودة. وقد يحتوي وصف الوظائف على إلتزاما من الشركة بتحقيق المعايير الواردة في شهادة الأيزو.

ومن المحتمل أن تعتمد الإتفاقيات المعقودة بين الزبائن ومؤسسات الإتصالات على التقيد بمعايير الأيزو 9000. ويجب على الأفراد في مؤسسة الإتصالات إتباع المعايير وإلا فإن الشركة ستكون ملزمة بدفع تعويضات للزبائن المتضررين نتيجة حدوث الأخطاء.

وقد يكون للنواحي القانونية للجودة والمتابعة أثر أكبر من البرامج الإدارية على المدى البعيد.

الجودة جزء من القيادة

Quality is Part of Leadership

ويتضح مما سبق أن القيادة وإدارة الجودة مفهومان مترابطان لا يمكن فصلهما عن بعض. ولا يمكن إعتبار عملية الجودة أنشطة منعزلة عن باقي أعمال الشركة، بل تشكل جزءا ضروريا من أعمالها.

ومن ناحية أخرى، لا يمكن تحسين الجودة بدون قيادة فعالة تحددها الإدارة العليا. ومن ناحية أخرى، فإن حقيقة إعتبار الجودة جزءا متكاملا من عمليات الشركة يعني أن الجودة وسيلة من وسائل إدارة الشركة. وقبل كل شئ فإن الجودة تعتبر وسيلة لتحقيق أهداف الشركة الأساسية وهي: إرضاء الزبائن وإرضاء أصحاب العمل وإرضاء الموظفين.

إن الجودة لا تتأتى بالتمني ولن تحصل عليها المؤسسة أو الفرد بمجرد الحديث عنها بل إن على أفراد المؤسسة ابتداء من رئيسها في أعلى قمة الهرم إلى العاملين في مواقع العمل العادية وفي شتى الوظائف أن يتفانوا جميعا في سبيل الوصول إلى الجودة.

والجودة تحتاج إلى ركائز متعددة لتبقيها حية وفاعلة طوال الوقت. وهذه الركائز هي:

١. تلبية احتياجات العميل، وهنا لا بد أن ننوه بأن العميل هو زميلك في العمل الذي تقدم له الخدمة أو المعلومات أو البيانات التي يحتاجها لإتمام

عمله أو أنه هو العميل الخارجي الذي تقدم له المؤسسة التي تعمل فيها الخدمة أو المنتج. إذن هنا لا بد أن نقدم الخدمة المتميزة والصحيحة للعميل في الوقت والزمان الذي يكون العميل محتاجا إلى الخدمة أو المنتج. إن تقديم الخدمة أو المنتج الخطأ أو في الوقت غير الملائم يؤدي دوما إلى عدم رضى العميل وربما إلى فقده.

٢.التفاعل الكامل، وهذا يعني أن كل أفراد المؤسسة معنيين بالعمل الجماعي لتحقيق الجودة. فكل فرد في مكانه مسؤول عما يقوم به من أعمال أو خدمات وعليه أن ينتجها أو يقدمها بشكل يتصف بالجودة. إن هذا يعني كذلك أن الجودة مسؤولية كل فرد وليست مسؤولية قسم أو مجموعة معينة.

٣.التقدير أو القياس، وهذا يعني أنه بالإمكان قياس التقدم الذي تم إحرازه في مسيرة الجودة. ونحن نرى أنه عندما يعرف العاملون أين اصبحوا وما هي المسافة التي قطعوها في مشوار الجودة فإنهم وبلا شك يتشجعون إلى إتمام دورهم للوصول إلى ما يرغبون في إنجازه.

٤.المساندة النظامية، المساندة النظامية أساسية في دفع المؤسسة نحو الجودة. فإنه ينبغي على المؤسسة أن تضع أنظمة ولوائح وقوانين تصب في مجملها في بوتقة الجودة وفي دعم السبل لتحقيقها. إن التخطيط الإستراتيجي وإعداد الميزانيات وإدارة الأداء أساليب متعددة لتطوير وتشجيع الجودة داخل المؤسسة.

٥.التحسين بشكل مستمر، إن المؤسسات الناجحة تكون دوما واعية ومتيقظة لما تقوم به من أعمال وتكون كذلك مراقبة لطرق أداء الأعمال وتسعى دوما إلى تطوير طرق الأداء وتحسينها. وهذه المؤسسات ترفع من مستوى فاعليتها وأدائها وتشجع موظفيها على الابتكار والتجديد.

إن الجودة تدوم وتستمر ما دامت المؤسسة تعتني بها وتجعل منها دستورا وقاعدة ترتكز عليها. وهنا لا بد أن نقول أن حصول المؤسسة على بعض الجوائز العالمية كشهادة أسو أو جائزة دبي للجودة تجعل المؤسسة في موقع متميز يصعب عليها التخلي عنه مهما كانت الأسباب.

أهداف إدارة الجودة الشاملة:

يمكن حصر أهداف إدارة الجودة الشاملة في ثلاثة أهداف رئيسية وهي:

١- خفض التكاليف:

فالجودة تتطلب عمل الأشياء الصحيحة بالطريقة الصحيحة من أول مرة وهذا يعني تقليل الأشياء التالفة أو إعادة إنجازها وبالتالي تقليل التكاليف.

٢- تقليل الوقت اللازم لإنجاز المهمات للعميل:

فكثير من الإجراءات التي توضكع من قبل المؤسسة لإنجاز الخدمات للعميل تركز على الرقابة على الأهداف والتأكد من تحقيقها وبالتالي تكون هذه الإجراءات طويلة وجامدة في كثير من الأحيان مما يؤثر سلبيا على العميل، ولذلك فمن أهداف إدارة الجودة الشاملة الرئيسية تقليل الوقت اللازم لإنجاز المهمات للعميل.

٣- تحقيق الجودة:

وذلك بتطوير المنتجات والخدمات حسب رغبة العملاء، إن عدم الإهتمام بالجودة يؤدي لزيادة الوقت لأداء وإنجاز المهام وزيادة أعمال المراقبة وبالتالي زيادة شكوى المستفيدين من هذه الخدمات.

عناصر إدارة الجودة الشاملة:

فيما يلي أهم العناصر التي يجب أن تكون موجودة في إدارة الجودة الشاملة:

١- القيادة العملية:

على الإدارة العليا أن تركز على القيادة العملية ؛ حيث لا خطب ولا شعارات وإنما هناك جديـة في العمل وتفاني في الإدارة، لتكون الإدارة قدوة و مثلا يحتذى به لكل المستويات الإدارية والعاملين.

٢- ثقافة إشباع الرغبات:

لا بد من إيجاد ثقافة جديدة داخل المنظمة، ثقافة تركز بقوة على إشباع رغبات العملاء و تهتم بذلك ؛ إنها ثقافة إشباع رغبات العملاء.

٣- التحسين المستمر:

لابد من التحسين والتطوير المستمر في عمليات وأنشطة المنظمة، حتى يمكن تحقيق وفر في التكاليف وسرعة أعلى في الأداء مع الالتزام بالمعايير المطلوبة للجودة.

٤- رفع مستوى العاملين :

يعتبر الأفراد العاملون في المنظمة هم المحور الرئيسي- الذي تقوم عليه عملية اتقان الجودة، وبالتالي يجب الاهتمام بمستوى أدائهم و تدريبهم وتطويرهم وصقل مهاراتهم لتحقيق المستوى المطلوب من الجودة

٥- بناء فرق العمل :

إن تضافر جهود الأفراد تظهر في أحسن صورها من خلال بناء فرق العمل و تشجيع التعاون بـين الإدارات والذي يضمن العمل الجماعي والتعاون ويضيف قيمة كبيرة للجودة.

٦- الإبداع والابتكار:

يحتاج تحقيق مستويات الجوده إلى الإبداع والابتكار وإلى إطلاق أكبر عدد ممكن مـن الأفكار الجديدة والمفيدة لتحسين الجودة.

٧- الرؤية الاستراتيجية:

لا بد من وجود رؤية استراتيجية للمنظمة ككل حول كيفية تحقيق الجودة مع ربط هذه الاستراتيجية بكافة أنشطة المنظمة.

٨- فن حل المشاكل:

لابد من تعليم الإدارة والعاملين كيفية تحديد وترتيب وتحليل المشاكل وتجزئتها إلى عناصر أصغر حتى يمكن السيطرة عليها وحلها.

أهداف تطبيق برنامج إدارة الجودة الشاملة في الشركات أوالمؤسسات

إن الهدف الأساسي من تطبيق برنامج إدارة الجودة الشاملة في الشركات هو:

(تطوير الجودة للمنتجات والخدمات مع إحراز تخفيض في التكاليف والإقلال من الوقت والجهد الضائع لتحسين الخدمة المقدمة للعملاء وكسب رضاءهم).

هذا الهدف الرئيسي للجودة يشمل ثلاث فوائد رئيسية مهمة ذكرت سابقا.

ان تطبيق برنامج إدارة الجودة الشاملة يهدف الى مايلي:

١ - خلق بيئة تدعم وتحافظ على التطوير المستمر.

٢ - إشراك جميع العاملين في التطوير.

٣ - متابعة وتطوير أدوات قياس أداء العمليات.

٤ - تقليل المهام والنشاطات اللازمة لتحويل المدخلات (المواد الأولية) إلى منتجات أو خدمات ذات قيمة للعملاء.

٥ - إيجاد ثقافة تركز بقوة على العملاء.

٦ - تحسين نوعية المخرجات.

٧ - زيادة الكفاءة بزيادة التعاون بين الإدارات وتشجيع العمل الجماعي.

٨ - تحسين الربحية والإنتاجية.

٩ – تعليم الإدارة والعاملين كيفية تحديد وترتيب وتحليل المشاكل وتجزئتها إلى أصغر حتى يمكن السيطرة عليها.

١٠ – تعلم إتخاذ القرارات إستنادا على الحقائق لا المشاعر.

١١ – تدريب الموظفين على أسلوب تطوير العمليات.

١٢ – تقليل المهام عديمة الفائدة زمن العمل المتكرر.

١٣ – زيادة القدرة على جذب العملاء والإقلال من شكاويهم.

١٤ – تحسين الثقة وأداء العمل للعاملين.

١٥ – زيادة نسبة تحقيق الأهداف الرئيسية للشركة.

يمكن إبراز الهدف الأساسي للجودة الشاملة في تطوير الجودة للمنتجات والخدمات مع إحراز التخفيض في التكاليف لتحسين الخدمات المقدمة للعملاء وكسب رضاهم ويمكن إبراز ذلك في النقاط الثلاثة التالية:

١- خفض التكاليف.

٢- تقليل الوقت اللازم لإنتاج الخدمات للعميل.

٣- تحقيق الجودة.

المتطلبات الرئيسية لتطبيق مفهوم إدارة الجودة الشاملة

إن تطبيق مفهوم إدارة الجودة الشاملة في المؤسسة يستلزم بعض المتطلبات التي تسبق البدء بتطبيق هذا البرنامج في المؤسسة حتى يمكن إعداد العاملين على قبول الفكرة ومن ثم السعي نحو تحقيقها بفعالية وحصر نتائجها المرغوبة. ومن هذه المتطلبات الرئيسية المطلوبة للتطبيق.

أولا: إعادة تشكيل ثقافة المؤسسة.

إن إدخال أي مبدأ جديد في المؤسسة يتطلب إعادة تشكيل لثقافة تلك المؤسسة حيث أن قبول أو رفض أي مبدأ يعتمد على ثقافة ومعتقدات الموظفين في المؤسسة. إن (ثقافة الجودة) تختلف إختلافا جذريا عن (الثقافة الإدارية التقليدية) وبالتالي يلزم إيجاد هذه الثقافة الملائمة لتطبيق مفهوم إدارة الجودة الشاملة.

وعلى العموم يجب تهيئة البيئة الملائمة لتطبيق هذا المفهوم الجديد بما فيه من ثقافات جديدة.

ثانيا: الترويج وتسويق البرنامج.

إن نشر مفاهيم ومبادىء إدارة الجودة الشاملة لجميع العاملين في المؤسسة أمر ضروري قبل اتخاذ قرار التطبيق. إن تسويق البرنامج يساعد كثيرا في القليل من المعارضة للتغيير والتعرف على المخاطر المتوقعة يسبب التطبيق حتى يمكن مراجعتها.

ويتم الترويج للبرنامج عن طريق تنظيم المحاضرات أو المؤتمرات أو الدورات التدريبية للتعريف بمفهوم الجودة وفوائدها على المؤسسة.

ثالثا: التعليم والتدريب.

حتى يتم تطبيق مفهوم إدارة الجودة الشاملة بالشكل الصحيح فإنه يجب تدريب وتعليم المشاركين بأساليب وأدوات هذا المفهوم الجديد حتى يمكن أن يقوم على أساس سليم وصلب وبالتالي يؤدي إلى النتائج المرغوبة من تطبيقه. حيث أن تطبيق هذا البرنامج بدون وعي أو فهم لمبادئه ومتطلباته قد يؤدي إلى الفشل الذريع. فالوعي الكامل يمكن تحقيقه عن طريق برامج التدريب الفعالة.

إن الهدف من التدريب هو نشر الوعي وتمكين المشاركين من التعرف على أساليب التطوير. وهذا التدريب يجب أن يكون موجها لجميع فئات ومستويات الإدارة (الهيئة التنفيذية، المدراء، المشرفين، العاملين) ويجب أن تلبى متطلبات كل فئة حسب التحديات التي يواجهونها. فالتدريب الخاص بالهيئة التنفيذية يجب أن يشمل

استراتيجية التطبيق بينما التدريب الفرق العمل يجب أن يشمل الطرق والأساليب الفنية لتطوير العمليات.

وعلى العموم فإن التدريب يجب أن يتناول أهمية الجودة وأدواتها وأساليبها والمهارات اللازمة وأساليب حل المشكلات ووضع القرارات ومبادىء القيادة الفعالة والأدوات الإحصائية وطرق قياس الأداء.

رابعا: الاستعانة بالاستشاريين.

الهدف من الاستعانة بالخبرات الخارجية من مستشارين ومؤسسات متخصصة عند تطبيق البرنامج هو تدعيم خبرة المؤسسة ومساعدتها في حل المشاكل التي ستنشأ وخاصة في المراحل الأولى.

خامسا: تشكيل فرق العمل.

يتم تأليف فرق العمل بحيث تضم كل واحدة منها ما بين خمسة إلى ثمانية أعضاء من الأقسام المعنية مباشرة أو ممن يؤدون فعلا العمل المراد تطويره والذي سيتأثر بنتائج المشروع.

وحيث أن هذا الفرق ستقوم بالتحسين فيجب أن يكونوا من الأشخاص الموثوق بهم، ولديهم الاستعداد للعمل والتطوير وكذا يجب أن يطوا الصلاحية المراجعة وتقييم المهام التي تتضمنها العملية وتقديم المقترحات لتحسينها.

سادسا: التشجيع والحفز.

إن تقدير الأفراد نظير قيامهم بعمل عظيم سيؤدي حتما إلى تشجيعهم، وزرع الثقة، وتدعيم هذا الأداء المرغوب. وهذا التشجيع والتحفيز له دور كبير في تطوير برنامج إدارة الجودة الشاملة في المؤسسة واستمراريته. وحيث أن استمرارية البرنامج في المؤسسة يعتمد اعتمادا كليا على حماس المشاركين في التحسين، لذا ينبغي تعزيز هذا الحماس من خلال الحوافز المناسبة وهذا يتفاوت من المكافأة المالية إلى التشجيع المعنوي.

والخلاصة أن على المؤسسة تبني برنامج حوافز فعال ومرن يخلق جو من الثقة والتشجيع والشعور بالانتماء للمؤسسة وبأهمية الدور الموكل إليهم في تطبيق البرنامج.

سابعا: الإشراف والمتابعة.

من ضروريات تطبيق برنامج الجودة هو الإشراف على فرق العمل بتعديل أي مسار خاطىء ومتابعة إنجازاتهم وتقويمها إذا تطلب الأمر. وكذلك فإن من مستلزمات الجنة الإشراف والمتابعة هو التنسيق بين مختلف الأفراد والإدارات في المؤسسة وتذليل الصعوبات التي تعترض فرق العمل مع الأخذ في الاعتبار المصلحة العامة.

ثامنا: استراتيجية التطبيق.

إن استراتيجية تطوير وإدخال برنامج إدارة الجودة الشاملة إلى حيز التطبيق يمر بعدة خطوات أو مراحل بدء من الإعداد لهذا البرنامج حتى تحقيق النتائج وتقييمها.

١ – الإعداد: هي مرحلة تبادل المعرفة ونشر الخبرات وتحديد مدى الحاجة للتحسن بإجراء مراجعة شاملة لنتائج تطبيق هذا المفهوم في المؤسسات الأخرى. ويتم في هذه المرحلة وضع الأهداف المرغوبة.

٢- التخطيط : ويتم فيها وضع خطة وكيفية التطبيق وتحديد الموارد اللازمة لخطة التطبيق.

٣- التقييم: وذلك باستخدام الطرق الإحصائية للتطوير المستمر وقياس مستوى الأداء وتحسينها.

مراحل مشاريع التحسين:

تمر مشاريع التحسين للعمليات بعدة مراحل بدء من اختيار العملية وحتى تنفيذ مقترحات التطوير، وفي كل مرحلة يتم استخدام أدوات وأساليب إدارة الجودة الشاملة لإنجاز الهدف المطلوب.

المرحلة الأولى: اختيار المشروع / العملية

هنا يتم تحديد مجال الدراسة حيث يتم التركيز على عملية رئيسية واحدة منن أعمال الإدارة أو القسم في المؤسسة والمعيار في إختيار المشروع يتم بناء على الأسس الآتية:

١ - أن تكون العملية الأهم بالنسبة للقسم وأكثر المهام تكرارا وتستهلك معظم الوقت داخل القسم.

٢ - أن تكون العملية تستهلك أغلب موارد القسم من حيث العمالة، المواد، السيارات، العدد، أجهزة الحاسب الآلي.. إلخ.

٣ - أن تكون الأهم للعملاء.

إن سوء اختيار المشروع أو العملية سيؤدي حتما إلى إضاعة الفرص لتطوير العمليات الحساسة للعميل أو للمؤسسة وكذلك فإنه يعتبر عاملا من عوامل فشل برنامج الجودة في المؤسسة.

ومن الأدوات والتقنيات التي تستخدم لاختيار المشروع نذكر مايلي:

١ - تعصيف الأفكار.

٢ - تحليل المنتجات والخدمات.

٣ - استبيان العملاء.

المرحلة الثانية: تحليل العملية.

وذلك بتحديد إجراءاتها ومهامها التفصيلية من البداية إلى النهاية لتقديم الخدمة أو المنتج ويتم تحليل جميع المهام من حيث أهميتها وفائدتها للعميل أو للعملية وحساب الوقت لكل مهمة في العملية. وأيضا يجرى هنا تحديد الأسباب الداعية للقيام بهذه المهام وكيفية أدائها.

إن هذه المرحلة تساعد كثيرا في كشف التحسينات الممكنة ومن الأدوات التي تستخدم في هذه المرحلة ما يلي:

١- تخطيط العملية.

٢- تحليل العملية.

٣- تحليل السبب والنتيجة.

المرحلة الثالثة: جميع المعلومات وتحليلها.

ويتم هنا تحديد المعلومات المطلوب جمعها وكميتها والطريقة المناسبة لجمعها. وبعد ذلك يتم تحليلها واتخاذ القرار المناسب.

وهذا يستلزم الاتصال بالعملاء والتعرف على متطلباتهم من خلال المسح الميداني أو توزيع الاستبيانات أو دعوتهم للاجتماع بهم، والأدوات التي تستخدم في هذه المرحلة:

١   اختيار العينة.

٢   الأدوات الإحصائية.

٣   الرسومات البيانية.

٤   استبيانات العملاء.

المرحلة الرابعة: ابتكار التحسينات.

بناء على المعلومات المتوفرة والتي تم جنيها من المرحلتين السـابقتين، يـتم هنـا تقـديم مقترحـات وأفكار التحسين. ومن الأدوات المستخدمة في هذه المرحلة ما يلي:

١   تعصيف الأفكار.

٢   استبيانات العملاء.

المرحلة الخامسة: تحليل الفرص.

وهي المرحلة الحاسمة حيث يتم تحليل ايجابيات وسلبيات فرص التحسينات التي تم التقـدم بهـا وذلك لمعرفة مدى إمكانية تطبيقها. إن التحليل الجيد للتحسينات ومعرفة مالها وما عليها يسـاعد كثيرا الإدارة العليا بالموافقة عليها أو رفضها.

ومن التقنيات المستخدمة ما يلي:

١-   تقييم الأفكار.

٢-   تحليل التكاليف والفوائد.

٣-   تحليل مجالات القوى.

٤-   مخطط الطوارىء.

٥-   تعصيف الأفكار.

وينتهي مشروع التحسين بتقديم الخطة لتطبيقها في المؤسسة ويتم مراجعتها من وقت لآخر.

الإتجاهات الحديثة في إدارة الجودة الشاملة:

هي ١. الجودة كما يراها المستفيد. ٢. القيادة الواعية. ٣- التحسين المستمر.

وهي: ١- الإدارة بالحقائق ٢ - تفاعل العاملين. ٣ - المساهمة في التطوير

وهي: ١- المسؤولية الجماعية ٢ - روح الإنتماء ٣- الوقاية من الأخطاء

الفصل الثالث
إدارة الجودة الشاملة في التعليم

الفصل الثالث

إدارة الجودة الشاملة في التعليم

جودة التعليم - [رؤية حول المفهوم والأهمية]

يتميز العصر الحالي بالمنافسة الشديدة بين بلدان العالم في المنتجات الصناعية والزراعية والتقنية وأصبحت جودة هذه المنتجات من الاستراتيجيات المهمة التي تسهم في التفوق وتحقيق أهداف المؤسسات المنتجة المختلفة.[1]

وتعتبر الجودة من أهم القضايا التي تهم القيادات الإدارية من المنشآت التي تسعى لإنتاج يستطيع المنافسة وتشمل الجودة كل من المنشآت الصناعية والخدمية على حد سواء وقد نشأت الجودة Quality كنظام إداري في اليابان في بداية القرن العشرين في المؤسسات الصناعية أي أن الجودة ارتبطت في هذا الوقت بالصناعة فقط،ولكن الإنسان قد عرف الجودة منذ الحضارات البابلية والفرعونية واليونانية والإغريقية القديمة حيث حددت هذه الحضارات لوائح للجزاءات التي يتلقاها العاملين نتيجة الإهمال والقصور في الأداء.أما الحضارة الإسلامية فقد أكدت على الجودة وعلى إتقان العمل وقد اهتم الإسلام بمبدأ الشورى وحرية الإنسان والمساواة والعدالة واحترام العلم والعمل فيقول رسول الله صلي الله عليه وسلم"إن الله يحب إذا عمل أحدكم عملا أن يتقنه".

---

(1) فوزي شعبان مدكور(١٩٩٥م)إدارة جودة الإنتاج.القاهرة مطبعة كلية الزراعة- جامعة القاهرة.

ويمكن عرض التطور التاريخي للجودة وفق المراحل التالية:

المرحلة الأولى قبل عام ١٩٠٠م

حيث كانت تضع المحاكم نظم ومبادئ العمل للحرفيين بأسلوب صارم وكان هـؤلاء الحـرفيين هـم الذين يضعون أسس الجودة لمنتجاتهم.

المرحلة الثانية عام ١٩٠٠م

مع نهاية القرن التاسع عشر وبداية القرن العشرين وظهور الثورة الصناعية في أوروبا باختراع الآلة وقد عمل المهندس الأمريكي فريدريك تايلور على فصل أنشطة التخطيط عن أنشطة الرقابة ومن ثـم ظهـر مبدأ التخصص باعتباره عاملا أساسيا

لزيادة الإنتاج وعلى ذلك فقد اهتم المشرفين بالتأكد من مقابلة المعايير التي تعبر عـن المخرجـات خلال زمن محدد وكان المشرفون هم الذين يقومون بذلك باعتبارهم متخصصين.

المرحلة الثالثة بداية عام ١٩٢٠م

هذه المرحلة اهتمت بالتفتيش على المنتجات ولذلك تم إجراء الاختبارات على المنتجات من حيـث المواصفات والأداء وكان المفتشين أو المشرفين هم المسئولين عن تأكيد الجودة.

المرحلة الرابعة ١٩٣٠م-١٩٥٠م

هذه المرحلة تضمنت وضع نظام للتخطيط والرقابة على الجودة أو ما يعرف بتأكيد الجودة وهنـا قد تم الاهتمام بما يلي:

١- الرقابة على الجودة من الناحية الإحصائية

٢- الموثوقية في المنتج أي درجة ملاءمة أداء المنتج على احتمالات النجاح المتوقعة في وقت محدد

٣- قابلية المنتج للصياغة وذلك للمحافظة على مقدرة المنتج

المرحلة الخامسة عام ١٩٦٠م

ظهرت برامج متعددة لزيادة دافعية العاملين لتحسين الجودة ومن هذه البرامج الدافعيـة برنامج عدم وجود عيوب في المنتج وبرنامج الأداء الصحيح من أول مرة.

المرحلة السادسة عام ١٩٧٠م-١٩٨٠م

اهتمت هذه المرحلة برقابة الجودة الكلية Total quality Control التي تعمل عـلى تكامـل وتناسـق برامج الجودة وأصبحت المسئولية عن الجودة ليست قاصرة على المشرف ولكن يشارك فيها كل العاملين في المستويات الإدارية المختلفة وفي هـذه المرحلـة ظهـر مفهـوم تأكيـد الجودة وتـم ربطـه بمفـاهيم الإدارة بالأهداف والإدارة بالنظم وإدارة المشروعات.

المرحلة السابعة ١٩٨٠م حتى الآن

في مجالات متعددة مثل الخدمات(2)ISO تتميز هذه المرحلة بظهور معايير دولية للجودة الصحية والرقابة البيئية كما برزت فروع مستحدثة مثل جودة الحياة وجودة بيئة العمل.

ففي اواخرالخمسينيات من القرن الماضي ظهر مصطلح (الاستراتيجية) حيث استخدم فى العلـوم والتخصصات المخلفة فضلا عن استخدامه في الميدان العسكري عـلى نطـاق واسـع. فالاسـتراتيجية Strategy تعبير عن، ودعوة إلى منطق أو أسلوب جديد، ثم أدوات جديـدة في التفكيـر اصطنعته علـوم جديـدة ثـم انتقلت بكل ما تحمل من مكونات علوم عسكرية إلى استراتيجيات تدريس للمواد التعليمية المختلفة.

وفى سياق متصل نجد انه فى بدايات السبعينيات من القرن الماضي تم استخدام مصطلح الكفايات فى مجال تطوير التعليم، وذلك مـن خـلال تطـوير أداء المعلمـين، حيـث جسـدت محاسـبة المعلـم أهـم المصطلحات، ومع منتصف السبعينيات أصبحت الموجه

السلوكية الظاهرة السائدة في التعليم قبل الجامعي والجامعي بحد سواء وبقيت ولا زالت بين مد وجذر حتى أيامنا هذه رغم هبوط حماس المهتمين بهذا المصطلح.

وفي كنف هذه المصطلحات المتمثلة في المفردات لكلمات استخدمت في مكان ما ثم انتقلت بـرؤى إلى مكان أخر اقتنع العالم بها. لا شك أن هذه المصطلحات تعبر عـن مـنهج أو منطق في التفكير العلمي توأمه التحليل الدقيق لأبعاد مختلفة التسلسل من العام الى الخاص والتحرك العقلاني من النظر إلى الواقع والانتقال المبصر الخلاق [الوظيفي] ومن الحاضر إلي المستقبل وفق أفضل الأحكام وأدق الأفعـال التـي يمكن التوصل إليها كأدوات قياس على درجة عالية من الإتقان والدقة للعملية التعليمية الجامعية.

ارتكزت إدارة الجودة الشاملة في مراحل تطورها على ثلاثة مفاهيم هي:

١- الأدوات

٢- التدريب

٣- التقنيات

- الرؤية للمفهوم والأهمية: توكيد جودة التعليم

إدارة الجودة الشاملة في المؤسسات التربوية التعليمية

إن التحديات العالمية المعاصرة تحتم على المنظمات الاقتصادية انتهاج الأسلوب العلمـي الـواعي في مواجهة هذه التحديات واستثمار الطاقات الإنسانية الفاعلة في ترصين الأداء التشغيلي والبيعي بمرونة أكثر كفاءة وفاعلية، ومن أكثر الجوانب الإدارية الهادفة إدارة الجودة الشاملة، التي أصبحت الآن وبفضل الكم الهائل في المعلومات وتقنيات الاتصال سمة مميزة لمعطيـات الفكـر الإنسـاني الحـديث وهـذا مـا يمكن ملاحظته في المؤسسات الصناعية والهيئات والمنظمات بشكل عام.

أما في المجال التربوي فإن القائمين عليه يسعون من خلال تطبيق إدارة الجودة الشاملة إلى إحـداث تطوير نوعي لدورة العمل في المدارس بما يتلاءم مع والمستجدات

التربوية والتعليمية والإدارية، ويواكب التطورات الساعية لتحقيق التميز في كافة العمليات التي تقوم بها المؤسسة التربوية.

الثقافة التنظيمية المدرسية:

وإذا كان ثمة اختلاف في شكل أداء المنظمات وطريقتها تبعا لثقافة كل منظمة، فيمكن القول إن المنظمات التربوية لها ثقافتها الخاصة، والتي تتكون من القيم والمبادئ والتقاليد والتوقعات التي تصف التفاعل الإنساني مع النظام، والتي تبدو بوضوح في المستوى الإجرائي المتمثل بثقافة المدرسة.

إن الثقافة التنظيمية المدرسية تخضع أساسا لعاملين أساسيين وهما الثقافة العامة للمجتمع، والفلسفة التربوية التي ينبع عنها الأهداف التربوية المقررة من قبل السلطات العليا والتي يشتق منها الثقافة التنظيمية.

وقد أكد باول هكمان أن الثقافة المدرسية تكمن في المعتقدات التي يحملها المعلمون والطلاب والمديرون.

وعرفها العالمان ديل وبيترسون بأنها نماذج عميقة من القيم والمعتقدات والتقاليد التي تشكلت خلال تاريخ المدرسة.

وقد عرفها ستولب وسميث بأنها النماذج المنقولة تاريخيا والتي تتضمن المبادئ والقيم والمعتقدات والاحتفالات والشعائر والعادات والتقاليد والأساطير المفهومة بدرجات مختلفة من قبل أعضاء المجتمع المدرسي.

حقيقة الجودة الشاملة:

إن تحويل فلسفة الجودة الشاملة إلى حقيقة في مؤسسة ما، يجب ألا تبقى هذه الفلسفة مجرد نظرية دون تطبيق عملي، ولذلك بمجرد استيعاب مفهوم الجودة الشاملة، يجب أن يصبح جزءا وحلقة في عملية الإدارة التنفيذية من الهرم إلى القمة، وهذا ما يعرف بإدارة الجودة الشاملة، وهي عملية مكونة من مراحل محددة بشكل جيد، وتحتاج إلي متسع من الزمن لتحقيقها، حتى تصبح مألوفة للمؤسسة التي تتبناها،

ويتم تنفيذها باستمرار.

الجودة الشاملة في المؤسسات التربوية التعليمية:

أما الجودة الشاملة في الإدارة التربوية هي جملة الجهود المبذولة من قبل العاملين في المجال التربوي لرفع مستوى المنتج التربوي وهو)الطالب) بما يتناسب مع متطلبات المجتمع، وبما تستلزمه هذه الجهود من تطبيق مجموعة من المعايير والمواصفات التعليمية والتربوية اللازمة لرفع مستوى المنتج التربوي من خلال تظافر جهود كل العاملين في مجال التربية.

ومن هنا يقصد بإدارة الجود الشاملة في المجال التربوي التعليمي: أداء العمل بأسلوب صحيح متقن وفق مجموعة من المعايير التربوية الضرورية لرفع مستوى جودة المنتج التعليمي بأقل جهد وكلفة محققا الأهداف التربوية التعليمية، وأهداف المجتمع وسد حاجة سوق العمل من الكوادر المؤهلة علميا.

ويعرف (رودز) الجودة الشاملة في التربية بأنها عملية إدارية ترتكز على مجموعة من القيم وتستمد طاقة حركتها من المعلومات التي توظف مواهب العاملين وتستثمر قدراتهم الفكرية في مختلف مستويات التنظيم على نحو إبداعي لضمان تحقيق التحسن المستمر للمؤسسة.

ويعرفها أحمد درياس بأنها " أسلوب تطوير شامل ومستمر في الأداء يشمل كافة مجالات العمل التعليمي، فهي عملية إدارية تحقق أهداف كل من سوق العمل والطلاب، أي أنها تشمل جميع وظائف ونشاطات المؤسسة التعليمية ليس فقط في إنتاج الخدمة ولكن في توصيلها، الأمر الذي ينطوي حتما على تحقيق رضا الطلاب وزيادة ثقتهم،وتحسين مركز المؤسسة التعليمية محليا وعالميا.

ويعرفها رودس: أنها عملية إستراتيجية إدارية ترتكز على مجموعة من القيم وتستمد طاقة حركتها من المعلومات التي نتمكن في إطارها من توظيف مواهب العاملين واستثمار قدراتهم الفكرية في مختلف مستويات التنظيم على نحو إبداعي لتحقيق التحسن المستمر للمنظمة.

ومن التعاريف السابقة نستنتج أنه من الضروري بمكان تسخير كافة الإمكانيات المادية والبشرية، ومشاركة جميع الجهات والإدارات والأفراد في العمل كفريق واحد، والعمل في اتجاه واحد وهو تطبيق معايير إدارة الجودة الشاملة في النظام التربوي التعليمي، وتقويم مدى تحقيق الأهداف، ومراجعة الخطوات التنفيذية التي يتم توظيفها.

ويعتبر إدوارد ديمنج رائد فكرة الجودة الشاملة حيث طور أربعة عشر نقطة توضح ما يلزم لإيجاد وتطوير ثقافة الجودة، وتسمى هذه النقاط " جوهر الجودة في التعليم " وتتلخص فيما يلي:

١ ـ إيجاد التناسق بين الأهداف.

٢ ـ تبني فلسفة الجودة الشاملة.

٣ ـ تقليل الحاجة للتفتيش.

٤ ـ أنجاز الأعمال المدرسية بطرق جديدة.

٥ ـ تحسين الجودة، الإنتاجية، خفض التكاليف.

٦ ـ التعليم مدى الحياة.

٧ ـ القيادة في التعليم.

٨ ـ التخلص من الخوف.

٩ ـ إزالة معوقات النجاح.

١٠ ـ خلق ثقافة الجودة.

١١ ـ تحسين العمليات.

١٢ ـ مساعدة الطلاب على النجاح.

١٣ ـ الالتزام.

١٤ ـ المسئولية.

وحتى يكون للجودة الشاملة وجود في مجال التطبيق الفعلي لا بـد مـن تـوفر خمسة ملامـح او صفات للتنظيم النـاجح لإدارة الجـودة الشاملة مـن اجـل الوصـول إلى جـودة متطـورة ومسـتدامة وذات منحنى دائم الصعود، وهذه الملامح هي:

١ ـ حشد جميع العاملين داخل المؤسسة بحيـث يـدفع كـل مـنهم بجهـده وثقلـه تجـاه الأهـداف الاستراتيجية للمؤسسة مع التزام الكل – دون استثناء – كل فيما يخصه.

٢ ـ الفهم المتطـور والمتكامـل للصـورة العامـة، وخاصـة بالنسـبة لأسـس الجـودة الموجهـة لإرضـاء متطلبات "العميل" والمنصبة على جودة العمليات والإجراءات التفصيلية واليومية للعمل.

٣ ـ قيام المؤسسة على فهم العمل الجماعي.

٤ ـ التخطيط لأهداف لها صفة التحـدي القـوي والشـرس والتي تـلزم المؤسسـة وأفرادهـا بارتقـاء ملحوظ في نتائج جودة الأداء.

٥ ـ الإدارة اليومية المنظمة للمؤسسة- القائمة على أسس مدروسة وعمليـة – مـن خـلال اسـتخدام أدوات مؤثرة وفعالة لقياس القدرة على استرجاع المعلومات والبيانات (التغذية الراجعة)

لماذا الجودة الشاملة؟

هناك تساؤلات كثيرة تطرح من غير الراغبين في تطبيق إدارة الجودة الشاملة سواء في المؤسسـات التجارية والمصانع والمنظمات الدولية، أو حتى من الـراغبين في تطبيقهـا والمهتمـين بهـا، وهـذه التسـاؤلات تحتم علينا أن نستعرض بعض الأسباب التي تستدعي تطبيق الجودة:

١ ـ ما يمكن أن يترتب عليها من مزايا لحفظ مـا يقـارب مـن ٤٥ % مـن تكـاليف الخدمات التـي تضيع هدرا بسبب غياب التركيز على الجودة الشاملة.

٢ ـ أصبح تطبيق الجودة الشاملة ضرورة حتمية تفرضها المشكلات المترتبة على النظام البيروقراطي، إضافة إلى تطور القطاع الخاص في المجالات المختلفة.

٣ ـ المنافسة الشديدة الحالية والمتوقعة في ظل العولمة.

٤ ـ متطلبات وتوقعات العملاء في ازدياد مستمر.

٥ ـ متطلبات الإدارة لخفض المصروفات، والاستثمار الأمثل للموارد البشرية والمادية.

٦ ـ متطلبات العاملين فيما يخص أسلوب وجودة العمل.

٧ ـ تعديل ثقافة المؤسسات التربوية بما يتلاءم وأسلوب إدارة الجودة الشاملة، ويجاد ثقافة تنظيمية تتوافق مع مفاهيمها.

٨ ـ الجودة الشاملة تؤدي إلى رضا العاملين التربويين والمستفيدين (الطلاب) وأولياء أمورهم ن والمجتمع.

٩ ـ يعتمد أسلوب إدارة الجودة الشاملة بوجه عام على حل المشكلات من خلال الأخذ بآراء المجموعات العاملة التي تزخر بالخبرات المتنوعة.

١٠ ـ تطبيق إدارة الجودة الشاملة في المؤسسات التربوية التعليمية يتطلب وجود مقاييس ومؤشرات صالحة للحكم على جودة النظام التعليمي، وضرورة الاستفادة من أخطاء المرحلة السابقة في المرحلة اللاحقة.

فوائد تطبيق الجودة الشاملة:

للجودة الشاملة فوائد كثيرة ومتعددة تظهر نتائجها من خلال المؤسسات التي تقوم بتطبيقها، ولكننا سنكتفي في هذا المقام برصد فوائدها في مجال التربية والتعليم:

١ ـ تحسين العملية التربوية ومخرجاتها بصورة مستمرة.

٢ ـ تطوير المهارات القيادية والإدارية لقيادة المؤسسة التعليمية.

٣ ـ تنمية مهارات ومعارف واتجاهات العاملين في الحقل التربوي.

٤ ـ التركيز على تطوير العمليات أكثر من تحديد المسؤوليات.

٥ ـ العمل المستمر من أجل التحسين، والتقليل من الإهدار الناتج عن ترك المدرسة، أو الرسوب.

٦ ـ تحقيق رضا المستفيدين وهم (الطلبة، أولياء الأمور، المعلمون، المجتمع).

٧ ـ الاستخدام الأمثل للموارد المادية والبشرية المتاحة.

٨ ـ تقديم الخدمات بما يشبع حاجات المستفيد الداخلي والخارجي.

٩ ـ توفير أدوات ومعايير لقياس الأداء.

١٠ ـ تخفيض التكلفة مع تحقيق الأهداف التربوية في الوسط الاجتماعي.

الجودة الشاملة والتدريس النشط الفعال:

من خلال المفاهيم المتعددة لإدارة الجودة الشاملة ومدى تطبيقها في مجال التدريس النشط والفعال يمكننا القول أنه يمكننا تحقيق الآتي: ـ

١ ـ مشاركة الطلاب للمدرس في التخطيط لموضوع الدرس، وتنفيذه بما يحقق مبدأ الإدارة التشاركية، الذي على أساسه يكون المعلم والمتعلم على حد سواء مسؤولين عن تحقيق التدريس النشط.

٢ ـ تطبيق مبدأ الوقاية خير من العلاج: والذي يقضي ـ تأدية العمل التدريسي ـ من بدايته حتى نهايته بطريقة صحيحة تسهم في تجنب وقوع الأخطاء وتلافيها.

٣ ـ يقوم التدريس النشط والفعال على أساس مبدأ التنافس والتحفيز الذي يستلزم ضرورة توافر أفكار جديدة، ومعارف حديثة من قبل المعلم والمتعلم على حد سواء.

٤ ـ لتحقيق التدريس النشط الفعال عندما نطبق مبدأ المشاركة التعاونية، يتطلب مبدأ المشاركة الذاتية إتاحة الفرصة كاملة أمام جميع المتعلمين

لإبداء الرأي والمشاركة الإيجابية في المواقف التعليمية التعلمية.

وإذا تحققت القواعد والمتطلبات آنفة الذكر تتجلى مظاهر التدريس النشط في المواقف التالية:

- شمول جميع أركان التدريس في المواقف التعليمية التعلمية.
- تحسن مستمر في أساليب التدريس والأنشطة التربوية.
- تخطيط وتنظيم وتحليل الأنشطة التعلمية التعلمية.
- فهم الطلاب لجميع جوانب المواقف التدريسية والمشاركة في تنفيذها.
- تعاون فعال بين الطلاب بعضهم البعض، وبينهم وبين المعلم.
- ترابط وتشابك كل أجزاء الدرس.
- مشاركة في إنجاز الأعمال، وأداء جاد واثق لتحقيق أهداف الدرس.
- تجنب الوقوع في الخطأ وليس مجرد اكتشافه.
- إحداث تغيير فكري وسلوكي لدى الطلاب بما يتوافق مع مقومات العمل التربوي الصحيح.
- اعتماد الرقابة السلوكية أو التقويم الذاتي في أداء العمل.
- تحسن العمل الجماعي المستمر وليس العمل الفردي المتقطع.
- تحقيق القدرة التنافسية والتميز.
- مراعاة رغبات الطلاب وتلبية احتياجاتهم.
- تحقق جودة جميع جوانب الأداء التدريسي.
- ترابط وتكامل تصميم الموقف التدريسي وتنفيذه.

المزايا التي تتحقق من تطبيق مفهوم الجودة الشاملة في التدريس:

١ ـ الوفاء بمتطلبات التدريس.

٢ ـ تقديم خدمة تعليمية علمية تناسب احتياجات الطلاب.

٣ ـ مشاركة الطلاب في العمل ووضوح أدوارهم ومسئولياتهم.

٤ ـ الإدارة الديمقراطية للصف دون الإخلال بالتعليمات الرسمية.

٥ ـ التزام كل طرف من أطراف العملية التعليمية التعلمية بالنظام الموجود وقواعده

٦ ـ تقليل الهدر التعليمي في المواقف التدريسية.

٧ ـ وجود نظام شامل ومدروس ينعكس ايجابيا على سلوك الطلاب.

٨ ـ تحقيق التنافس الشريف بين الطلاب.

٩ ـ تأكيد أهمية وضرورة العمل الفريقي الجمعي.

١٠ـ تفعيل التدريس بما يحقق الأهداف التربوية المأمولة.

١١ ـ ساهمة الطلاب ومشاركتهم في أخذ القرارات.

١٢ ـ التركيز على طبيعة العمليات والنشاطات وتحسينها و تطويرها بصفة مستمرة بدلا من التركيز على النتائج والمخرجات.

١٣ ـ اتخاذ قرارات صحيحة بناء على معلومات وبيانات حقيقية واقعية، يمكن تحليلها والاستدلال منها.

١٤ ـ التحول إلى ثقافة الإتقان بدل الاجترار وثقافة الجودة بدل ثقافة الحد الأدنى، ومن التركيز على التعليم إلى التعلم وإلى توقعات عالية من جانب المعلمين نحو طلابهم.

١٥ ـ التحول من اكتشاف الخطأ في نهاية العمل إلى الرقابة منذ بدء العمل، ومحاولة تجنب الوقوع فيه.

دور المدرسة في تعزيز الجودة في التدريس:

- على المدرسة أن تعتمد الجودة كنظام إداري والعمل على تطوير وتوثيق هذا النظام.
- تشكيل فريق الجودة والتميز الذي يضم فريق الأداء التعليمي.
- نشر ثقافة التميز في التدريس.
- تحديد وإصدار معايير الأداء المتميز ودليل الجودة.
- تعزيز المبدأ الديمقراطي من خلال تطبيق نظام الاقتراحات والشكاوي.
- التجديد والتدريب المستمر للمعلمين.
- تعزيز روح البحث وتنمية الموارد البشرية.
- إكساب مهارات جديدة في المواقف الصفية.
- العمل على تحسين مخرجات التعليم.
- إعداد الشخصية القيادية.
- إنشاء مركز معلوماتي دائم وتفعيل دور تكنولوجيا التعليم.
- التواصل مع المؤسسات التعليمية والغير تعليمية.
- تدريب الطلاب على استقراء مصادر التعلم.
- توجيه الطلاب للأسئلة التفكيرية المختلفة.
- إكساب الطلاب القدرة على تنظيم الوقت.
- الاستفادة من تجارب تربوية محليا وعربيا وعالميا.

ولا ينبغي أن تطبق إدارة الجودة الشاملة في جانب معين من جوانب العملية التعليمية فحسب، بل لا بد أن تمتد لكل العناصر التعليمية التعلمية كالاختبارات التي يجب أن تخضع في إعدادها لمقاييس الوزن النسبي، ويراعى فيها الشمولية والعمق والتدرج ما بين السهولة والصعوبة، وأن تتميز بالصدق والثبات وأن تحقق الأهداف المعرفية المرجوة منها.

وما يندرج على الاختبارات يندرج أيضا على الإدارة الصفية لذا علينا أن نهتم كثيرا بخصائص الموقف التعليمي في الغرفة الصفية وهو على النحو التالي:

١ ـ ينشغل الطلبة بمواد، وأنشطة تعليمية ذات قيمة علمية هادفة لتثير اهتمامهم، وتشدهم إلى الدرس.

٢ ـ انعقاد اتجاهات التعاون بين المدرس وطلابه، وإضمار حسن النية بينهم.

٣ ـ يصدر السلوك الاجتماعي، والخلقي السليم عن الطلبة احتراما لجماعة الأقران، ونتيجة للجهود التعليمية التعاونية، أكثر منه نتيجة لهيمنة المعلم عليهم عن طريق إثارة الخوف في نفوسهم.

٤ ـ يتحرر الطلبة من عوامل القلق والإحباط المصطنعة الناجمة عن فرض إرادة الكبار الراشدين على جماعة المراهقين.

متطلبات تطبيق نظام الجودة الشاملة في المؤسسة التعليمية:

إن تطبيق نظام الجودة في المؤسسة التعليمية يقتضي:

• القناعة الكاملة والتفهم الكامل والالتزام من قبل المسؤولين في المؤسسة التربوية.

• إشاعة الثقافة التنظيمية والمناخ التنظيمي الخاص بالجودة في المؤسسة التربوية نزولا إلى المدرسة.

• التعليم والتدريب المستمرين لكافة الأفراد إن كان على مستوى الإدارة التعليمية، أو مستوى المدرسة.

• التنسيق وتفعيل الاتصال بين الإدارات والأقسام المختلفة.

• مشاركة جميع الجهات وجميع الأفراد العاملين في جهود تحسين جودة العملية التعليمية.

• تأسيس نظام معلوماتي دقيق وفعال لإدارة الجودة على الصعيدين المركزي والمدرسي.

إن المبادئ السابقة تؤثر وبشكل مباشر على عناصر تحقيق الجودة والتي يمكن تلخيصها بالأمور التالية:

١ ـ تطبيق مبادئ الجودة.

٢ ـ مشاركة الجميع في عملية التحسين المستمرة.

٣ ـ تحديد وتوضيح إجراء العمل أو ما تطلق عليه بالإجراءات التنظيمية.

إن المبادئ السابقة وعناصر تحقيق الجودة تؤدي إلى تحقيق الهدف الأساسي للجودة ألا وهو رضا المستفيد والمتمثل بالطلبة والمعلمين وأولياء الأمور والمجتمع المحلي وسوق العمل. كما تؤدي إلى التحسين المستمر في عناصر العملية التعليمية.

مؤشرات غياب الجودة الشاملة في مؤسسات التربية والتعليم:

١ ـ تدني دافعية الطلاب للتعلم.

٢ ـ تدني تأثر الطالب بالتربية المدرسية.

٣ ـ زيادة عدد حالات الرسوب، والتسرب من المدرسة.

٤ ـ تدني دافعية المعلمين للتدريس، وانعكاساتها السلبية على رغبتهم الذاتية للتحسن المستمر لأدائهم.

٥ ـ العزوف عن العمل في هذا المجال.

٦ ـ زيادة الشكاوى من جميع الأطراف.

٧ ـ تدني رضا أولياء الأمور عن التحصيل العلمي لأبنائهم.

٨ ـ تدني رضا المجتمع.

٩ ـ تدني رضا المؤسسات التعليمية العليا كالمعاهد والجامعات.

١٠ ـ تدني رضا كل مرحلة تعليمية عن مخرجات المرحلة التعليمية التي سبقتها.

الآمال والتوقعات:

كيف يمكن تطبيق إدارة الجودة الشاملة في التعليم

- تبني مفهوم الجودة الشاملة.
- التأكيد على حسن إعداد واختيار وتاهيل المعلمين.
- صياغة المناهج بصور تجعل الطالب محور عملية التعلم وتهتم ببناء شخصيته.
- توفير كافة التجهيزات اللازمة للتعليم.
- تقاسم المسؤولية والمشاركة في اتخـاذ القـرار مـما يـؤدي إلى قـوة الانتماء وتبنى القرارات بفاعلية.
- ضرورة مواكبة تطوير التعليم.
- مراجعة الأنظمة والتعليمات وتقييمها.
- التطوير الشامل والمستمر للنظم واللوائح التعليمية.

فوائد تطبيق إدارة الجودة الشاملة في التعليم:

في ضوء المبررات السابقة لتطبيق إدارة الجودة الشاملة في التعليم فإن إدارة الجودة الشـاملة في التعليم يمكن أن تحقق الفوائد التالية للتعليم وهي:

١ ـ ضبط وتطوير النظام الإداري في أي مؤسسة تعليمية نتيجة لوضوح الأدوار وتحديد المسئوليات بدقة.

٢ ـ الارتقاء بمستوي الطلاب في جميع الجوانب الجسمية والعقلية والاجتماعية والنفسية والروحية.

٣ ـ زيادة كفايات الإداريين و المعلمين والعاملين بالمؤسسات التعليمية ورفع مستوي أدائهم.

٤ ـ زيادة الثقة والتعاون بين المؤسسات التعليمية والمجتمع ,

٥ ـ توفير جو من التفاهم والتعاون والعلاقات الإنسانية السليمة بين جميع العاملين بالمؤسسة التعليمية مهما كلن حجمها ونوعها.

٦ ـ زيادة الوعي والانتماء نحو المؤسسة من قبل الطلاب والمجتمع المحلي.

٧ ـ الترابط والتكامل بين جميع الإداريين والعاملين بالمؤسسة التعليمية للعمل بروح الفريق.

٨ ـ تطبيق نظام الجودة الشاملة يمنح المؤسسة المزيد من الاحترام والتقدير المحلي والاعتراف العالمي.

الفرق بين التعليم والصناعة

الصناعة التعليم

أولا ـ الأهداف

* الأهداف مادية: تعتمد على الربح كمقياس.

السؤال: كيف تقاس الفعالية في كل من الصناعة والتعليم؟

* التعليم يهدف إلى خلق إنسان يتميز بخصائص المعرفة، والبراعة والحكمة والشخصية.

ثانيا ـ العمليات

- من السهل تحديد العمليات الصناعية.

- من السهل التحكم في مواصفات العملية التصنيعية

- ولكن في التعليم العملية تفاعلية تتم بين المعلم والمتعلم.

- ولكن في التعليم تعتمد على علاقات بين البشر لهم سلوكيات وردود فعل تختلف باختلاف الحوافز، والأهداف والمشاعر لكل منهم.

وعليه يصعب تحديد مواصفات معينة في العملة التعليمية.

ثالثا ـ المدخلات

- في الصناعة يمكن التحكم في المدخلات.

- ولكن ذلك يصعب في التعليم. لأن الطلبة بشر قد يختلف أداؤهم.

- وصعوبة التحكم في المدخلات تحتم صعوبة التحكم في جودة المخرجات.

رابعا ـ المخرجات

- يسهل التحكم في المخرجات التي تؤدي إلى إرضاء العميل.

- في التعليم يوجد عدة مستفيدين، ومن الصعب تحديد مستوى جودة المخرجات، حيث إن المستفيد الأول هم الطلبة أنفسهم، وهم مشاركون في عملية التعلم.

وسائل التطبيق الفاعل:

متطلبات لنجاح التطبيق: ـ

- القيادة الإدارية الناجحة: من مهامها: التخطيط الاستراتيجي، والتغيير.

- التعليم والتدريب: التوعية والتهيئة والتأهيل.

- الاتصالات الفعالة: تقديم التغذية الراجعة.

- وجود نظام توكيد الجودة.

- وجود هيكل فرعي لدعم التطبيق.

- وجود بيئة تنظيمية ملائمة: تمثلها الثقافة التنظيمية.

مقاييس التعليم

لإيجاد مقاييس لجودة التعليم، لا بد من طرح التساؤلات التالية:

١ ـ ما الذي تريده من مدارس أبنائك؟

٢ ـ إلى أي المدارس ترسلهم؟

٣ ـ ما الفرق بين مدرسة متميزة، وأخرى غير متميزة؟

٤ ـ كيف تقيس الأداء الحالي للمدرس؟

٥ ـ هل الواقع التعليمي أثبت جدواه؟

٦ ـ هل بالإمكان تطوير الوضع الموجود

مقاييس التعليم

طريقة (مايرن تريبوس) لتطبيق إدارة الجودة الشاملة في التعليم:

لقد طرح مايرن طريقة لتطبيق إدارة الجودة الشاملة في التعليم، ونوعيته التي يجب أن تقدمه المدارس وذلك حسب الأسس التالية:

١ ـ المعرفة:

وهي الشيء الذي يجعل الفرد يفهم ما يتعلمه، وعلاقة ذلك بما سبق معرفته، فالمعرفة تولد لدى الفرد القدرة على الفهم من خلال تجربته.

٢ ـ البراعة:

هي التي تمكن الفرد من تحويل المعرفة إلى عمل فعلي.

٣ ـ الحكمة:

هي القدرة على التمييز بين المهم والأهم، وبالتالي تحديد الأولويات.

٤ ـ الشخصية:

وهي عبارة عن مركب مكون من المعرفة والبراعة والحكمة مرتبطة بالتحفيز.

مقاييس التعليم

* مدى التحصيل المعرفي عند الطالب.

* مدى رضا الطلبة وأولياء أمورهم.

* مستوى خريجي المدرسة.

* مستوى الإداريين والمعلمين.

* مدى رضا الإداريين والمعلمين.

* الخدمات التي تقدمها المدرسة.

* الاستخدام الأمثل للموارد البشرية والمالية.

* خدمة المجتمع.

المعوقات العامة لتطبيق إدارة الجودة الشاملة: ـ

١ ـ عدم التزام الإدارة العليا.

٢ ـ التركيز على أساليب معينة في إدارة الجودة الشاملة وليس على النظام ككل.

٣ ـ عدم حصول مشاركة جميع العاملين في تطبيق إدارة الجودة الشاملة.

٤ ـ عدم انتقال التدريب إلى مرحلة التطبيق.

٥ ـ تبني طرق وأساليب لإدارة الجودة الشاملة لا تتوافق مع خصوصية المؤسسة.

٦ ـ مقاومة التغيير سواء من العاملين أو من الإدارات وخاصة الاتجاهات عند الإدارات الوسطى.

٧ ـ توقع نتائج فورية وليست على المدى البعيد.

مفهوم الجودة في المجال التربوي:

مفهوم الجودة في التعليم يتعلق بكافة السمات والخواص التي تتعلق بالمجال التعليمي والتي تظهر جودة للنتائج المراد تحقيقها وهي ترجمة احتياجات وتوقعات طلاب الخدمة أو المستفيدين بشأن الخدمة إلى خصائص محددة تكون أساسا في تعليمهم وتدريبهم لتعميم الخدمة التعليمية التربوية وصياغتها في أهداف لتقديمها لطلابها بما يوافق توقعاتهم.

أو إنها عملية إدارية ترتكز على مجموعة من القيم وتستمد طاقة حركتها من المعلومات التي تتمكن في إطارها من توظيف مواهب العاملين وتستثمر قدراتهم الفكرية في مختلف مستويات التنظيم على نحو إبداعي لضمان تحقيق التحسن المستمر للمؤسسة.

جودة التعليم

Quality in Education

تختلف تعريفات الجودة النوعية باختلاف التوقعات والأيديولوجيات المتعلقة بطبيعة التعليم ووظيفته – وتعرف الجودة الشاملة في التعليم بأنها جملة المعايير والخصائص التي ينبغي أن تتوفر في جميع عناصر العملية التعليمية، سواء منها ما يتعلق بالمدخلات أو العمليات أو المخرجات، والتي تلبي احتياجات المجتمع ومتطلباته ورغبات المتعلمين وحاجاتهم. وتتحقق تلك المعايير من خلال

الاستخدام الفعال لجميع العناصر المادية والبشرية.[1]

وتختلف سبل ووسائل قياس الجودة باختلاف المفهوم المتبنى والشائع في الوسط التعليمي، ففي إنجلترا – على سبيل المثال – يقاس ضمان الجودة النوعية عن طريق مراجعة النتائج التي تحققها المدرسة في الامتحانات القومية، أما نيوزيلندا، فلها نموذج أكثر مرونة، وهو يتيح للمدارس المحلية قدرا أكبر من حرية التصرف في كيفية تحديد مستوى الأداء وتقويمه طبقا لمؤشرات قياس الجودة النوعية المعتمدة من قبل

---

(1) عشيبة، ١٩٩٩م: ص١٢.

الجهات الرسمية المختصة بشؤون التربية والتعليم. أما في الولايات المتحدة الأمريكية، فيميل الاتجاه السائد نحو المحافظة على المستويات القومية (المهارات والكفاءات [1] وغيرها) واعتبار المدارس مسئولة وخاضعة للمساءلة بشأن أداء الطالب.

وتعرف الجودة في التعليم بأنها "الجهود المبذولة من قبل العاملين بمجال التعليم لرفع مستوى المنتج التعليمي (طالب، فصل، مدرسة، مرحلة) بما يتناسب مع متطلبات المجتمع، أو عملية تطبيق مجموعة من المعايير والمواصفات التعليمية والتربوية اللازمة لرفع مستوى المنتج

التعليمي من خلال العاملين في مجال التربية والتعليم". [2]

الجودة في التعليم بأنها: كل ما يؤدي إلى تطوير القدرات الفكرية والخيالية عند الطلاب، وتحسين مستوى الفهم والاستيعاب لديهم، ومهاراتهم في حل المشكلات والقضايا، وقدرتهم على تمثل المعلومات بشكل فعال، والنظر في الأمور من خلال ما تعلموه في الماضي وما يدرسونه حاليا. ويقدم جيبس الآليات والوسائل المحققة لذلك، حيث يؤكد على ضرورة تبني منهج دراسي يعتمد على تحريض إمكانات الإبداع والاستفسار والتحليل عند الطلاب وحثهم على الاستقلالية في اختيارهم وطرحهم للآراء والأفكار والنقد الذاتي في عملية التعلم. [3]

أن الجودة في التعليم لها معنيان مرتبطان: واقعي وحسي، المعنى الواقعي يعني، التزام المؤسسة التعليمية بإنجاز معايير ومؤشرات حقيقية متعارف عليها مثل: معدلات

(١) السليطي، ٢٠٠٠م: ٣٣٣

(٢) فلية، فاروق عبده، والزكي، أحمد عبد الفتاح (٢٠٠٤م)، معجم مصطلحات التربية لفظا واصطلاحا، دار(الوفاء لدنيا الطباعة والنشر، الإسكندرية،ص: ١٥٢

(3) Gibbs, G (1992) Improving The Quality of Student Learning, Technical & Education Services L.T.D, U.K..

الترفيع، ومعدلات الكفاءة الداخلية الكمية ومعدلات تكلفة التعليم، أما المعنى الحسي، فيرتكز على مشاعر وأحاسيس متلقي الخدمة كالطلاب وأولياء أمورهم.(١)

(٢)وفي مفهوم أكثر إجرائية، أن مفاهيم الجودة في التعليم تعتمد على:

دمج مفاهيم الجودة في المناهج المدرسية.

استخدام مفاهيم الجودة في تحسين الإدارة المدرسية.

استخدام مفاهيم الجودة في تحسين أي عمليات تعليمية في المدرسة.

والجودة في التعليم تعني:

"استيفاء النظام التعليمي على المستوى المصغر (حجرة الدراسة) أو المكبر (النظام التعليمي الوطني) للمعايير والمستويات المتفق عليها والمحددة سلفا لكفاءة النظام التعليمي وفاعليته بمختلف عناصره المنظومية (مدخلاته، وعملياته، ومخرجاته، وبيئته) بما يحقق - بأعلى مستوى ممكن من القيمة والكفاءة والفاعلية كل من أهداف النظام وتوقعات طالبي الخدمة التعليمية (الطلاب وأولياء الأمور)".(٣)

وانطلاقا من هذه التعريفات فإن الجودة الشاملة في إطار المؤسسة التربوية تضم مجموعة من المضامين أهمها:

- اعتماد أسلوب العمل الجماعي، ومقدار ما يمتلكه العنصر البشري في المؤسسة التربوية من قدرات ومواهب وخبرات.
- الحرص على استمرار التحسين والتطوير لتحسين الجودة.

---

(١) الخطيب، محمد بن شحات (٢٠٠٣م)، الجودة الشاملة والاعتماد الأكاديمي في التعليم، دار الخريجي للنشر والتوزيع،الرياض.ص١٤

(2)(Golomoskis & William, 1999:p20)

(٣) أ.د. السيد سلامة الخميسي، ورقة عمل، كلية التربية - جامعة الملك سعود،(معايير جودة المدرسة الفعالة في ضوء منحى النظم)، ٢٨-٢٩ ربيع الآخر ١٤٢٨هـ

- تقليل الأخطاء من منطلق أداء العمل الصحيح من أول مرة،الأمر الـذي يـؤدي إلى- تقلـيل التكلفة في الحد الأدنى مع الحصول على رضا المستفيدين من العملية التعليمية.

- النهج الشمولي لكافة المجالات في نظام التعليمي كالأهـداف والهيكـل التنظيمـي وأسـاليب العمل والدافعية والتحفيز والإجراءات.

بالرغم من التقدم والتطور مـا زال نسـق التعليم القائم حاليا يعتمـد عـلى ثلاثيـة هـى التلقين والحفظ والتذكر. التلقين معناه أن المعلم يلقن الطالب حقيقة معينة ويقول له هذه حقيقة مطلقة عليك أن تحفظها وبعد أن تحفظها تكون قادرا على تذكرها فإذا أجدت أن تكون موضع تلقين وأن يكـون عقلـك منشغلا فقط بالحفظ والتذكر تصبح من أوائل الطلاب. الطالب الآن يريد أن يكون مـن الأوائـل فعليـه أن يتقن الأبعاد الثلاثة.

ومنذ نهاية التسعينات من القرن الماضي – وحتى الآن- تواجه النظم التعليمية تحديا كبيرا يتمثل في تحسين جودة التعليم الذي تقدمه المؤسسات التعليمية وذلك لعدة أسباب لعل منها:

-التحديات العلمية والتكنولوجية والاقتصادية .

-الطلب الاجتماعي المتزايد على التعليم .

-الحاجة إلى توظيف الموارد المتاحة .

-تحقيق التنمية المستدامة .

-التغير في نمط الحياة .

ومن هنا بات التحدي الأكبر للنظم التعليمية ليس تقديم تعليم لكل مـواطن بـل التأكـد عـلى أن التعليم يجب أن يقدم بجودة عالية. ومن هنا لاحـت في الأفـق محـاولات لتعريـف جـودة التعليم يمكن توضيحها في المحاور الآتية:

١- ارتباط الجودة بالأهداف: وهذا يعني أن الجودة تتمثل في تحقيق هدف أساسي وهو تحقيق حاجات الطلاب بصورة مناسبة .

٢- ربط الجود بالمدخلات والعمليات لتحقيق النتائج المرجوة .

٣- الجودة تعني وجود معايير للحكم على العمل .

٤- الجودة تعني الكيف مقابل الكم .

٥- الجودة تعني ترسيخ الإبداع.

معايير الجودة في التعليم Standards of Quality

- **مفهوم جودة التعليم:**

مجموعة من الشروط والمواصفات التي يجب أن تتوافر في العملية التعليمية لتلبية حاجات المستفيدين منها وإعداد مخرجات تتصف بالكفاءة لتلبية متطلبات المجتمع.

ويتطلب مفهوم جودة التعليم وجود معايير ترتبط بعناصر العملية التعليمية نذكر منها :

١. معايير الجودة المرتبطة بالأهداف .

٢. معايير الجودة الخاصة بالمناهج الدراسية .

٣. معايير الجودة الخاصة بالمعلمين .

٤. معايير الجودة الخاصة بالطلاب.

٥. معايير الجودة الخاصة بالوسائط التعليمية .

٦. معايير الجودة الخاصة بالتمارين والتدريبات .

٧. معايير الجودة الخاصة بالاختبارات والامتحانات.

▪ **مفهوم معايير الجودة في التعليم**

تعرف معايير الجودة في التعليم بأنها:

" مجموعة من المواصفات المطلوبة لتحقيق الجودة الشاملة وتتضمن التالي: التخطيط الاستراتيجي، والمراقبة المستمرة لتحصيل الطلاب، وإدارة الموارد البشرية، والعلاقات الإنسانية في المدرسة واتخاذ القرار، والعلاقة مع جميع أطراف العملية التربوية"(١)

وهي وسيلة نظامية لقياس ومقارنة أداء أي مؤسسة تعليمية استنادا إلى منظمة من المعايير القياسية المعتمدة أو المتفق عليها، وذلك بهدف تحديد مدى جودة المؤسسة ومخرجاتها وخطط التطوير اللازمة لتحقيقها.

وفي تعريف آخر،أن معايير الجودة في التعليم تعني: تلك المواصفات والشروط التي ينبغي توافرها في نظام التعليم والتي تتمثل في جودة الإدارة، وسياسة القبول، والبرامج التعليمية من حيث (أهدافها، وطرائق التدريس المتبعة، ونظام التقويم والامتحانات) وجودة المعلمين، والأبنية والتجهيزات المادية، بحيث تؤدي إلى مخرجات تتصف بالجودة وتعمل على تلبية احتياجات المستفيدين.(٢)

تعريف جودة المدرسة الفعالة:" أنها جملة المواصفات والشروط المتفق عليها سلفا من قبل الهيئات المعنية والمعبرة عن جودة وكفاءة مختلف عناصر المنظومة المدرسية بمدخلاتها (البشرية والرمزية والمادية) وعملياتها (تربوية، تعليمية، تدريسية، إشرافية، تقويمية، اجتماعية..الخ) ومخرجاتها (معرفيا، ومهاريا، ووجدانيا) وبيئتها

---

(١) الغنام، نعيمة إبراهيم (٢٠٠١م)، فاعلية أداء مديرة المدرسة في ضوء معايير إدارة الجودة الشاملة، رسالة ماجستير غير منشورة، كلية التربية، جامعة البحرين.ص: ١٤.

(٢) علي، نادية حسن السيد (٢٠٠٢م)، "تصور مقترح لتطوير نظام التعليم بالمملكة العربية السعودية في ضوء معايير الجودة الشاملة"، مجلة مستقبل التربية العربية، العدد السابع والعشرون، المركز العربي للتعليم والتنمية، القاهرة،ص٢١٠

(المادية والاجتماعية) بما يسمح بقياس مدى جودة المدرسة، وسبل تطوير هذه الجودة والارتقاء بمستواها."[(١)]

- **معايير الجودة للمدرسة الفعالة:**

المدرسة الفعالة هى المدرسة القادرة على تحقيق الرؤية المستقبلية للتعليم في ضوء معايير الجودة الشاملة. والتي تهدف فى كل أنشطتها التربوية إلى تحقيق مبدأ التعلم للتميز والتميز للجميع.

المدرسة الفعالة تعلم الطلاب المهارات والمعارف الأساسية وتكسبهم الاتجاهات الإيجابية المتعلقة بالمواطنة , وتتعامل معهم دون تمييز , وتكفل لهم جميعا فرص تعليمية متميزة ومتكافئة , وتنطلق من أن جميع الطلاب يمكنهم أن يتعلموا كل ما يقدم لهم , والوصول إلى درجة الإتقان والتميز.

المدرسة الفعالة تكفل لجميع العاملين بالمدرسة فرص المشاركة والعمل الفريقى والتعاون المثمر , كما تكفل فرص المشاركة المجتمعية الفعالة للمجتمع المحلى المحيط بها.[(٢)]

خصائص المدرسة الفعالة

١ـ بيئة مدرسية آمنة.

٢-مناخ اجتماعى مدرسي جيد توفره مدرسة فاعلة فى ضوء رؤيتها ورسالتها الواضحة.

٣-قيادة تربوية فعالة

٤-وضوح المهام المكلف بها العاملون.

٥-سلوكيات إيجابية للمدرسين.

---

(١) أ.د. السيد سلامة الخميسي، مرجع سابق

(٢) د.حامد وزميله،٢٠٠٨، مرجع سابق،ص٢٣٦

٦-نظــم تقويــم واضحة.

٧-علاقة وطيدة بين المدرسة وأسرة الطالب.

٨-نظــم تكنولوجية متنوعة.

الرؤية والرسالة للمدرسة: ◈ (١)

للمدرسة رؤية تعبر بها عـن نظرتهـا المسـتقبلية في تلبيـة متطلبـات المجتمـع المحلي والسياسـة التعليمية للدولة والمتغيرات العالمية، ورسالة تسعى من خلالها لتحقيق هذه الرؤية حسـب سياسـة البلـد التعليمية. وهذا ما شهدته معظم مدارسنا في الوطن العربي مع دخول الألفية الثالثـة مـن تطـور وحوسـبة مناهج كما في الأردن ودول الخليج العربي ومصر والمغرب العربي ودول عربية أخرى.

أما كيف تحقق المدرسة الفعالة كل ما سبق؟

تحققه من خلال بيئة مدرسية آمنة، ومناخ اجتماعي مدرسي جيد توفره قيادة مدرسية فاعلـة في ضوء رؤيتها ورسالتها الواضحة، ومشاركة مجتمعية، وتنمية مهنية مستدامة لجميع العـاملين بهـا، وتوكيـد الجـودة والمسـاءلة، والإسـهام في إيجـاد مجتمـع متعلـم يأخـذ بثقافـة الحـوار والديمقراطيـة واسـتخدام المستحدثات والتكنولوجيا.

مجتمع التعليم والتعلم:

أن المجتمعات الناجحة في القرن الواحد والعشرين سوف تقوم فيها مجتمعات تعلم تتفق مـع حاجات البيئة الاجتماعية والاقتصادية المتغيرة بشكل متواصل(٢).

---

(١) ان المقصود بالمدرسة كل مؤسسة تعليمية نظامية أقامهـا المجتمع سـواء سـميت (مدرسة) أو (معهـدا) أو (كليـة) أو (جامعـة) أو غـير هـذا ◈ وذاك مـن تسـميات...(عـن كتـاب الجـودة الشـاملة للتعليـم:للـدكتور خالـد محمـد الزواوي،مجموعة النيل العربية،القاهرة-ج.م.ع،٢٠٠٣،ص١٢٥)

(2)Abbot, John (1997) "School is Not Enough: Learning for The 21st Century" no.2 (1997 P:32).

ومجتمعات التعلم هي المجتمعات التي تستعمل كل مواردها، المادية والفكرية، النظامية وغير النظامية، في المدرسة وخارج المدرسة، وذلك وفقا لجدول عمل يدرك قدرة كل فرد على النمو والاشتراك مع الآخرين.[1].

أما هذا المجال كأحد مجالات المدرسة الفعالة، فيشير إلى ثقافة التعليم والتعلم السائدة في المدرسة من حيث الرؤية التكاملية، والتعليم المتمركز حول الطالب والقائم على الاستقصاء والسؤال والإبداع، واستخدام التكنولوجيا والرؤية المهنية، وبناء الشخصية المتكاملة، أما معايير هذا المجال فهي:

المعيار الأول: الرؤية التكاملية للمناهج والنشاط المدرسي لتحقيق مفاهيم مشتركة بين العاملين والطلاب والمجتمع المحلي، وتتمثل المؤشرات المعبرة عن هذا المعيار في:

١ -   يرتبط ما يتعلمه الطالب في المدرسة بالمهارات الحياتية في المجتمع المحيط بالمدرسة من خلال الأنشطة الصفية واللاصفية.

٢ -   توجد أنشطة وفعاليات تفعل التكامل المعرفي.

٣ -   توجد مفاهيم مشتركة بين الطلاب والمدرسين وأولياء الأمور مثل مفاهيم (الإتقان، التعاون، التكنولوجيا، العمل الفريقي، التمركز حول المتعلم).

المعيار الثاني: الأخذ بمفهوم التقويم الحقيقي (الأصيل)،وتقدير مدى صلاحية أو ملائمة شيء ما في ضوء غرض ذي صلة. لأنه جزء لا يتجزأ من عملية الإنتاج، ومقوم أساسي من مقوماتها، ويدفع الأفراد لمزيد من العمل و الإنتاج من خلال التوظيف الجيد للتغذية الراجعة[2].

(١) المرجع السابق،ص٢٩.
(٢) د. سامي عارف، أساسيات الوصف الوظيفي، دار زهران للنشر والتوزيع، عمان/ الأردن، ٢٠٠٧،ص١٨١

ويعبر عن هذا المعيار المؤشرات التالية:

١ - يوجد ملف إنجاز (Portfolio) لكل طالب يتخذ كأساس للتقويم.

٢ - توجد تقارير يكتبها الطالب عقب كل نشاط.

٣ - توجد دفاتر للسلوك والمواظبة.

٤ - تتنوع أساليب وطرق وأدوات التقويم.

٥ - توجد آليات واضحة للتقويم المستمر.

٦ - توجد بطاقات لملاحظة أداء المتعلمين ورصد المهارات المكتسبة

٧ - يشارك العاملون والطلاب وأولياء الأمور في التقويم من خلال الأدوات المتاحة.

المعيار الثالث: تمركز الأنشطة التعليمية حول الطالب، ويعبر عنه المؤشرات التالية:

١ - توفر المدرسة للطلاب مصادر التعلم المتقدمة.

٢ - يعرف الطالب المتوقع منه معرفيا، ومهاريا، وخلقيا في كل مرحلة.

٣ - توجه الأنشطة التعليمية لتنمية جميع جوانب شخصية الطالب.

٤ - تتيح المدرسة الفرص المتكافئة لجميع الطلاب للمشاركة في الأنشطة الصفية واللاصفية

٥ - تراعى الأنشطة التعليمية ميول واتجاهات وقدرات المتعلم.

٦ - تدرب المدرسة الطلاب على البحث والتجريب.

المعيار الرابع: استخدام تكنولوجيا التعليم والمعلومات في العملية التعليمية، ويعبر عن هذا المعيار المؤشرات التالية:

١ - تمتلك المدرسة نظم إدارة المعلومات التربويةEmis [1]

.(1) Educational Management Information System

٢ - توفر المدرسة تكنولوجيا التعليم في الغرف الصفية.

٣ - ينتج الطلاب البرمجيات.

٤ - تعد المدرسة برامج لمحو الأمية الحاسوبية.

توكيد الجودة والمساءلة:

تنبع أهمية معايير الجودة في التربية والتعليم عموما، من أن الجودة ومعاييرها تؤدي إلى اشتراك كل فرد وإدارة ووحدة علمية وطالب ومعلم، ليصبح جزءا من هذا البرنامج. وبالتالي فإن الجودة هي القوة الدافعة المطلوبة لدفع هذا النظام التعليمي بشكل فعال ليحقق أهدافه ورسالته المنوطة به من قبل المجتمع ومختلف الأطراف ذات العلاقة بالتربية والتعليم.[١]

ويشير مجال توكيد الجودة والمساءلة إلى عمليات التقويم والقياس المستمر، وجميع البيانات، وتحليل المعلومات، واستخدام النتائج لإحداث تحسين مستمر في جودة المؤسسة التعليمية، والمساءلة المستمرة بهدف إحداث التطوير المستمر.

أما المعايير الخاصة بمجال توكيد الجودة والمساءلة فهي:

المعيار الأول: إدراك المدرسة لأهمية التقويم الشامل (الذاتي والخارجي) ومشاركة جميع العاملين بالمدرسة والطلاب والمجتمع المحلي فيه، وتتمثل المؤشرات المعبرة عن هذا المعيار فيما يلي:

١ - تقوم المدرسة بتقويم ذاتي شامل لأدائها.

٢ - تخضع المدرسة لتقويم خارجي شامل.

٣ - توجد آليات ووسائل لمشاركة المجتمع المحلي في الرقابة والتوجيه.

---

(١) الورثان، عدنان بن أحمد بن راشد (١٤٢٧هـ)، مدى تقبل المعلمين لمعايير الجودة الشاملة في التعليم، دراسة ميدانية بمحافظة الإحساء،١ رسالة ماجستير غير منشورة، كلية التربية، جامعة الملك سعود.

المعيار الثاني: إدراك العاملين بالمدرسة لأهمية المحاسبية بما يحقق رؤية المدرسة ورسالتها، أما مؤشرات هذا المعيار فتبدو فيما يلي:

١- يوجد تحديد واضح للأدوار والمسئوليات.

٢- توجد آليات لتحقيق المحاسبية على المستوى الفردي ومستوى اللجان.

٣- تعد تقارير عن الأداء بصفة دورية (يومية، أسبوعية، شهرية، سنوية).

٤- توجد قوائم لاختبارات التقويم الذاتي لمختلف الأداءات المدرسية.

المعيار الثالث: قيام المدرسة بعمليات جمع وتحليل البيانات للتخطيط والإعداد لبرامج التطوير المدرسي، وتتمثل المؤشرات المعبرة عن هذا المعيار في:

١- توجد أساليب متنوعة لجمع البيانات.

٢- توجد آلية لتحليل البيانات واستخراج النتائج.

٣- توجد خطة لتطوير وتحسين المدرسة في ضوء النتائج تحليل البيانات.

٤- توجد برامج لتحسين وتطوير المدرسة في ضوء تحديد واضح لأهدافها.

وبعد عرض المجالات السابقة والمعبرة عن خصائص المدرسة الفعالة، والمعايير التي تعبر – واقعيا – عن كل مجال، والمؤشرات التي تعبر – تقويميا وقياسيا – عن كل معيار، فإنه تجدر الإشارة إلى أن المعايير السابقة ليست نهائية باعتبارها اجتهاد علمي وتربوي قابل للتجريب والنقد والتطوير، فمما لا شك فيه أنه لا يوجد نموذج واحد ينصح بتطبيقه في مجال معايير الجودة الشاملة عموما. وهذا ينسحب كذلك على معايير المدرسة الفعالة، ولكن ما يمكن تأكيده أن هناك العديد من المعايير التي يمكن الإفادة منها في مسيرة المساعي التربوية نحو الجودة في التعليم، على أن يسبق ذلك ويصاحبه نشر ثقافة الجودة وإشاعتها ولا سيما بين المعنيين بتطبيقها والاستفادة من نتائجها مثل المديرين والقادة التربويين والمعلمين والطلاب وأولياء الأمور ومختلف القطاعات والأطراف الاجتماعية ذات العلاقة بأداء المؤسسات التعليمية وإنتاجها التربوي.

وما يجدر التأكيد عليه هنا، أن وضع معايير قياس متفق عليها تتماشى مع المعايير الدولية لمنتج التعليم لهو أمر هام وحيوي، "وعلينا عند القياس وصياغة المعايير أن نضع في اعتبارنا المدخلات والوسائل والمخرجات لمنتج العملية التعليمية".[1].

الآمال والطموحات لتوكيد التعليم:

وحتى يتمكن التعليم من تلبية احتياجات التنمية الشاملة، فإنه يواجه الكثير من التحديات، لتخريج نوعية جديدة من المتعلمين القادرين على معرفة أنفسهم ومنهم الآخرين، وعلى مواجهة متطلبات العصر والمستقبل، والعيش في القرية العالمية دون أن ينفصلوا عن جذورهم، ودون أن يتعروا بالتمزق بين العولمة والبحث عن الجذور والانتماءات، وأن يتمكنوا من المساهمة في إقامة عالم يكون العيش فيه أيسر وأكثر عدالة، لهذا فإن الأنظمة التعليمية مدعوة لتنمية الشخصية المتكاملة لجميع الأفراد دون استثناء، وإكسابهم المهارات التي تمكنهم من تحقيق تعلمهم الذاتي مدى الحياة، ولا يتأتى ذلك إلا من خلال الأمور التالية:[2]

١- صياغة معايير وطنية لجودة المؤسسات التعليمية لأي بلد عربي تتعاطى مع التجارب العربية السابقة في هذا المجال وتراعي ظروف وخصائص البيئة الاجتماعية والتربوية المحلية، وتستفيد من الأدبيات والاتجاهات العالمية المعاصرة في هذا الخصوص.

كالأردن فقد حصلت وزارة التربية والتعليم على شهاة الآيزو ٩٠٠١ إصدار ١٩٩٤ بتاريخ ٢٤ / ١ / ٢٠٠٢، فكانت بذلك أول وزارة تربية وتعليم تحصل عليها في الوطن العربي، نتيجة تطور التعليم

٢- مواصلة تسويق وإشاعة ثقافة الجودة الشاملة في التعليم لدى كل المعنيين بالعمل التربوي بشكل مباشر أو غير مباشر وفق خطة مدروسة طويلة المدى غايتها الارتفاع بمستوى الوعي بثقافة الجودة وتقبلها.

---

(١) المرجع السابق،ص٣٧

(٢) أ.د. السيد سلامة الخميسي، مرجع سابق

٣- إنشاء مراكز جودة محلية في كل إدارة تعليمية تكون لها رؤيتها ورسالتها المنبثقة من الرؤية والرسالة الوطنية للجودة التعليمية للجهة المشرفة على التعليم، وتوافر المتخصصين المؤهلين بهذه المراكز.

٤- العمل الجاد على تهيئة المناخ المدرسي بالمؤسسات التعليمية حتى يكون مهيئا لتطبيق معايير الجودة ومتفاعلا مع إجراءاتها تدريجيا.

٥- عقد دورات تخصصية للقيادات التعليمية (مديري تعليم، مديري الجودة ومراقبيها، مديري مدارس، مشرفين تربويين..الخ) لتوعيتهم بمنهجية تحليل النظم بمختلف مستوياتها مع التركيز على النظام المدرسي.

٦- اعتماد إدارات التعليم، والإدارات المدرسية على نتائج البحوث التربوية المعنية بكل من معايير الجودة، وتحليل النظم في تطوير الكفاءات الداخلية والكفايات الخارجية لمدارس التعليم العام.

٧- اعتماد المحاسبية كمبدأ إداري أساسي في العمل التربوي لتوفير قدر مناسب من الالتزام الإداري والتربوي المطلوب للارتفاع بمستوى الجودة.

٨- توفير متطلبات وإمكانيات كل من التقويم المدرسي الداخلي والخارجي بالتزامن لتوفير التغذية الراجعة المستمرة والدائمة للعمل المدرسي.

٩- اعتماد استراتيجية طويلة المدى للتنمية المهنية المستدامة للعاملين في المدارس لاستيعاب كل جديد في مجالي الجودة وتحليل النظم.

١٠- إتاحة مساحة أوسع من الخيارات الإدارية أمام الإدارات المدرسية لتسهيل انفتاح المدارس على المجتمع المحيط والإفادة من كل إمكانياته لتفعيل مختلف العمليات في المنظومة المدرسية.

١١- يجب على كافة القوى الممثلة للمؤسسة التعليمية فهم ما يحويه مصطلح الجودة ومركباته من (ا لمفهوم والأهمية في العملية التعليمية) حتى يتنسني لهم الاشتراك الفعلي في تحقيق الرسالة.

١٢- خلاف المعرفة للمفهوم والأهمية للمصطلحات الفرضية الآنية، يجب أن توفر المؤسسات التعليمية البيئة الصالحة للتطبيق.

١٣- ضرورة أن تحدد كل مؤسسة تعليمية سواء كانت في المراحل الأولية أو الوسطي أو العالية رسالتها ثم تعمل على تنفيذها من خلال تذليل الصعاب حتى تتحقق الأهداف الرئيسية والفرعية للجودة.

١٤- إن ثقافة الجودة وبرامجها تؤدي الى اشتراك كل المسئولين فى إدارة المؤسسة التعليمية والطالب وأعضاء هيئة التدريس ليصبحوا جزءا من برنامج ثقافة الجودة

١٥- لضمان البقاء والاستمرارية لمؤسسات التعليم وتحسين الأداء بكفاءة أفضل لا بد من تطبيق إدارة الجودة فى التعليم والتي تحتاج مشاركة الجميع.

ولما كان الهدف النهائي من العملية التعليمية إعداد متعلم يستطيع أن يتعلم في المستقبل , نتناول فيما يلي بعض معايير جودة التعليم الخاصة بالطلاب.

- هل يجد الطلاب دعم فردي أثناء التعلم؟
- هل يتم تشجيع الطلاب على التعلم الذاتي؟
- هل الحوارات تتفق ومراحل نمو الطلاب؟
- هل يتم متابعة الطلاب من خلال المعلمين وتقديم النصح والإرشاد لحل مشاكلهم الشخصية والتعليمية؟
- هل يتم توفير تغذية راجعة للطلاب عن تقدمهم الدراسي؟

- هل يتم تزويد الدارسين بالثقافات الحديثة للتعلم لمتابعة تحصيلهم الدراسي؟
- هل يتم تشجيع العمل الجماعي , وروح الفريق بين الطلاب داخل المدرسة؟
- هل تهتم الاختبارات بالمستويات المتابينة للطلاب؟
- إن تطبيق معايير الجودة في التعلم وتأهيل وتدريب المعلمين وتزويدهم بالكفايات والمهارات والإتجاهات والمعارف التي تتطلبها طبيعة العملية التعليمية وما يوكبها من تغيرات وتطورات وتجديدات، يمكن أن يساهم في مواجهة المشكلات السابق طرحها[١]

والحديث لجودة التعليم [٢] فى هذا الإطار فان المداخل تشمل عنصر واحد فقط هو المفهوم التقليدي ذلك المفهوم الذي ارتبط بعمليات الفحص والتحليل والتركيز فقط علي الاختبارات النهائية دون مراجعة القدرات والمهارات الادراكية والحركية والمنطقية والسلوكية، لذلك تحول هذا المفهوم التقليدي للجودة فى التعليم الى

---

(١) أ.د.احمد الخطيب، أ.د.رداح الخطيب، الحقائب التدريبية،الناشران: مؤسسة حمادة للدراسات الجامعية والنشر والتوزيع/اربد- الأردن، مكتبة المتنبي/ الدمام - السعودية، ٢٠٠٢م، ص٦

(٢) في احدي الندوات العلمية (تطوير أداء الجامعات فى ضوء معايير الجودة الشاملة ونظم الاعتماد - ١٨-١٩ ديسمبر ٢٠٠٥ - مركز تطوير التعليم الجامعي - جامعة عين شمس.

تقدم الدكتور فايز مراد بإطار مرجعي عن معايير مقترحة لجودة التعليم فى مصر متحفظا على استعمال مصطلح الجودة الشاملة فى عنوان المؤتمر، وكانت رؤيته أن الحديث عن الجودة فقط أصيل فى مجال التربية وفى ذلك استند إلى تحليل إبراهيم حسن [١٩٩٣] والذي يشير الي أن الحديث عن الجودة الشاملة يميل أكثر الى الارتباط بالمجالات الأخرى حيث كثر فى ارتباط ما يحدث فى مجال اتفاقات التجارة الحرة وحرية تداول المنتجات السلعية والخدمات، ولقد انعكس ذلك فى المجال التربوي بنشأة حركة المعايير القومية منذ ثمانينيات القرن الماضي والتي أدت إلى مشروعات لعمل معايير فى مجالات مختلفة فى بعض الدول العربية، حيث يشير صبري الدمرداش [١٩٩٥] ان حركة المعايير القومية سوف تختفي فى القريب العاجل وما يرتبط بها من مفهوم " الجودة الشاملة " الذي وظف فى مجال التعليم العالي.

توكيد جودة التعليم والذي يستند بالدرجة الأولي على ضرورة اختيار معدلات نمطية للأداء وبناء منظومات لإدارة جودة التعليم.

إن مفهوم الجودة وفقا لما تم الاتفاق عليه فى مؤتمر اليونسكو للتعليم والذي أقيم فى باريس فى أكتوبر (١٩٩٨) ينص على أن الجودة فى التعليم مفهوم متعدد الأبعاد ينبغي ان يشمل جميع وظائف التعليم وأنشطته مثل:-

١- المناهج الدراسية.

٢- البرامج التعليمية.

٣- البحوث العلمية .

٤- الطلاب.

٥- المباني والمرافق والأدوات.

٦- توفير الخدمات للمجتمع المحلى.

٧- التعليم الذاتي الداخلي.

٨- تحديد معايير مقارنة للجودة معترف بها دوليا.

وتعتبر الجودة احد أهم الوسائل والأساليب لتحسين نوعية التعليم والارتقاء بمستوى أدائه في العصر الحالي الذي يطلق عليه بعض المفكرين بأنه عصر الجودة، فلم تعد الجودة ترفا ترنو إليه المؤسسات التعليمية او بديلا تأخذ به او تتركه الأنظمة التعليمية، بل أصبح ضرورة ملحة تمليها حركة الحياة المعاصرة، وهى دليل على بقاء الروح وروح البقاء لدى المؤسسة التعليمية.

الجودة في التعليم هي عملية توثيق للبرامج والإجراءات وتطبيق للأنظمة واللوائح والتوجيهات، تهدف إلى تحقيق نقلة نوعية في عملية التربية والتعليم والارتقاء بمستوى الطلاب في جميع الجوانب العقلية والجسمية والنفسية والروحية والاجتماعية، ولا يتحقق ذلك إلا بإتقان الأعمال وحسن إدارتها.

الجودة الشاملة في التعليم

إن الحيـاة في عصرـ المعلومـات والتميـز فيـه تتطلـب أنماطـا جديـدة في العمـل المـدرسي تتسم بالكفاءة والفاعلية في نظام المدرسة، وذلك للوصول إلى مخرجات قادرة دائما على تلبية احتياجات وتطلعات المستفيدين من نظام التربية والتعليم وبالتالي تحقيق التنافسية على الصعيد العالمي

لقد أصبح مفهوم إدارة الجودة الشاملة حديثا هاجس كل مؤسسة ومنظمة ووزارة،بل ودولة،فهي مسئولية يضطلع بها الجميع.

و الجـودة الشـاملة(T QM)هـي شـكل تعـاوني لإنجـاز الإعـمال يعتمـد،على القـدرات والمواهـب المشتركة لكل من الإدارة والموظفين بهدف تحسين الجودة وزيادة الإنتاجية بصفة مستمرة من خلال فريق العمل.

لم يعد مقبولا أن تقوم المدرسة بإعداد مخرجات تعليمية أو لنقل إعداد طالب لإرضاء مجتمعها المحلي فقط، بل التحدي أمام المدرسة يتمثل بقدرتها على إعداد طالب عالمي لديه المعرفة والمهارات التي تمكنه من مقابلة أو تجاوز معارف ومهارات أقرانه على الصعيد العالمي ومتمسك في الوقت ذاته بالثوابت الدينية والقيم المجتمعية.
والجودة الشاملة تسعى إلى إعداد الطلاب بسمات معينة تجعلهم قادرين على معايشة غزارة المعلومات وعمليات التغيير المستمرة والتقدم التكنولوجي الهائل بحيث لا ينحصر دورهم فقط في نقل للمعرفة والإصغاء ولكن في عملية التعامل مع هذه المعلومات والاستفادة منها بالقدر الكاف لخدمة عملية التعلم إذا كان العالم اليوم يتحدث بلغة الجودة في جميع المجالات ومنها التعليم فكيف يمكن للمدرسة - باعتبارها المكان الحقيقي الذي يشكل فيه المنتج " تربية وتعليم الطالب " - أن تعثر على طريق الجودة؟.

الجودة ليست نتاج الصدفة... بل تأتي دائما نتيجة الجهد الذكي..
هي الإدارة لإنتاج شئ متفوق

الجودة الشاملة والمدرسة

إن إدارة الجودة الشاملة هي ثورة إدارية جديدة وتطوير فكري شامل وثقافة تنظيمية جديدة حيث أصبح كل فرد في المؤسسة/ المدرسة مسئولا عنها لكي توصلنا إلى التطوير المستمر في العمليات وتحسين الأداء. إن تعبير الجودة ليس تعبيرا جديدا، وخير دليل على ذلك الآيات القرآنية التالية:-

قال تعالى:

قال تعالى: (صنع الله الذي أتقن كل شيء (٨٨))النمل: ٨٨

- قال تعالى: (الذي خلق الموت والحياة ليبلوكم أيكم أحسن عملا(٢)) الملك: ٢
- قال تعالى: (الذي أحسن كل شيء خلقه وبدأ خلق(٧))السجدة: ٧
- قال تعالى: (إنا لا نضيع أجر من أحسن عملا (٣٠)) الكهف: ٣٠

وعن الرسول صلى الله عليه وسلم:" إن الله يحب إذا عمل أحدكم عملا أن يتقنه\" (رواه مسلم)

ومن هنا نرى أن الجودة هي الإتقان والعمل الحسن، والجودة لها تعريفات عدة ولكنها متفقة في جوهرها في التأكيد على مبدأ الإتقان. وقد عرف المعهد الوطني الأمريكي للمقاييس والجمعية الأمريكية لمراقبة الجودة بأنها تعني مجموعة من السمات والخصائص للسلع والخدمات القادرة على تلبية احتياجات محددة. أما معهد الجودة الفيدرالي الأمريكي فقد عرف الجودة بأنها أداء العمل الصحيح بشكل صحيح من المرة الأولى مع الاعتماد على تقييم المستفيد في معرفة مدى تحسن الأداء.

إن الجودة عملية بنائية تهدف إلى تحسين المنتج النهائي وذلك من خلال تحسين ظروف العمل لكل العاملين في المؤسسة (المدرسة)، وتركز الجودة على الجهود الإيجابية التي يبذلها كل شخص يعمل في هذه المؤسسة الاجتماعية. وعند الحديث عن الجودة

في التعليم نعني بكل وضوح تحسين تحصيل درجات التلاميذ والارتقاء بمستواهم التحصيلي إلى أكبر قدر ممكن.

وبناء على الدراسات والبحوث التربوية من أجل بناء مجتمع المعرفة، قامت بعض الـدول العربيـة المجاورة بوضع معايير قومية للتعليم بحيـث تكـون شاملة، تتنـاول جميـع الجوانب المختلفـة لمـدخلات العملية التعليمية، وتسعى لتحقيق مبدأ الجودة الشاملة والموضوعية، حيث تركز على الأمور والتفصيلات المهمة في المنظومة التعليمية، ويمكن تطبيقها علـى قطاعـات مختلفـة ومتطورة، كمـا أنه يمكن تطبيقها لفترات زمنية ممتدة، وقابلة للتعديل وفق التطورات العلمية والتكنولوجية، وقابلـة للقياس، حتى يمكـن مقارنة مخرجاتها بالمعايير المقننة للوقوف على مدى جودة المخرجات. وقد حرص القائمون علـى وضع هـذه المعايير أن تكون وطنية تستند علـى الجانب الأخلاقي، وتراعي عادات المجتمع وسلوكياته. وتشمل المعـايير المجالات التالية: المدرسة الفاعلة كوحدة متكاملة، والمعلم كمشارك أسـاسي في العمليـة التعليميـة، والإدارة المميزة، والمشاركة المجتمعية حيث تسهم المدرسة في خدمة المجتمع المدني ويقوم المجتمع بـدوره بتقـديم الدعم للمدرسة ماديا وخدميا وإعلاميا، والمنهج المدرسي وما يكتسبه المتعلم من معـارف ومهارات وقيم، والمواد التعليمية وأساليب التقويم.

إن المعايير السابقة تعتبر ركيزة أساسية لعملية الاعتماد التربـوي للمـدارس، وهـذا الاعتماد هـو وسيلة لتحقيق وضمان الجودة بوصفها عملية تقويم مستمرة لجودة المستوى التعليمي للمدرسة.

أما إدارة الجودة فهي جميع الأنشطة للإدارات والأقسام المختلفـة التـي تـديرها سياسـة الجودة والتي تشمل: الأهداف والمسؤوليات التي يتم تنفيذها بواسطة: التخطيط للجودة، مراقبة الجودة، توكيـد الجودة وتحسين الجودة وهي عناصر نظام إدارة الجودة.

أهمية إدارة الجودة في التعليم:

- عالمية نظام الجودة وسمة من سمات العصر الحديث.
- ارتباط الجودة بالإنتاجية وتحسين الإنتاج.
- اتصاف نظام الجودة بالشمولية في كافة المجالات.
- عدم جدوى بعض الأنظمة والأساليب الإدارية السائدة في تحقيق الجودة المطلوبة.
- تدعيم الجودة لعملية تحسين المدرسة.
- تطوير المهارات القيادية والإدارية لقادة الغد.
- زيادة العمل وتقليل الهدر أو الفقد.
- الاستخدام الأمثل للموارد المادية والبشرية.

المبادئ التي ترتكز عليها إدارة الجودة الشاملة.

- التركيز على التعرف على احتياجات وتوقعات المستفيدين (الطلاب) والسعي لتحقيقها مـن خلال إعداد استراتيجية تحسين الجودة.
- التأكيد على أن التحسين والتطوير عملية مستمرة وتحديد معايير/ مستويات الجودة.
- التركيز على الوقاية بدلا من التفتيش.
- التركيز على العمل الجماعي / الفريقي.
- اتخاذ القرارات بصورة موضوعية بناء على الحقائق.
- تمكين العاملين وحفزهم على تحمل المسئولية ومنحهم الثقة وإعطاؤهم السلطة الكاملة لأداء العمل.
- تخفيف البيروقراطية وتعدد مستويات الهيكل التنظيمي.

أهداف إدارة الجودة الشاملة:

- حدوث تغيير في جودة الأداء.
- التحفيز علي التميز واظهار الابداع.
- تطوير أساليب العمل.
- الارتقاء بمهارات العاملين وقدراتهم.
- تحسين بيئة العمل.
- الحرص على بناء وتعزيز العلاقات الإنسانية.
- تقوية الولاء للعمل في المؤسسة/ المدرسة.
- التشجيع على المشاركة في أنشطة وفعاليات المؤسسة / المدرسة.
- تقليل إجراءات العمل الروتينية واختصارها من حيث الوقت والتكلفة.

متطلبات تطبيق نظام إدارة الجودة الشاملة في التعليم.

- دعم وتأييد الإدارة العليا لنظام إدارة الجودة الشاملة.
- تهيئة مناخ العمل والثقافة التنظيمية للمؤسسة التعليمية (المدرسة).
- قياس الأداء للجودة.
- الإدارة الفاعلة للموارد البشرية بالمؤسسة التعليمية/ المدرسة.
- التعليم والتدريب المستمر لكافة الأفراد.
- تبني الأنماط القيادية المناسبة لمدخل إدارة الجودة الشاملة.
- مشاركة جميع العاملين في الجهود المبذولة لتحسين مستوى الأداء.
- تأسيس نظام معلومات دقيق لإدارة الجودة الشاملة.

مؤشرات الجودة في التعليم:

هناك بعض المؤشرات في المجال التربوي تعمل في تكاملها وتشابكها على تحسين العملية التربوية.

المحور الأول: معايير مرتبطة بالطلبة: من حيث القبول والانتقاء ونسبة عدد الطلاب إلى المعلمين، ومتوسط تكلفة الفرد والخدمات التي تقدم لهم، ودافعية الطلاب واستعدادهم للتعلم.

المحور الثاني: معايير مرتبطة بالمعلمين: من حيث حجم الهيئة التدريسية وثقافتهم المهنية واحترام وتقدير المعلمين لطلابهم، ومدى مساهمة المعلمين في خدمة المجتمع.

المحور الثالث: معايير مرتبطة بالمناهج الدراسية: من حيث أصالة المناهج، وجودة مستواها ومحتواها، والطريقة والأسلوب ومدى ارتباطها بالواقع، وإلى أي مدى تعكس المناهج الشخصية القومية أو التبعية الثقافية.

المحور الرابع: معايير مرتبطة بالإدارة المدرسية: من حيث التزام القيادات بالجودة، والعلاقات الإنسانية الجيدة، واختيار الإداريين وتدريبهم.

المحور الخامس: معايير مرتبطة بالإدارة التعليمية: من حيث التزام القيادات التعليمية بالجودة وتفويض السلطات اللامركزية، وتغيير نظام الأقدمية، والعلاقات الإنسانية الجيدة واختيار الإداريين والقيادات وتدريبهم.

المحور السادس: معايير مرتبطة بالإمكانات المادية: من حيث مرونة المبنى المدرسي وقدرته على تحقيق الأهداف ومدى استفادة الطلاب من المكتبة المدرسية والأجهزة والأدوات...إلخ.

المحور السابع: معايير مرتبطة بالعلاقـة بـين المدرسـة والمجتمـع: مـن حيـث مـدى وفـاء المدرسـة باحتياجات المجتمع المحيط والمشاركة في حـل مشكلاته، وربـط التخصصـات بطبيعة المجتمع وحاجاته، والتفاعل بين المدرسة بمواردهـا البشريـة والفكريـة وبين المجتمع بقطاعاته الإنتاجية والخدمية.

دور الإدارة التربوية في مساندة المدرسة:

- اعتبار المدرسة وحدة تنظيمية مستقلة تتبع الإدارة العليا من خلال خطوط إدارية عريضة.

- إتاحة قدر أكبر من اللامركزية والحرية للمدرسة لتحقيق التطوير والإبداع في جميـع مجـالات العمل المدرسي.

- تطوير الشرائع واللوائح التي تنظم العمل المدرسي والمتابعة الإشرافية المستمرة للمدارس.

- تدريب إدارات المدرسة على الأساليب الحديثة في التخطيط الاستراتيجي وتطبيقـات ذلك في المجال المدرسي.

- تحديد رسالة المدرسة وربط فعالياتها بمتطلبات رؤية التعليم ورسالته.

- تطوير العلاقة بين المدرسة والمجتمع حتى تصبح شراكة فاعلة.

- تبني معايير الجودة الشاملة في الإدارة المدرسية من أجل الارتقاء بمستوى أدائها.

- تعزيز العمل الجماعي \" مشروع الفريق\" في المدرسة.

- تدريب الإدارات المدرسية علـى مهـارات بنـاء العلاقـات الاجتماعيـة سـواء داخـل المدرسـة أو خارجها واعتبار ذلك من مكونات وتأهيل الإدارات الجديدة.

- توظيف نظم المعلومات والتكنولوجيا في تطوير أداء الإدارة المدرسية.

- تفعيل روح الديمقراطية في المجتمع المدرسي من خلال المجالس المدرسية ومجالس الآباء.
- العمل على ربط عملية اتخاذ القرار باحتياجات الطلاب والعاملين والمجتمع المدرسي.
- الحد من أساليب التقويم القديمة المبنية على الحفظ والاسترجاع وتبني التقويم الأصيل المتكامل المستمر لأداء الطالب الذي يقيس قدراته الحقيقية.
- تطوير وتبسيط المناهج وتدريب المعلمين على القيام بذلك، كوحدات تطوير مدرسية.
- تشجيع المشاركة المجتمعية والجمعيات غير الحكومية والمجتمع المدني في مساندة المدرسة في أداء رسالتها.
- وضع معايير واضحة ومعروفة للجميع لنتائج التعليم الذي نطمح له في كل مرحلة من المراحل التعليمية ومقارنتها بالمعايير العالمية.
- تشكيل فرق محايدة للتقويم الخارجي.
- التقرير والتغذية الراجعة واعادة التخطيط والمتابعة.

دور المدرسة التي تعتمد الجودة كنظام إداري:

- تشكيل فريق الجودة والذي يشمل فريق الأداء التعليمي، واعتبار كل فرد في المدرسة مسؤولا عن الجودة
- تحديد معايير الأداء المتميز لكل أعضاء الفريق السابق.
- سهولة وفعالية الاتصال.
- تطبيق نظام الاقتراحات والشكاوي وتقبل النقد بكل شفافية وديمقراطية.
- تعزيز الالتزام والانتماء للمدرسة بكل الطرق المتاحة للإدارة.

- تدريب المعلمين باستمرار وتعريفهم على ثقافة الجودة، لرفع مستوى الأداء المهني.

- نشر روح الجدارة التعليمية (الثقة/الصدق/الأمانة/الاهتمام الخاص بالطلاب).

- مساعدة المعلمين على اكتساب مهارات جديدة في إدارة المواقف الصفية والتركيز على الأسئلة التفكيرية.

- تحسين مخرجات التعليم والعمل على إعداد شخصيات قيادية من الطلاب وزيادة مشاركة الطلاب في العمل المدرسي.

- تعزيز السلوكيات الإيجابية واستثمارها والبناء عليها وتعديل السلوك السلبي بأسلوب توجيهي وإرشادي.

- تفعيل دور تكنولوجيا التعليم والاستفادة من التجارب التربوية محليا وعربيا وعالميا.

- التواصل الإيجابي مع المؤسسات التعليمية الأخرى وغير التعليمية (المجتمعية والأهلية).

- ممارسة التقويم الداخلي الذاتي على الأقل مرتين سنويا والاعلان عن نتائجه.

إن الاستثمار في التعليم هو أغلى أنواع الاستثمار، وقد أكد البنك الدولي أن الدولة التي تنفق على الطالب من أجل التعليم ٥٠٠ دولار فأقل في العام لا يتحقق فيها أي نمو اقتصادي، بينما الدول التي تنفق أكثر من ٥٠٠ دولار، ينطلق فيها النمو الاقتصادي، ربما مواردنا في فلسطين لا تسمح لنا بذلك ولكن من الأساليب التي يمكن أن تعوض ذلك هو تبني أسلوب الجودة، حيث أن الجودة هي مطلب على المدرسة الفلسطينية أن تطبقه حتى تساير هذا العصر المتغير الذي يشهد انفجارا معرفيا متسارعا، حيث أصبح العالم قرية صغيرة لا مكان فيها للضعفاء في ظل العولمة والتحديات الكثيرة.

إن من أهم آليات تحقيق الجودة؛ تعزيز التقويم الذاتي الداخلي على كل المستويات في المدرسة والتدريب المستمر لكل الكادر التعليمي، واعتماد أسلوب التقويم الخارجي المحايد الشفاف الذي يعطي ثقة للمعلمين ويمدهم بالخبرات الخارجية، وبالمقارنة بين عمليتي التقويم (الداخلي والخارجي) تستطيع المدرسة أن تحدد أين هي من رؤيتها ورسالتها التي تسعى إلى تحقيقها دون أي اعتبارات ذاتية أو عاطفية.

والجودة والإتقان مبدأ إسلامي قال الله تعالى:

قال تعالى: (صنع الله الذي أتقن كل شيء (٨٨))النمل: ٨٨

قال تعالى: (وقل اعملوا فسيرى الله عملكم ورسوله والمؤمنون(١٠٥)) التوبة: ١٠٥

قال تعالى: (إنا لا نضيع أجر من أحسن عملا (٣٠)) الكهف: ٣٠

قال تعالى: (الذي خلق الموت والحياة ليبلوكم أيكم أحسن عملا وهو العزيز الغفور (٢)) الملك: ٢

قال تعالى: (ولتسألن عما كنتم تعملون (٩٣)) النحل: ٩٣

وقال رسول الله (إن الله يحب إذا عمل أحدكم عملا أن يتقنه) أي يحكمه ويجيده وفي الوقت الحاضر أصبح نظام الجودة في التعليم سمة العصر الذي نعيشه يحتضن جميع جوانب العملية التعليمية كالمنهج الدراسي والمعلم والطالب ومصادر التعلم والبيئة المدرسية والمجتمع المدرسي.

أهداف الجودة في التعليم:

- التأكيد على أن الجودة وإتقان العمل وحسن إدارته مبدأ إسلامي بنصوص الكتاب والسنة، والأخذ به واجب ديني ووطني، وأنه من سمات العصر الذي نعيشه وهو مطلب وظيفي يجب أن يحتضن جميع جوانب العلمية التعليمية والتربوية.

- تطوير أداء جميع العاملين عن طريق تنمية روح العمل التعاوني الجماعي وتنمية مهارات العمل الجماعي بهدف الاستفادة من كافة الطاقات وكافة العاملين بالمنشأة التربوية.

- ترسيخ مفاهيم الجودة الشاملة والقائمة على الفاعلية و الفعالية تحت شعارها الدائم " أن نعمل الأشياء بطريقة صحيحة من أول مرة وفي كل مرة.

- تحقيق نقلة نوعية في عملية التربية و التعليم تقوم على أساس التوثيق للبرامج والإجراءات والتفعيل للأنظمة واللوائح والتوجيهات والارتقاء بمستويات الطلاب.

- الاهتمام بمستوى الأداء للإداريين والمعلمين والموظفين في المدارس من خلال المتابعة الفاعلة وإيجاد الإجراءات التصحيحية اللازمة وتنفيذ برامج التدريب المقننة والمستمرة والتأهيل الجيد، مع تركيز الجودة على جميع أنشطة مكونات النظام التعليمي (المدخلات- العمليات- المخرجات).

- اتخاذ كافة الإجراءات الوقائية لتلافي الأخطاء قبل وقوعها ورفع درجة الثقة في العاملين وفي مستوى الجودة التي حققتها المدارس والعمل على تحسينها بصفة مستمرة لتكون دائما في موقعها الحقيقي.

- الوقوف على المشكلات التربوية والتعليمية في الميدان، ودراسة هذه المشكلات وتحليلها بالأساليب والطرق العلمية المعروفة واقتراح الحلول المناسبة لها ومتابعة تنفيذها في المدارس التي تطبق نظام الجودة مع تعزيز الإيجابيات والعمل على تلافي السلبيات.

- التواصل التربوي مع الجهات الحكومية والأهلية التي تطبق نظام الجودة، والتعاون مع الدوائر والشركات والمؤسسات التي تعنى بالنظام لتحديث برامج الجودة وتطويرها بما يتفق مع النظام التربوي والتعليمي العام.

- ضبط وتطوير النظام الإداري في المدرسة نتيجة وضوح الأدوار وتحديد المسئوليات.

- الارتقاء بمستوى الطلاب في جميع الجوانب الجسمية والعقلية والاجتماعية والنفسية والروحية.
- ضبط شكاوى الطلاب وأولياء أمورهم، والإقلال منها ووضع الحلول المناسبة لها.
- زيادة الكفاءة التعليمية ورفع مستوى الأداء لجميع الإداريين والمعلمين والعاملين بالمدرسة.
- الوفاء بمتطلبات الطلاب وأولياء أمورهم والمجتمع والوصول إلى رضاهم وفق النظام العام لوزارة التربية والتعليم.
- توفير جو من التفاهم والتعاون والعلاقات الإنسانية السليمة بين جميع العاملين في المدرسة.
- تمكين إدارة المدرسة من تحليل المشكلات بالطرق العلمية الصحيحة والتعامل معها من خلال الإجراءات التصحيحية والوقائية لمنع حدوثها مستقبلا.
- رفع مستوى الوعي لدى الطلاب وأولياء أمورهم تجاه المدرسة من خلال إبراز الالتزام بنظام الجودة.
- الترابط والتكامل بين جميع الإداريين والمعلمين في المدرسة والعمل عن طريق الفريق وبروح الفريق.
- تطبيق نظام الجودة يمنح المدرسة الاحترام والتقدير المحلي والاعتراف العالمي.

مراحل منح المدرسة شهادة الجودة العالمية (الأيزو ٩٠٠٢)

- **مرحلة التقييم**

ويتم في هذه المرحلة التعرف على الوضع القائم بالمدرسة من حيث الإمكانيات المادية والبشرية والطريقة التي يطبق بها النظام التعليمي ونتائج التحصيل العلمي للطلاب ومدى العلاقة بين المدرسة والمجتمع وتقييم عناصر العملية التعليمية.

مرحلة تطوير وتوثيق نظام الجودة

في هذه المرحلة يتم تطوير النظام من خلال تنفيذ خطة تطويرية شاملة لاستيفاء متطلبات المواصفة (أيزو ٩٠٠٢) من خلال إنشاء دليل الجودة وإجراءاتها وتعليمات العمل وخططه من أجل ضمان الحصول على نظام الجودة المطلوب وذلك بالتعاون مع منسوبي المدرسة ومن ثم اعتماده من الإدارة العليا.

- **مرحلة تطبيق نظام الجودة**

يتم في هذه المرحلة تطبيق نظام الجودة على المدرسة من أقسام ووحدات إدارية وفنية، وتقوم الشركة المؤهلة وفريق العمل بإدارة التعليم بالمتابعة والتأكد من تنفيذ وتطبيق إجراءات وتعليمات نظام الجودة.

مرحلة إعداد برامج ومواد التدريب

تقوم الشركة في هذه المرحلة بإعداد مواد التدريب و التعليم لمختلف المستويات الإدارية خلال فترة تطبيق النظام مع توزيع هذه المواد على جميع العاملين في المدرسة للإطلاع عليها تمهيدا للتدريب عليها.

- **مرحلة التدريب**

ويتم في هذه المرحلة تدريب مجموعة من منسوبي المدرسة على نظام الجودة - (الأيزو٩٠٠٢) و تطبيقاته ويقوم هؤلاء بتنفيذ التدريب لاحقا لبقية العاملين ويركز التدريب على الطريقة المثلي لإجراء المراجعة الداخلية.

- **مرحلة المراجعة الداخلية**

و تتم عن طريق فريق العمل في المدرسة المطبق بها نظام الجودة، وتهدف المراجعة الداخلية إلى التأكد من قيام جميع أقسام المدرسة من تطبيق الإجراءات والتعليمات الخاصة بالنظام واكتشاف حالات عدم المطابقة وتعديلها في ضوء متطلبات المواصفة العالمية - (الأيزو ٩٠٠٢) تليها مراجعة الإدارة العليا (إدارة التعليم بالمحافظة) للتحقق من تطبيق النظام وتفعيلة ميدانيا.

- **مرحلة المراجعة الخارجية**

تقوم الجهة المانحة للشهادة بالمراجعة الخارجية مـن اسـتيفاء نظـام الجـودة لمتطلبـات المواصفة واكتشاف حالات عدم المطابقة واتخاذ الإجراءات التصحيحية والوقائية لمعالجتها.

- **مرحلة الترخيص**

بعد إتمام المراجعة الخارجية من الجهة المانحـة للشـهادة يـتم اتخـاذ القـرار بشـأن مـنح المدرسـة شهادة الجودة العالمية (الأيزو٩٠٠٢) في حالة المطابقة التامة للمواصفة.

مستويات الجودة:

١- نظام الجودة – الايزو ٩٠٠٠:

ايزو ٩٠٠٠ هو مصطلح عام لسلسلة من المعايير التي تم وضعها من قبل

الهيئة الدولية للمواصفات القياسية ISO (International Standardization

Organization لتحديد أنظمة الجودة التي ينبغي أن تطبقها على القطاعات الصناعية والخدمية وكلمة ايزو مشتقة من كلمة يونانية تعنى التساوي والرقم ٩٠٠٠ هو رقم الإصدار الذي صدر تحته المعيار او المواصفة وقد نالت مواصفة الايزو ٩٠٠٠ منذ صدورها عام ١٩٨٧ اهتماما بالغا لم تنله مواصفة قياسية دولية من قبل.

وتنقسم مطالب أنظمة الجودة ايزو ٩٠٠٠ الى ثلاث مستويات هى: -

أ- نظام ايزو ٩٠٠١:

ويختص بالمؤسسات التي تقوم بالتصميم والتطوير والإنتاج والخدمات.

ب- نظام ايزو ٩٠٠٢:

ويختص بالمؤسسات التي تقوم بالإنتاج والخدمات، وحيث ان المدارس لا تقوم بتصميم المناهج فهي لا تخضع لنظام المواصفة ايزو ٩٠٠٢.

ج- نظام ايزو ٩٠٠٣:

ويختص بالورش الصغيرة فهي لا تصمم منتجاتها وتقوم بعملية التجميع.

[ولقد تبنت هذه المواصفات أكثر من ١٣٠ دولة]

أول وزارة تربية وتعليم تحصل على شهاة الآيزو في الوطن العربي

تعد وزارة التربية والتعليم في الأردن، أول وزارة في الوطن العربي تحصل على شهاة الآيزو، فقد حصلت الوزارة على شهاة الآيزو ٩٠٠١ إصدار ١٩٩٤ بتاريخ ٢٤ / ١ / ٢٠٠٢، فكانت بذلك أول وزارة تربية وتعليم تحصل عليها في الوطن العربي، نتيجة تطور التعليم، واستخدام الاستراتيجيات الحديثة في التعليم، وكذلك حوسبة المناهج والاعتماد على التعليم الالكتروني بدلا من الاساليب التقليدية في التعليم، ولتحقيق خططها الإستراتيجية وتطلعاتها المستقبلية بما يسهم في تحقيق الأهداف الوطنية. [1]

وقد عملت وزارة التربية والتعليم في الأردن على تطبيق مجموعة من المشاريع التربوية معتمدة على تكنولوجيا المعلومات، حيث شرعت الوزارة منذ عام ٢٠٠١ بتطبيق مشروع الملكة رانيا لحوسبة التعليم الذي يركز على توظيف الحاسوب في التعلم عن بعد، وفي التعلم الذاتي .

ويهدف البرنامج إلى الإشراف على إعداد المعلمين إعدادا صحيحا يتناسب ومتطلبات خطط التطوير التربوي، وإكساب المعلمين المتدربين مهارات التعامل مع الحاسوب كأداة تعليمية متطورة وذات إمكانيات واسعة .

وقد بدأت وزارة التربية والتعليم في الأردن بالانتقال إلى نظام إدارة الجودة الآيزو ٩٠٠١ إصدار ٢٠٠٠ منذ السادس من تموز ٢٠٠٣ على تبني آليات ونماذج تخطيط فاعلة تستند غلى معلومات متكاملة عن عناصر النظام الإداري التربوي من خلال مدخلات، وعمليات، ومخرجات، لرفع الكفاءة بما يسهم في تحقيق الأهداف والانجاز. (المصدر السابق)

---

(1): رسالة المعلم، العدد ٣-٤، ص ٤٦، ٢٠٠٥

ويسعى البرنامج إلى زيادة استخدام الوسائط المتعددة في تدريب المعلمين، وتعزيز فكرة التعلم الإلكتروني، والتعلم عن بعد بالاستعانة بمكتبة إلكترونية لتجهيز العديد من الأقراص المدمجة والأفلام التعليمية التي تساهم في حوسبة التعليم .

جلالة الملكة رانيا العبدالله وجهودها في نشر تكنولوجيا المعلومات

أهمية الجودة:

١- ضبط وتطوير النظام الإداري في المؤسسة التعليمية.

٢- الارتقاء بمستوى الطلاب في جميع المجالات.

٣- ضبط شكاوى الطلاب وأولياء أمورهم والإقلال منها ووضع الحلول.

٤- زيادة الكفاءة التعليمية ورفع مستوى الأداء للعاملين بالمؤسسة.

٥- الوفاء بمتطلبات الطلاب وأولياء أمورهم والمجتمع والوصول الى رضاهم وفق النظام العام للمؤسسة التعليمية.

٦- تمكين المؤسسة التعليمية من تحليل المشكلات بالطرق العلمية.

٧- رفع مستوى الطلاب وأولياء الأمور تجاه المؤسسة التعليمية من خلال إبراز الالتزام بنظام الجودة.

٨- الترابط والتكامل بين جميع القائمين بالتدريس والإداريين في المؤسسة والعمل عن طريق الفريق وبروح الفريق.

٩- تطبيق نظام الجودة يمنح المؤسسة التعليمية الاحترام والتقدير المحلي والاعتراف المحلي.

إن تحقيق ثقافة الجودة في التعليم والمعرفة لا يمكن أن تقارن أبدا مع مبدأ الجودة في الإنتاج الصناعي او التجاري او الزراعي، لان الأسس التي تتحكم بالقياسات والمواصفات لكل منها تختلف كثيرا بعضها عن البعض الأخر. ان التعليم والمعرفة قيمتان وركيزتان تعتمدان على العقل والفكر بشكل اساسي، ولذلك فانهما يرتبطان بالجانب الفكري والروحي عند الإنسان أكثر من ارتباطيهما بالجانب المادي.

إن مفهوم الجودة في التعليم له معنيان مترابطان احديهما واقعي والأخر حسي

فجودة التعليم بمعناها الواقعي تعني التزام المؤسسة التعليمية بإنجاز مؤشرات ومعايير حقيقية متعارف عليها مثل معدلات تكلفة التعليم الجامعي – أما المعنى الحسي- لجودة التعليم فيرتكز على مشاعر وأحاسيس متلقي الخدمة التعليمية كالطلاب وأولياء أمورهم.

الجودة الشاملة والتميز في المؤسسات التعليمية

- مفهوم الجودة الشاملة:

(هي عملية إدارية ترتكز على مجموعة من القيم تستمد طاقة حركتها من المعلومات التي نتمكن في إطارها من تنظيف مواهب العاملين في النشأة التربوية، واستثمار قدراتهم الفكرية مختلف مستويات التنظيم على نحو إبداعي لتحقيق التحسن المستمر.)

المدارس والمؤسسات التعليمية اليوم ترتكز أكثر على الدرجات من تركيزها على تطوير المهارات المطلوبة.

- بعض مبررات تطبيق نظام إدارة الجودة الشاملة ومنها:

١ ـ ارتباط الجودة بالإنتاجية.

٢ ـ اتصاف نظام الجودة بالشمولية في كافة المجالات.

٣ـ عالمية نظام الجودة، وهي سمة من سمات العصر الحديث.

٤ـ عدم جدوى بعض الأنظمة والأساليب الإدارية السائدة في تحقيق الجودة المطلوبة.

٥ ـ نجاح تطبيق نظام الجودة الشاملة في العديد من المؤسسات التعليمية.

الجودة الشاملة تحتاج في تطبيقها إلى القيادة الواعية والسياسات والاستراتجيات التي ينبغي أتباعها لتطبيق نظام الجودة الشاملة في كافة المؤسسات ولاسيما التربوية، وأن هذه الإستراتيجيات يجب أن تدعم بخطط وأهداف وطرق عمل.

مهام مديري المدارس في تطوير وإطلاق المعارف والقدرات الكاملة للعاملين على المستوى الفردي والجماعي، معتمدين على المستوى العام للمدرسة والخطط والأنشطة لتوفير الدعم لسياستها وكفاءة الأداء وآليات العمل.

كيفية قيام المدرسة بالتخطيط وإدارة الشركاء الخارجيين، والمصادر الداخلية في سبيل دعم السياسات والإستراتيجيات وفاعلية الأداء والعمل، ثم كيف تقوم المدرسة بتصميم وإدارة وتطوير عملياتها في سبيل دعم السياسات والإجراءات، ومن ثم إرضاء المستفيدين، وزيادة المكاسب لهم والمساهمين في العملية التعليمية.

ما تحققه المدرسة من نتائج متعلقة بالمستفيدين من الطلبة وأولياء الأمور، وما الذي تحققه المدرسة من نتائج متعلقة بأفرادها أو العاملين فيها كالمديرين والمشرفين والمعلمين وغيرهم، وأجاب على تسائله بأن النتائج ستكون إيجابية، ومحققة للأهداف المرسومة وفق نظام الجودة الشاملة.

بعض المبادئ التي تقوم عليها الجودة الشاملة ومنها:

١ ـ التركيز على التعرف على احتياجات وتوقعات المستفيدين والسعي لتحقيقها.

٢ـ التأكيد على أن التحسن والتطوير عملية مستمرة.

٣ ـ التركيز على الوقاية بدلا من البحث عن العلاج.

٤ ـ التركيز على العمل الجماعي.

٥ ـ اتخاذ القرار بناء على الحقائق.

٦ ـ تمكين المعلمين من الأداء الجيد.

■ أهداف إدارة الجودة الشاملة ومنها:

١ ـ حدوث تغيير في جودة الأداء.

٢ ـ تطوير أساليب العمل.

٣ ـ الرفع من مهارات العاملين وقدراتهم.

٤ ـ تحسين بيئة العمل.

٥ ـ الحرص على بناء وتعزيز العلاقات الإنسانية.

٦ ـ تقوية الولاء للعمل والمؤسسة والمنشأة.

٧ ـ تقليل إجراءات العمل الروتينية واختصارها من حيث الوقت والتكلفة.

ولكن السؤال الذي يطرح نفسه هو:

ما هي متطلبات تطبيق نظام الجودة الشاملة؟ وقد تحدث عنه المحاضر بتركيز.

١ ـ تهيئة مناخ العمل والثقافة التنظيمية للمؤسسة التعليمية.

٢ ـ قياس الأداء للجودة.

٣ ـ إدارة فاعلة للموارد البشرية بالجهاز التعليمي.

٤ ـ تعليم وتدريب مستمرين لكافة الأفراد.

٥ ـ تبني أنماط قيادية مناسبة لنظام إدارة الجودة الشاملة.

٦ ـ مشاركة جميع العاملين في الجهود المبذولة لتحسين مستوى الأداء.

٧ ـ تأسيس نظام معلومات دقيق لإدارة الجودة الشاملة.

ولكن هل يمكن توظيف الجودة الشاملة في المؤسسات التربوية بشكل عام ومؤسستنا التربوية بشكل خاص؟

نظام الجودة الشاملة نظام عالمي يمكن تطبيقه في كافة المؤسسات التربوية وغير التربوية، غير أنه يحتاج إلى دقة في التنفيذ، وتهيئة المناخ المناسب لتفعيله ناهيك عن النفقات الكبيرة التي تحتاجها المؤسسة أثناء عملية التطبيق وخاصة فيما يتعلق بتوفير البيئة المدرسية المتميزة من مبان ومرافق وتدريب للكوادر البشرية والتجهيزات المدرسية والمعامل والمختبرات ومعامل اللغات والحاسوب وكل ما يتعلق بالعملية التربوية التعليمية، وكل ذلك ينبغي توفيره حتى تحصل المؤسسة على مواصفات الجودة الشاملة، ولا يعني ذلك أن نتخلى بالكلية عن البحث عن مصادر أخرى يمكن أن توصلنا إلى تحقيق بعض جوانب الجودة الشاملة، ومن هذه المصادر التدريب لكافة العاملين في المؤسسة، وتهيئة مناخ العمل ومشاركة الجميع في تفعيل دور المؤسسة والارتقاء به.

ويذكر بعض خبراء التعليم أن أصحاب الجودة الشاملة أنفسهم قد تخلوا عنها، بعد أن أصبحوا على قناعة بأنها مثالية أكثر مما تشكل نظاما فاعلا يمكن تطبيقه، ويحقق الأهداف المنشودة وخاصة في المؤسسات التربوية.

- أهمية الجودة فى التعليم:

١- مراجعة المنتج التعليمي المباشر وهو الطالب.

٢- مراجعة المنتج التعليمي غير المباشر

٣- اكتشاف حلقات الهدر وأنواعه المختلفة.

٤- تطوير التعليم من خلال تقويم النظام التعليمي وتشخيص القصور فى المدخلات والعمليات والمخرجات حتى يتحول التقويم الى تطوير حقيقي و ضبط فعلي لجودة الخدمة التعليمية.

لا يمكن للجودة أن تتحقق في التعليم إلا من خلال تأسيس المنهج الفكري السليم الذي تسير عليه هذه العملية التعليمية، والتي تضمن إضافة للعلوم والمعارف التي يتلقاها الطالب، منظومة القيم الخلقية، ونظم العلاقات الإنسانية، ووسائل الاتصال المتطورة وغيرها من الضروريات التي تجعل من حياة الطالب في المؤسسة التعليمية متعة، فضلا عن المادة العلمية التي يتلقاها

أما فيا يختص بمدخل إدارة الجودة الشاملة فهو من المداخل الإدارية الحديثة، ورغم حداثته إلا انه ليس هناك اتفاق نمطي له في المفهوم، فالواقع إن إدارة الجودة الشاملة تمثل مظلة تحتها عددا كبير من مبادرات الجودة التي يمكن إدارتها أن تشمل المكونات التالية:

الضبط الاجتماعي للعملية statistical process control -.

دوائر الجودة quality circles

خدمة العميل customer service

تأمين ومراقبة الجودة (منهج تاجوشى) tayuchi methodology

الوقـت المحـــدد just in time في مجــال التربيــة (تحســين جـودة النظـام التعليمي) educational system quality improvement

وقد استخدمت هذه المكونات في المجالات التالية: -

١- الصناعيــــة.

٢- التعليميــــة.

٣- العمل الحكومي.

وذلك تحت مفهوم إدارة الجودة الشاملة، إلا أننا يجب علينا أن نأخذ في الاعتبار أن استخدام اى من هذه المجالات الثلاثة منفردا لا يمثل إلا خطوة وحيدة نحو تطوير الشيء تطويرا شاملا ولا يعد اى مجال منهم بديلا للمفهوم الواسـع لإدارة الجودة الشاملة رغم حداثة المفهوم وكثرة الاجتهادات في التعريف له.

- **مؤشرات الجودة في مكونات منظومة التعليم**

ويعتبر التعليم في أي مجتمع من المجتمعات الإنسانية هو أساس تنمية هـذا المجتمـع في جميـع المجالات الاجتماعية والاقتصادية والمعرفية والتقنية ويعتمد تطور هذا المجتمع على جودة التعليم فيه لأن جودة التعليم تؤدي إلى جودة الحياة وجودة الحياة تتحدد بمساحات الحرية والديمقراطية السائدة في هذا المجتمع ومدى نظافة البيئة وخلوها من الملوثات والخدمات الصحية والتعليمية الجيـدة المتوفرة في هـذا المجتمع بالإضافة إلى وسائل الأمان المتوفرة.

والإمكانيات المتاحة لشغل الوقت الحـر عنـد أفـراد المجتمع وكـل مـا يعمـل عـلى تحقيـق الرضا والسعادة لأفراد المجتمع.

وهذا كله يحتاج إلى تظافر الجهود وشعور كل فرد بأنه معنى بتحقيق أهداف المجتمع ويتحقـق ذلك في المجتمعات الإسلامية بالالتزام بمبدأ الشورى بين أفراد المجتمع بحيـث يكون القرار التربـوي قرارا جماعيا يشارك فيه كل ذوي الخبرة والمهتمين بالتربية والمنتفعين بها. وتحقق الجودة أيضـا بتحقـق العدالـة والمساواة بين المعلمين مـن حيـث الحقـوق والواجبـات وكـذلك بالنسـبة للطـلاب مـن حيـث حقـوقهم في الالتحاق بنوع التعليم الذي يناسب قدراتهم واستعداداتهم والتزام المجتمع بتـوفير الخـدمات التعليميـة المختلفة لتحقيق مبدأ العدالة والمساواة بين الطلاب. كما تتحقق الجودة في التعليم بالالتزام بمبدأ التعـاون والتكافل بين أعضاء مجتمع بيئة التعلم (المعلمـون) والمـديرون والعـاملون في الأعـمال الخدميـة، والطـلاب وأولياء أمورهم،والشورى والمساواة والعدالة تجعل أفراد مجتمع الـتعلم قـادرين عـلى المشـاركة بطريقـة مباشرة أو غير مباشرة في اتخاذ القرارات التربوية المختلفة وهـذا يتطلب التـدريب عـلى العمـل الجماعـي والتعلم التعاوني. كما يتطلب تأهيل المعلمين تأهيلا عاليا وتدريبهم على أحدث الوسائل التعليمية وأساليب التعلم والتعليم الحديثة وهي وسائل مرجعة إلى محك Criterion Refnenced وهي التي تستخدم في قياس درجة اتقان التعلم عند الطلاب

والتعرف على مدى تحقيق الأهداف التربوية المنشودة بالإضافة إلى تدريب المعلمين على إدارة الصف إدارة جيدة قائمة على التفاعل الإيجابي بين المعلمين والطلاب.

هذا ويمكن أن تتحقق جودة التعليم في المجتمعات الإسلامية باحترام العلم والتأكيد على أهميته

قال تعالى:"(قل هل يستوي الذين يعلمون والذين لا يعلمون (٩))الزمر: ٩

وقد أكد الإسلام على مبدأ احترام العمل حيث ذكر رسول الله صلى الله عليه وسلم:"إذا قامت الساعة وفي يد أحد منكم فسيله فليغرسها".واحترام العمل يؤدي إلى جودة العمل واتقانه وعندما يصبح العمل قيمة اجتماعية وأخلاقية كبيرة فإن ذلك يستثير واقعية المتعلمين للتعلم ويجعلهم يحترمون العمل اليدوي والعمل التقني الذي يسهم في تحقيق التنمية الشاملة المجتمع.

وقد أكدت المبادئ الإسلامية على ضرورة الجودة القائمة على مبدأ التكامل والتأثير والتأثر أي التكامل بين كل من المربين والمعلمين والمتعلمين والمستفيدين من الخدمات التعليمية ويحدث هذا التكامل عندما تكون لدى المعلمين واقعية للتدريس ولتحقيق الأهداف التربوية المنشودة بحيث تراعى احتياجات المتعلمين وتشبع رغباتهم وتحقق مطالب النمو لديهم.وللتأكد من أن المؤسسة التربوية تلعب دورا بناءا في تحقيق جودة التعليم فإنه من الضروري تحديد المهام التي يقوم بها الخريج وتحديد المتغيرات المفيدة التي تساعد على جعل هذه المهام قابلة للتحقيق أو الانجاز.

وهذه المهام تتمثل في قدرة المعلم على الإسهام في:

‒ صياغة الأهداف التربوية المنشودة صياغة محددة ونشرها لجميع العاملين المؤسسات التربوية التي يسعى إلى تحقيق هذه الأهداف.

‒ التعرف على ملفات التعليم الجديدة والاستراتيجية المناسبة للظروف الاجتماعية والاقتصادية والالتزام بفلسفة إسلامية للتعليم.

‒ فهم أهداف التوجيه لتحسين العملية التعليمية وتخفيض النفقات.

‒ الإسهام في تحسين نظام التعليم والخدمات التعليمية اللازمة لتحقيق الأهداف. ‒

‒ المشاركة الإيجابية في برامج التدريب (تدريب المعلمين والمديرين والمشرفين الذي يقومون بالعملية التعليمية في المؤسسات التربوية.

‒ أن يسهم تعليم الإدارة للمرشحين للأعمال الإدارية وتدريب المديرين على الشئون المالية

‒ توفير بيئة إبداعية في المؤسسات التربوية للقضاء على المخاوف وتوفير جو من النقد بين المؤسسات التربوية والمجتمع.

‒ تحقيق التوازن بين مدى تحقيق الأهداف التربوية والجهد المبذول في التعليم.

‒ تشجيع التعلم الذاتي لدى المتعلمين لتحقيق النمو الذاتي لديهم بالإضافة إلى تشجيع الإبداع الفردي والجماعي.

‒ اختيار أساليب التعليمية والتعلم المناسبة للمتعلمين و في مراحله التعليمية المختلفة

▪ الجودة الشاملة في التدريس

إدارة الجودة الشاملة ثقافة، وسلوك، فممارسة وتطبيق، وهي نظام جديد محسن ومطور للإدارة يتسم بالديمومة وطول المدى، ويجب أن تكون هناك قناعة راسخة من الإدارة العليا بأهمية ودور إدارة الجودة الشاملة من أجل تفعيل ممارسات الجودة تفعيلا ناجحا ومستمرا.

هناك تعاريفات عديدة لمعنى الجودة الشاملة وكل منها ينظر إلى الجودة الشاملة من زاويته، كما هو الحال في جميع مفاهيم العلوم الانسانية. ومن كل التعاريف المختلفة، أرى أن تعرف الكلمات المكونة لهذا المفهوم:-

الإدارة: تعني القدرة على التأثير في الآخرين لبلوغ الأهداف المرغوبة.
الجودة: تعني الوفاء بمتطلبات المستفيد وتجاوزها.

الشاملة: تعني البحث عن الجودة في كل جانب من جوانب العمل، ابتداء من التعرف على احتياجات المستفيد وانتهاء بتقييم رضى المستفيد من الخدمات أوالمنتجات المقدمة له.

والجودة الشاملة في الإدارة التربوية هي جملة الجهود المبذولة من قبل العاملين في المجال التربوي لرفع مستوى المنتج التربوي (الطالب)، بما يتناسب مع متطلبات المجتمع، وبما تستلزمه هذه الجهود من تطبيق مجموعة من المعايير والمواصفات التعليمية والتربوية اللازمة لرفع مستوى المنتج التربوي من خلال تظافر جهود كل العاملين في مجال التربية.

ويتطلب تطبيق إدارة الجودة الشاملة عدد من المتطلبات الرئيسة أهمها:
توفير القناعة لدى وزارة التربية والتعليم والادارات التربوية المختلفة بأهمية استخدام مدخل إدارة الجودة الشاملة, إدراكا منها للمتغيرات العالمية الجديدة والمتسارعة. وأن الجودة الشاملة هي أحد الأساليب الإدارية الحديثة التي تسعى إلى خفض التكاليف المالية، وإقلال الهدر التربوي أو الفاقد التعليمي والعمل على رفع الكفاءة الداخلية

للنظام التربوي. وتسعى الجودة الشاملة إلى تعديل ثقافة المنظمة التربوية بما يلائم إجراءات أسلوب إدارة الجودة الشاملة وخلق ثقافة تنظيمية تنسجم مع مفاهيمها.

وتعتبر احتياجات ورغبات الطلاب وهم أصحاب المصلحة في المقام الأول عند تحديد أهداف الجودة، الكفاءة الخارجية للنظام التربوي.

مردود إدارة الجودة الشاملة في حقل الإدارة التربوية:

إن تطبيق إدارة الجودة الشاملة في المجال التربوي له عواقب محمودة الأثر سواء صغر نطاق هذه الإدارة أو كبر ولعل أهم فوائد تطبيق ذلك مايلي:

١. يقود تطبيق إدارة الجودة الشاملة في المجال التربوي إلى خفض التكاليف بصورة ملحوظة نتيجة قلة الأخطاء واحتمال إعادة العمل مرة ثانية.

٢. الجودة تؤدي إلى زيادة الإنتاجية في أداء الأعمال.

٣. تحسين أداء العاملين من خلال إدارة الجودة الشاملة بنجاح والذي بدوره يعمل على رفع الروح المعنوية للعاملين وخلق إحساس عندهم بالمشاركة الفاعلة في اتخاذ القرارات التي تهم العمل وتطوره.

٤. الجودة الشاملة تؤدي إلى رضا العاملين التربويين والمستفيدين (الطلاب) وأسرهم والمجتمع. حيث تركز الجودة الشاملة على إشراك المعلمين في تقديم الاقتراحات، وحل المشكلات بطريقة فردية أو جماعية وكذلك تسعى الجودة الشاملة لاستقراء آراء ورغبات المستفيدين والعمل الجاد على تحقيقها.

٥. إن أسلوب إدارة الجودة الشاملة يعتمد عموما على حل المشكلات من خلال الأخذ بآراء المجموعات العاملة التي تزخر بالخبرات المتنوعة ومن ثم يسهل إيجاد الحلول الملائمة التي يمكن تطبيقها وهو ما يؤدي إلى تحسين فاعلية المؤسسة التربوية وجودة أدائها. كما يساهم هذا الأسلوب في تحقيق

الاتصال الفعال بين مختلف العاملين فيها نتيجة لقاءاتهم واجتماعاتهم المتكررة.

٦. إن تطبيق مبدأ الجودة الشاملة في المجال التربوي يتطلب وجود مقاييس ومؤشرات صالحة للحكم على جودة النظام التربوي وضرورة الاستفادة من أخطاء المرحلة السابقة في المرحلة المقبلة ومن ثم تعميم الدروس المستقاة من تنفيذ إدارة الجودة الشاملة.

٧. إن تطبيق مبدأ إدارة الجودة الشاملة يدفع العاملين إلى البحث ومتابعة تجارب الجودة في مناطق أخرى عربيا ودوليا للاستفادة منها.

■ إدارة التدريس في ظل مفهوم الجودة الشاملة:

إن الجودة الشاملة هي استراتيجية تنظيمية وأساليب مصاحبة ينتج عنها منتجات عالية الجودة وخدمات للعمل، وإن إدارة التدريس في ضوء مفهوم الجودة الشاملة تقوم على أساس تحقيق ما يلي:

• مشاركة الطلاب للمدرس في التخطيط لموضوع الدرس وتنفيذه بما يحقق مبدأ الإدارة التشاركية وهكذا يكون المدرس والطالب على حد سواء مسؤولين عن تحقيق التدريس الفعال.

• تطبيق مبدأ الوقاية خير من العلاج الذي يقتضي تأدية العمل التدريسي من بدايته إلى نهايته بطريقة صحيحة تسهم في تجنب وقوع الأخطاء وتلافيها ومواجهة الأخطاء وعلاجها أولا بأول في حال وقوعها.

• يقوم التدريس الفعال على أساس مبدأ التنافس والتحفيز الذي يستلزم ضرورة توفير أفكار جديدة ومعلومات حديثة من قبل المدرس والطالب على السواء.

- يتحقق التدريس الفعال في حالة تطبيق مبدأ المشاركة التعاونية وذلك يتطلب مبدأ الإدارة الذاتية لإتاحة الفرصة كاملة أمام جميع التلاميذ لإبداء الرأي والمشاركة الإيجابية في المواقف التعليمية التعلمية.

وإذا تحققت الأسس السابقة، تتجلي سمات التدريس الفعال في الآتي:

- شمول جميع أركان التدريس في المواقف التعليمية التعلمية.
- تحسن مستمر في أساليب التدريس والأنشطة التربوية.
- تخطيط وتنظيم وتحليل الأنشطة التعلمية التعلمية.
- فهم الطلاب لجميع جوانب المواقف التدريسية والمشاركة في تنفيذها.
- تعاون فعال بين التلاميذ بعضهم البعض، وبينهم وبين المعلم.
- ترابط وتشابك كل أجزاء الدرس.
- مشاركة في إنجاز الأعمال، وأداء جاد واثق لتحقيق أهداف الدرس.
- تجنب الوقوع في الخطأ وليس مجرد اكتشافه.
- إحداث تغيير فكري وسلوكي لدى التلاميذ بما يتوافق مع مقومات العمل التربوي الصحيح.
- اعتماد الرقابة السلوكية أو التقويم الذاتي في أداء العمل.
- تحسن العمل الجماعي المستمر وليس العمل الفردي المتقطع.
- تحقيق القدرة التنافسية والتميز.
- مراعاة رغبات التلاميذ وتلبية احتياجاتهم.
- تحقق جودة جميع جوانب الأداء التدريسي.
- ترابط وتكامل تصميم الموقف التدريسي وتنفيذه.

ونتيجة لسمات أو ملامح التدريس الفعال في ضوء مفهوم الجودة الشاملة فان المواقف التدريسية تتميز بما يلي:

- إدارة ديمقراطية مسئولة للفصل بعيدة عن التسلط. وحرية للطلاب في التعبير عن الـذات بدون خوف أو رهبة.

- التحول إلى العمل الجماعي التعاوني المستمر.

- مساهمة التلاميذ ومشاركتهم في أخذ القرارات.

- التركيز على طبيعة العمليات والنشاطات وتحسينها و تطويرها بصفة مستمرة بدلا من التركيز على النتائج والمخرجات.

- اتخاذ قرارات صحيحة بناء على معلومات وبيانات حقيقية واقعية، يمكن تحليلها والاستدلال منها.

- التحول الى ثقافة الاتقان بدل الاجترار وثقافة الجودة بدل ثقافة الحد الأدنى، ومن التركيز على التعليم إلى التعلم وإلى توقعات عالية من جانب المعلمين نحو طلابهم.

- التحول من اكتشاف الخطأ في نهاية العمل إلى الرقابة منذ بدء العمل ومحاولة تجنب الوقوع في الخطأ.

- المزايا التي تتحقق من تطبيق مفهوم الجودة الشاملة في التدريس:

١. الوفاء بمتطلبات التدريس.

٢. تقديم خدمة تعليمية علمية تناسب احتياجات الطلاب.

٣. مشاركة الطلاب في العمل ووضوح أدورهم ومسئولياتهم.

٤. الإدارة الديمقراطية للفصل دون الإخلال بالتعليمات الرسمية.

٥. التزام كل طرف من أطراف العملية التعليمية التعلمية بالنظام الموجود وقواعده.

٦. تقليل الهدر التعليمي في المواقف التدريسية.

٧. وجود نظام شامل ومدروس ينعكس ايجابيا على سلوك الطلاب.

٨. تحقيق التنافس الشريف بين الطلاب.

٩. تأكيد أهمية وضرورة العمل الفريقي الجمعي.

١٠. تفعيل التدريس بما يحقق الأهداف التربوية المأمولة.

- **دور المدرسة في تعزيز الجودة في التدريس:**

١. على المدرسة أن تعتمد الجودة كنظام إداري والعمل على تطوير وتوثيق هذا النظام.

٢. تشكيل فريق الجودة والتميز والذي يضم فريق الأداء التعليمي.

٣. نشر ثقافة التميز في التدريس.

٤. تحديد وإصدار معايير الأداء المتميز ودليل الجودة.

٥. تعزيز المبدأ الديمقراطي من خلال تطبيق نظام الاقتراحات والشكاوي.

٦. التجديد والتدريب المستمر للمعلمين.

٧. تعزيز روح البحث وتنمية الموارد البشرية.

٨. إكساب مهارات جديدة في المواقف الصفية.

٩. العمل على تحسين مخرجات التعليم.

١٠. إعداد الشخصية القيادية.

١١. إنشاء مركز معلوماتي دائم وتفعيل دور تكنولوجيا التعليم.

١٢. التواصل مع المؤسسات التعليمية والغير تعليمية.

١٣. تدريب الطلاب على استقراء مصادر التعلم.

١٤. توجيه الطلاب للأسئلة التفكيرية المختلفة.

١٥. إكساب الطلاب القدرة على تنظيم الوقت.

١٦. الاستفادة من تجارب تربوية محليا وعربيا وعالميا.

إن إدارة الجودة الشاملة ليست مفتاح الفرج، إنه مفهوم يتميز عن غيره من المفاهيم، بأنه غني في ما يولده من أفكار وأساليب وتدابير، ومشكلته تكمن حين الاعتماد عليه كإطار وحيد للعملية التربوية وإدارتها، يجب عدم التسرع في تطبيقه لأن الجودة الشاملة لا تقوم إلا بروح الجماعة والتعاون والعمل على تضافر الجهود وتكاثفها. إن تطبيق مبدأ إدارة الجودة الشاملة قد نجح وأصاب قدرا كبيرا من النجاح في العديد من التجارب في كل من الولايات المتحدة الأمريكية و بريطانيا واليابان وعربيا في المملكة العربية السعودية ودول الخليج العربي، ومحليا هناك محاولات جادة , حيث وضعت وكالة الغوث الدولية مبادرة ومقترح إطار ضمان الجودة والذي يعتبر متطلبا رئيسيا لضمان جودة التعليم المقدم في المؤسسة التربوية, ويقوم إطار ضمان الجودة الذي تعمل دائرة التربية والتعليم على تطويره على الدمج بين نظريتين:

النظرية الأولى: المراجعة الذكية: والتي تمثل عملية التعلم من خلال التخطيط والتنفيذ والمراجعة وتتلخص خطواتها بتحديد المهمة وتحديد المعايير, وتنفيذ العمل, والمراجعة في ضوء المعايير والتعلم من خلال المراجعة.

النظرية الثانية:المساءلة: وهي عبارة عن افساح المجال أمام الأفراد لمعرفة ما يتوقع منهم وعواقب أعمالهم على أنفسهم وعلى الآخرين. وتصب هذه النظرية بشكل مباشر في التوجه نحو المدرسة كبؤرة تطوير, وأهم الخطوات هي توضيح الهدف والمهمة, تحديد التوقعات من الآخرين, تحمل مسؤولية العمل والطلب من الأفراد التعلم من أجل تحقيق التوقعات.

ويغطي إطار ضمان الجودة في البيئة المدرسية سبع مجالات: ومنها بالطبع, استراتيجيات وطرائق التعليم والتعلم.ولكن هناك عوائق يجب أن توضع بالحسبان عند تطبيق إدارة الجودة الشاملة في مدارسنا ومن هذه ازدحام الطلبة في الصفوف وخاصة

المرحلة الأساسية، المعلمون المتعاقدون أوهجرة المعلمون لوظائف أخرى، نظام الفترتين والبيئة المدرسية وعدم توفر الإمكانات المادية،العبء الوظيفي ونصاب المعلم الأسبوعي من الحصص، إهمال الحاجات التعليمية الخاصة للطلبة، عدم توظيف طرائق التعليم والتعلم الناشطة.وأخيرا الظروف الإقتصادية وخاصة مع ارتفاع النفط بشكل غير طبيعي عام ٢٠٠٨ في معظم البلدان مما أثر على نفسية المعلم وخاصة عند بعض البلدان التي ما زال راتب المعلم دون الطموح. ومع إدراكنا وفهمنا لهذا الواقع يجب أن لا نيأس ورحلة الميل تبدأ بخطوة.

- **الجودة الشاملة في الغرفة الصفية**

تعتبر إدارة الجودة الشاملة من الأساليب التي دخلت حديثا إلى مجال التربية بعد أن أثبتت نجاحها في مجالات أخرى. وتسعى الجودة الشاملة لإعداد الطالب بمواصفات معينة حتى يعيش في مرحلة تتسم بغزارة المعلومات وتسارع التغيير والتقدم التكنولوجي الهائل، والعالم الذي أصبح قرية واحدة من خلال شبكة اتصالات عالمية واحدة. إن المرحلة القادمة بمتغيراتها المتسارعة والجديدة تتطلب إنسانا ذا مواصفات معينة لاستيعابها والتعامل معها بفاعلية وتقع هذه المسئولية على التعليم في إعداد أفراد يستطيعون القيام بذلك بكفاءة من أجل الانخراط في المنظومة العالمية الجديدة، وإدارة الجودة الشاملة هي أحد الأطر الفعالة الأساسية للقيام بهذه المهمة.

ويعرف قاموس Webster الجودة بأنها سمة متميزة وضرورية ودرجة من الامتياز.

إن إدارة الجودة الشاملة في الغرفة الصفية تتوقع الأفضل من أي طالب وخاصة ضعيفي التحصيل والعمل على تحقيق تحسن مستمر وذلك من خلال ربط التعليم بالمجتمع وربط العلم بالحياة، وتنمية كل جوانب شخصية الطالب والاستفادة من كل طاقاته وإشباع رغباته وحاجاته.

إن إدارة الجودة تسعى للتحسن المستمر التدريجي بعد تحديد وفهم إمكانيات كل طالب والعمل الدؤوب على تحسينها وتطويرها.

وتسعى الجودة الشاملة إلى ترسيخ التعاون والعمل الجماعي حيث يشارك كل طالب بأفكاره بحرية من خلال عمليات العصف الفكري وطرح البدائل المتعددة لحل مشكلة معينة، إنها تهيئ الطالب لأسلوب حل المشكلات حتى يتمكن من نقل أثر التعلم من داخل المدرسة إلى حياته العملية في المجتمع الذي يعيش فيه،حيث يركز المعلم في الأنشطة الصفية على مشكلات واقعية يعيشها الطالب بالفعل.

ويؤكد أسلوب إدارة الجودة الشاملة على تعليم الطالب كيف يتعلم، وممارسة التعلم الذاتي في اكتساب المهارات المختلفة حتى يكتسب ويدرك أن التعلم عملية مستمرة مدى الحياة تمشيا مع طبيعة العصر الذي نعيشه.

- **حجرة دراسة إدارة الجودة الشاملة**

المهارات المطلوبة حسب برنامج الجودة الشاملة في الغرفة الصفية هي:-

حل المشكلات، والتعاون، وصنع القرار، والمشاركة، والتفكير النقدي، والتعلم المستقل، والتفكير الابتكاري، والاتصال، والقيادة، والتنظيم و التوثيق.

إدارة الجودة الشاملة في غرفة الصف:

خطط، افعل، افحص، استمر

الأدوار المختلفة للمشاركين في إدارة الجودة في الغرفة الصفية

أولا: دور إدارة المدرسة:-

- عرض عبارة (رسالة المدرسة) في مكان بارز للجميع.
- التخطيط للعمل يبني التصور على خمسة عوامل: التطوير المستمر، الالتزام،أدوات القياس والتقويم، الاندماج الكلي،التركيز على المستفيد(الطالب).
- تحديد الأهداف المرجوة بدقة بشكل جماعي.
- تحديد المهارات وأنماط السلوك التى يجب ملاحظتها مقدما.

- وجود سجل لكل طالب يسجل فيه قدراته، وإمكانياته، ومستواه، وتطوره، ومدى تقدمه والطريقة الأنسب للتعامل معه ونمط تعلمه المميز والمهارات التى يتميز بها.
- التعاون مع أولياء الأمور فى حل مشكلات التلاميذ المختلفة واعتبارهم شركاء متساويين في العملية التربوية.
- تكوين فرق عمل لتنفيذ مشروعات الجودة يشارك فيها كل من التلاميذ والمعلمين واولياء الامور والمجتمع
- ايجاد ادوات تقويم بعيدة عن التقليد وتركز على التقويم الاصيل لاداء الطلاب لتحديد مدى التقدم نحو التطور المنشود.
- عرض مؤشرات الأداء بلغة واضحة ودية بعيدة عن الترهيب.

ثانيا: دور المعلم:

- تشكيل الغرفة الصفية بالشكل المناسب لعملية التعلم.
- تبني اتجاهات جديدة وتطوير طرق تدريسه والعمل على تطبيقها في حجرة الصف.
- تعريف طلابه على مصادر المعرفة المختلفة.
- تقديم تغذية راجعه لكل طالب.
- التعاون مع الزملاء المعلمين وتبادل الخبرات والمعلومات والتغذية الراجعة.
- بناء الأنشطة العملية الصفية الجماعية وتشكيل المجموعات مع مراعاة الفروق الفردية.
- التخطيط للدرس على شكل خطوات إرشادية قابلة للتعديل والتطوير حسب المواقف التي يواجهها في الصف.

- عرض عبارة رسالة الفصل أمام التلاميذ.

- وضوح خطة اليوم الإجرائية للتلاميذ وأن يكون لهم دور في إعدادها.

- توظيف اسلوب حل المشكلات حتى يصبح التلاميذ اكثر فاعلية في مواجهة المشكلات التي تواجههم.

- أصبح دور المعلم قائدا ومدربا وقدوة ومقوما قريبا من كل طالب.

- أصبح لدى المعلم الرغبة الكبيرة في جمع وتحليل المعلومات من أجل تحسين التعليم.

- الالتزام بالتحسين المستمر.

ثالثا: دور الطالب.

- المشاركة الفاعلة في كل ما يجرى داخل الصف – تعاون الطلاب معا أصبح ملموسا.

- كل طالب يتدرب على تحمل مسئولية تعلمه ومسئوليه تحيق أهداف رسالة الصف.

- يشارك الطلاب معا للوصول إلى ما هو مهما بالنسبة لهم وإستراتيجيات الوصول إليه.

- يتحدث الطلاب إلى معلمهم عن أهدافهم الشخصية وخطط عملهم الإجرائية.

- يتحدث الطلاب إلى الزائرين عن نظامهم التعلمي الصفي ورسالة شعبهم وأهدافها وإجراءات الوصول إليها.

- إدارة الطلاب اللقاءات مع أولياء الأمور وعرض تقدمهم في تحقيق الأهداف المنشودة.

- المتعة والإثارة في التعلم.

- الشعور بأن مجموعة الصف وحدة واحدة.
- العمل بكفاءة في مجموعات والتفاعل الايجابي بين اعضاء المجموعة.
- اكتساب القدرة على حل المشكلات.
- ممارسة التقويم الذاتي من خلال جمع وتوثيق وتسجيل المعلومات التي يتم حمعها بعد تنفيذ اي انشاط حتى يدرك مدى التقدم.
- احترام وتقدير مواهب وقدرات وآراء الزملاء الآخرين.

إن عصر العولمة الذي فرض نفسه على حياتنا وأساليبنا في التفكير لابد أن نواجهه بنوعية جديدة من التعليم وبأساليب تعليمية تتسم بالمرونة والجودة والإبداع. إذ إن المطلوب أصبح أن يتعلم الطالب كيف ينمي نفسه ويؤهلها للتكيف مع متطلبات حياته المتغيرة

..ان الجودة هى الحل".[1]

وطبقا لاستراتيجية الجودة الشاملة فى غرفة الصف فإن هناك تحولا كبيرا فى دور المعلم، حيث أصبح دوره من ناقل للمعرفة إلى موجه للتلاميذ ومدرب حقيقي لهم، ومن صاحب سلطة إلى خلق مناخ من حرية التعبير، ومن أسلوب التعليم الجمعى إلى التعلم التعاونى ومن اتخاذ القرارت الفردية إلى المشاركة الفاعلة للطلاب فى صنع القرارات، ومن منفذ حرفى للمنهج وتحفيظه عن طريق حشو عقول التلاميذ بالمعلومات إلى مناقشة القضايا المرتبطة بالمنهج مع الطالب.

(١) اركارو، جانيس (٢٠٠٠) اصلاح التعليم - الجودة الشاملة في حجرة الدراسة. ترجمة سهير بسيوني،دار الاحودي للنشر- القاهرة - جمهورية مصر العربية. ص ٤٢.

مقومات جودة المعلم الناجح: [(١)]

انطلاقا مما سبق، نلخص خصائص جودة المعلم الناجح في عمله المتميز بجودة في شخصيته وتفكيره ومعتقداته وأساليبه التعليمية والتربوية..لذا حسب الموقف التعليمي يجب على المعلم أن:

- يهيئ الطلاب للدرس الجديد بتحديد أهدافه لهم وبيان أهميته.
- يتأكد من معرفة الطلاب لمقدمات الدرس ومتطلباته السابقة، ولو عمل لها مراجعة سريعة لكان أفضل.
- يقدم الدرس الجديد.
- يلقي الأسئلة على الطلاب ويناقشهم لمعرفة مدى فهمهم.
- يعطي الطلاب الفرصة للممارسة والتطبيق.
- يقيم الطلاب ويعطي لهم تغذية راجعة فورية عما حققوه.
- أن يكون حيويا.. متفائلا.. بشوشا.
- أن يكون جادا ومخلصا في عمله.
- أن يكون واثقا من معلوماته ومعرفته في المادة العلمية.
- أن يكون نشيطا مع طلابه في اعطاء وأداء عمله.
- أن يكون مبدعا في أفكاره وطرقه.
- أن يكون مرنا في سلوكه واضحا في شرحه وحيويا في حركاته.
- أن يكون مبادرا في اقتراحاته ومجددا في آرائه.

---

(١) سالي براون، فل ريس – معايير لتقويم جودة التعليم / ترجمة د. أحمد ممصطفى حليمة -١٩٩٧/ عمان- دار البيارق،ص١٦

- أن يكون متحمسا لعمله ودقيقا في إعطائه للمعلومة.

- أن يكون أنيق الملبس والمنظر.

- أن يكون منظما في سلوكه داخل الصف وخارجه.

- أن يكون قاضيا عادلا في حكمه على مدى مساهمة وجهود الطلاب..
أي مقيما جيدا لأعمالهم.

- أن يكون دليلا للطالب في كيفية اكتساب المعرفة والمهارات.

- أن يكون مصدرا للمعرفة وطرق اكتسابها.

- أن يكون منظما وضابطا لنشاطات الصف.

- أن يكون طبيبا يشخص احتياجات ورغبات ومشاكل التعلم وأساليب اكتساب المعلومة عند الطلاب.. فهو يقيم تقدم الطلاب بشكل افرادي أو جماعي ويساعدهم على تطوير إستراتيجيات إيجابية للتعلم.

- أن يكون مخططا يضع خططا لحل مشاكل تعلم الطلاب ويختار نشاطات ومواد تعليمية تساعد على تحقيق التعلم العميق عند الطلاب.

- أن يكون مديرا يعزز مشاعر التعاون والعمل الجماعي والثقة والمحبة بين الطلاب.. وذلك بتنوع نماذج التفاعل بين الطلاب داخل الصف وفقا لأهداف محددة ومناسبة لطبيعة ومشاعر الطلاب.

- أن يكون مؤمنا بمبدأ التعليم والتعلم العميق ورافضا لمبدأ التعليم والتعلم السطحي.

- أن يكون على إطلاع بما يستجد في مجال تعليم وتعلم مادته العلمية.

- أن يكون مهتما بتطوير نفسه عندما تتاح له الفرص.

- أن يكون ذا صدر رحب في تقبله للنقد البناء وأن يعمل على تحسين وتطوير قدراته ومهاراته.

- أن يكون ملما بمهارات الحاسوب.. أي أن يكون حاصلا على شهادة قيادة الحاسوب ICDL
- أن يستخدم استراتيجيات التعليم الحديثة.
- أن يستخدم استراتيجيات التقويم الحديثة. (١)

والمتطلبات التي تحتاجها الجودة للتطبيق في الميدان التربوي مثل:

١. دعم وتأييد الإدارة العليا لنظام إدارة الجودة الشاملة.
٢. ترسيخ ثقافة الجودة الشاملة بين جميع الأفراد
٣. تنمية الموارد البشرية كالمعلمين والمشرفين وتطوير وتحديث المناهج
٤. مشاركة جميع العاملين في الجهود المبذولة لتحسين مستوى الأداء
٥. أهمية التزام الإدارة العليا التعليمية بتطبيق الجودة
٦. تهيئة مناخ العمل والثقافة التنظيمية للمؤسسة التعليمية
٧. تأسيس نظام معلومات دقيق لإدارة الجودة الشاملة
٨. تحديث الهياكل التنظيمية لإحداث التجديد التربوي المطلوب

الأسس التنظيمية للجودة الشاملة:

هي مجموعة النظم والإجراءات والمسئوليات التنظيمية التي تكفل الإرساء الصحيح والفاعل لثقافة الجودة الشاملة، وبعبارة أخرى هي مجموعة القنوات الرسمية التي يتم من خلالها بناء ثقافة الجودة الشاملة. وتشمل الأسس التنظيمية للجودة الشاملة مجموعة من العناصر الأساس:

---

(١) مصطفى نمر دعمس- الاستراتيجيات الحديثة في تدريس العلوم العامة، دار غيداء، الأردن - عمان/ ٢٠٠٧. ص١٣٢

١- التشريع للجودة.

٢- التنظيم للجودة.

٣- التدريب للجودة.

١- التشريع للجودة:

(وضع السياسات والتنظيمات واتخاذ القرارات عالية المستوى وأولها قرار البدء في تطبيق الجودة)

على الرغم من توفر الصلاحيات لدى الإدارة العليا لسن ما تشاء من نظم وقوانين تكفل تطبيق الجودة الشاملة فإن الحكمة تقتضي توفير أكبر قدر ممكن من المشاركة في صنع القرارات الإستراتيجية. إذ لا يعقل أن يعتمد تطبيق الجودة الشاملة - والتي ترفع شعار المشاركة - على قرار فردي تتخذه الإدارة العليا بالشركة.

ومن الممارسات الطيبة في توسيع قاعدة متخذي القرارات الإستراتيجية وتقنينها أن يتم تحديد هيئة / لجنة قيادية عليا تجتمع بصورة دورية لسن السياسات التنظيمية ومتابعة الظواهر العامة في التطبيق واتخاذ ما ليزم حيالها.

ولعل أول بند نطلب فيه المشاركة هو عمل الدراسات التمهيدية اللازمة للتأكد من جدوى تطبيق الجودة الشاملة ومدى استعداد المؤسسة في الوقت الراهن لتقبل هذه النقلة الإستراتيجية.

وقد يكون من المناسب في هذا الموضع الحديث عن أهمية التخطيط الإستراتيجي وكيفية ربط جهود التحسين بالأهداف الإستراتيجية للمؤسسة. فالتخطيط الإستراتيجي مسئول عن بلورة صياغة واضحة لرؤية ومهمة المؤسسة وما تستند عليه من قيم ومبادئ وما تؤدي إليه من تحقيق أهداف وغايات المؤسسة.

٢- التنظيم للجودة:

التنظيم من أجل الجودة هـو أول الخطـوات العمليـة لرحلـة الجـودة ويشـمل خلـق المسئوليات التنظيمية والأدوار الأساس التي تتولى إنشاء وتحريك مفاهيم الجودة الشاملة في المؤسسة.

وينبغي التأكيد قبل الحديث عن التنظيم للجودة أنه تنظيم مؤقت يختفي بانتهاء الغرض منه ألا وهو بناء ثقافة الجودة الشاملة حيث أن استمرارية تطبيق الجودة الشاملة لا يمكـن أن تكـون مرتبطـة بجهة مركزية تتابع وحدها أسـاليب التطبيـق وتحاسب الآخـرين عليها وإنما يجب أن تتحول الجـودة الشاملة إلى ثقافة عامة للمؤسسة تستمر دون رقابة تنفيذية.

ويختلف التنظيم للجودة من مؤسسة إلى أخرى وفق حجمها وتنظيمها وطبيعـة عملها وثقافتهـا الخاصة، غير أنها جميعا تتفق في الأدوار المطلوب إسنادها إلى من يقوم بها بصورة أو أخرى، ومـن ذلـك المهام التشريعية، إيجاد التوصيات وتطبيقها،

متابعة التنفيذ، المساعدة الفنية لقادة الفرق، توثيق النتائج وتحليلها.

منهجية التحسين المستمر:

تعتمد منهجيـة التحسـين المسـتمر علـى تكـوين فـرق للتحسـين المسـتمر يشـارك فيهـا ويقودهـا الأشخاص العاملين في العملية موضع التحسين على أساس تطوعي اختياري وتكفل المؤسسة لهم من الـنظم والموارد والأعراف ما يسمح لهم بالعمل بحرية والتوصـل إلى توصيات مدروسـة يـتم عرضـها علـى ذوي الصلاحية في اتخاذ القرار لتنفيذ ما يثبت جدواه منها.

وبذلك ينشئ التنظيم للجودة الشاملة مجموعة من الأدوار والمسئوليات التي تعمـل علـى تحقيـق هذا الهدف بعناصره المتعددة من إشراك للعاملين وضمان لحرية عملهم في الدراسة التحسينية وحصولهم على الدعم الفني والإداري اللازم للنجاح فيها علاوة على ضمان تنفيذ ما تثبت جدواه من توصياتهم.

الأدوار والمسئوليات:

نؤكد قبل الحديث عن أدوار الجودة الشاملة أنها أدوار تكليفيه لا تنظيمية، بمعنى أنها لا ينتج عنها وظائف متفرغة، إلا في أضيق الحدود، وإنما هي مهام يقوم بها أشخاص عاديون في المؤسسة ضمن إطار الدور التنظيمي العادي لهم، فأي رئيس من الرؤساء قد يكون مدير عملية، وأي موظف من الموظفين، بما في ذلك الرؤساء، قد يكون قائد فريق أو عضو فريق، كما أن أغلب هذه الأدوار مؤقتة، فصاحب أي دور قد يتحول إلى دور آخر في وقت لاحق، كأن يكون الشخص مديرا لإحدى العمليات ثم عضوا في فريق آخر ثم قائدا لفريق ثالث في فترات متعاقبة.

٣ - التدريب للجودة:

يتحمل التدريب دورا أساسا في رحلة الجودة الشاملة بصفة عامة وفي مراحلها الأولى بصفة خاصة وذلك على محورين أساس هما التعريف بمفاهيم الجودة الشاملة والمساهمة في نشر ثقافتها علاوة على تقديم الجرعات التدريبية المناسبة لكافة الأطراف المسئولة عن تطبيق الجودة الشاملة.

المحور الأول: المساهمة في نشر ثقافة الجودة:-

تتمتع الأنشطة التدريبية (خصوصا التدريب الداخلي) بقدرة خاصة على التأثير في ثقافة المؤسسة نظرا لما تتمتع به من مناخ تعليمي مفتوح من ناحية واحتكاكها المستمر بكافة الشرائح والمستويات التنظيمية من ناحية أخرى، علاوة على توفر مستويات المعرفة الصحيحة فيها. لذلك فإن رسالة التدريب في التعريف بالمفاهيم الصحيحة وتوحيدها بين العاملين في المؤسسة لا تقل بحال عن رسالته في التعريف بأدوات التحسين المستمر والتدريب عليها.

المحور الثاني: تقديم الجرعات التدريبية المناسبة:

يتم تصميم البرامج التدريبية المناسبة لكل المستويات المشاركة. ولعل تدريب قادة الفرق يشكل الإطار الأهم في التدريب للجودة غير أنه ليس الإطار الوحيد في ذلك.

تدريب التنفيذيين:

يحتاج المديرون التنفيذيون وأعضاء الإدارة العليا في الغالب جرعات مركزة ومبكرة نظرا للدور الرائد المتوقع منهم في حمل مشعل الجودة الشاملة وقد يكون من المناسب إشراك العديد منهم في سلسلة من الندوات الخارجية متدرجة المستوى والمؤتمرات المتخصصة للاحتكاك المباشر مع المؤسسات الأخرى ذات الخبرة في المجال ربما في نفس الوقت الذي يكون جهاز التدريب الفني منشغلا بإعداد التدريب الأساس لمديري العمليات وقادة الفرق ومنسقي الجودة. ومع ذلك فإنه من المناسب أيضا تقديم عروض مكثفة (ثلاث ساعات) تضم البنود التالية: -

• التعريف بالجودة الشاملة وعناصرها الأساس.

• الجدوى من تطبيق برامج الجودة الشاملة.

• تجارب المؤسسات السابقة والدروس المستفادة.

• إدارة التغيير.

وبهذا تكفل الأسس التنظيمية للجودة الشاملة الإرساء الصحيح والفاعل لثقافة الجودة الشاملة من خلال وضع التشريعات والسياسات المناسبة وإرساء التنظيمات والأدوار التي تكفل تفعيل تلك السياسات علاوة على الدور الرائد للتدريب في نشر- ثقافة الجودة الشاملة وإعداد العاملين للنجاح في أدوارهم فيها.

متطلبات تطبيق إدارة الجودة في التعليم

إن تحديد المتطلبات الأساسية لدى المؤسسات التربوية أمر بالغ الأهمية حتى تستطيع تقبل مفاهيم الجودة الشاملة بصورة سليمة قابلة للتطبيق العملي وليس مجرد مفاهيم نظرية بعيدة عن الواقع، ولكي تترجم مفاهيم الجودة الشاملة في المؤسسات التربوية للوصول إلى رضا المستفيد الداخلي والخارجي للمؤسسة التربوية لابد من تحديد تلك المتطلبات والتي نذكر من أهمها ما يلي:-

١ـ دعم وتأييد الإدارة العليا لنظام إدارة الجودة الشاملة.

إن تطبيق إدارة الجودة الشاملة يتطلب قيادة نشطة، قيادة قادرة وحكيمة وواضحة، تقوم بالرعاية الكاملة وتبني المسؤولية المباشرة عن الجودة الشاملة، وتلتزم بتطبيقها، كما يتطلب أن تكون الإدارة قوية فاعلة تتصف بالمثابرة والخبرة والاستقرار والتركيز الذهني وأن تتمتع بالمواصفات القيادية والمهارات التنظيمية ومهارات الاتصال الفعال، وبالقدرة على الإيفاء بمتطلبات تحقيق الأهداف على المدى القصير والطويل، وبالقدرة على مجابهة ضغوط العمل وضبابية المواقف، وبالقدرة على الالتزام بتحقيق الجودة، وبالوعي والدراية الكاملة بأسباب

إدارة الجودة الشاملة.

• تبني الأنماط القيادية المناسبة لمدخل إدارة الجودة الشاملة.

• تفويض الصلاحيات يعد من الجوانب المهمة في إدارة الجودة الشاملة وهو من مضامين العمل الجماعي والتعاوني بعيدا عن المركزية في اتخاذ القرارات.

٢ ـ ترسيخ ثقافة الجودة الشاملة بين جميع الأفراد:

ترسيخ ثقافة الجودة الشاملة بين جميع الأفراد كأحد الخطوات الرئيسية لتبني إدارة الجودة الشاملة، حيث أن تغيير المبادئ والقيم والمعتقدات التنظيمية السائدة بين أفراد المؤسسة الواحدة يجعلهم ينتمون إلى ثقافة تنظيمية جديدة تلعب دورا بارزا في خدمة التوجهات الجديدة في التطوير والتجويد لدى المؤسسات التربوية.

و ا لمؤسسات تركز بشكل كبير في المراحل الأولى من تطبيق الجودة الشاملة على إحداث التغيير المناسب في ثقافتها من أجل تمهيد تربتها الداخلية لاستقبال بذور الجودة الشاملة وإنمائها وجني ثمارها.

أما إغفال تغيير ثقافة المؤسسة قبل التوسع في تطبيق الجودة فهو محاولة استنبات بـذرة طيبة في أرض غير مناسبة لها وهو حكم مسبق فشل التجربة وإغلاق الطريق أمامها مستقبلا. وبصفة عامة يعد انتشار الوعي بالعناصر الأساسية للجودة بين العاملين (رؤساء ومرؤوسين) هـو الركيزة الأساسية لثقافة الجـودة الشـاملة. إذ لا نفـع لشـعارات الجـودة عـلى الجـدران وفي المطبوعـات مـا لم تتحول هذه العناصر إلى قناعة حقيقية وممارسة يومية يقوم بها العاملون في كافة مواقع العمل.

كما أن هناك معول كبير التدريب في نشر ثقافة الجودة الشاملة إذ يجب أن يكون المفهوم العـام للمؤسسة هو الترحيب بالجهود التدريبية باعتبارها أساس في ثقافة الجودة الشاملة.

إن انتشار الثقافـة الصحيحة للجـودة الشـاملة هـي الضـمان الوحيد لاستمرارية تطبيق الإدارة بالجودة الشاملة في المؤسسة.

٣ـ تنمية الموارد البشرية كالمعلمين والمشرفين وتطوير وتحديث المناهج إن إدارة الجودة تشـتمل على مجموعة مفاهيم وأساليب إدارية حديثة، كما تشتمل على أدوات لا بد مـن اسـتخدامها لتتمكن المنظمة من تطبيق إدارة الجودة بنجاح، ولتمكين العاملين من تطبيق هذه المفاهيم واستخدام أدوات الجودة بفعالية لا بد من التدريب المكثف لجميع أفراد المنظمـة لإكسـابهم المهارات والمعارف اللازمة لتحقيق هذا الغرض،

ولتمكينهم من المساهمة في تحسين جودة الخدمات والمنتجات، وتمكينهم مـن الأداء بشكل مميـز يحد من الأخطاء والإهدار وإعادة الأعمال،أي أن تؤدي الأعمال بشكل صحيح المرة الأولى وكل مره. كما أن التدريب يعد أهم

وأفضل وسيلة متاحة للمنظمات لإكساب أفرادها المهارات والمعارف والسلوكيات اللازمة لأداء العمل بشكل مميز، أما عدم الأخذ بمبدأ التدريب المستمر فيؤدي إلى ممارسة العمل عن طريق التناقل أي أن كل جيل يضطر لأن يؤدي العمل بنفس الطريقة التي يؤديها الجيل السابق بغض النظر عن كفاءة وفعالية هذه الأساليب المتبعة للأداء مما يحد من التحديث والتطوير في الأداء.

٤ - مشاركة جميع العاملين في الجهود المبذولة لتحسين مستوى الأداء:

تعتمد إدارة الجودة الشاملة على تحقيق أهدافها من خلال تفعيل طاقات العاملين والارتقاء بمشاركاتهم من مستوى التنفيذ الآلي للأعمال إلى مستوى تبنى مسئولية مراقبة مؤشرات العمل وتحليلها من أجل التحسين المستمر للعمليات والمخرجات.

التحسين المستمر

الإبداع في العمل

إتقان العمل

التنفيذ الآلي للأعمال

كما تؤكد الجودة الشاملة على البعد التطوعي لمساهمة العاملين في دراسات التحسين وفي تنفيذها

وفي مراقبة نتائج التحسين والانطلاق منها إلى مزيد من التحسين وذلك في سلسلة مستمرة من التحسين والتحليل.

أي أن الجودة الشاملة تعمل على توسيع إطار التعاقد النفسي ـ بين العاملين والإدارة مما يدفع العاملين إلى استحضار طاقات شخصية إضافية وتوظيفها في العمل من منطلق الشعور بالمشاركة والملكية الحقيقية للعمليات والمشاركة في الجهود المبذولة لها فوائد عديدة ومنها:-

- الثقة المتبادلة مع الرؤساء:

المشاركة لتشبع جو الثقة المتبادلة بين الإدارة والعاملين لأن العـاملون يعـدون إشراكهـم في دراسـة تحسين العمل اعترافا بإمكاناتهم مما يدفعهم إلى محاولة الارتقاء إلى مستوى تلك التوقعـات ببـذل المزيـد وبالتالي تزداد ثقة الرئيس.

- التركيز على الأمور الهامة:

مشاركة العاملين تسمح للرؤساء بالتفرغ لأعمالهم الحقيقية وتـوفر لهـم الوقت اللازم للتخطيط واستشراف المستقبل.

- القرب من العمل:

غالبا ما يكون العاملون أكثر دراية بتفاصيل العمل من الرؤساء لاحتكاكهم اللصيق به عن قرب.

- تجنب الأخطاء:

تتناقص الأخطاء كثيرا في العمل الجماعـي مقارنـة بالعمـل الفـردي، حيـث يكون التـدقيق الـذاتي للأعمال في الفريق أشمل منه في الأعمال الفردية بسبب تعرض أغلب الأفكار للنقد والتمحيص من الأعضاء بعضهم البعض.

- الاتحاد قوة:

المشاركة تعظم العائد الإجمالي من العمل، فما تقوم به المجموعات المتعاونة يفوق كثيرا مجموع ما يقوم به نفس العدد من الأفراد المتفرقين.

- التخلص من خلافات العمل:

مشاركة العاملين في فرق العمل الجماعي تزيدهم قربا من بعضهم البعض وتزيل الخلافات التـي عادة ما تنشأ في محيط العمل وتخلق فرصة حقيقية للتقارب والتعاون.

- التنوع والتباين:

اختلاف المشارب يثري العمل بوجهات نظر متعددة، ويتباين الأفراد في اهتماماتهم وقدراتهم، الأمر الذي يجعل الفريق يجني محصلة توجهات مختلفة تكمل بعضها البعض.

- بناء القادة:

تسهم مشاركة العاملين في بناء قادة المستقبل [لا يوجد تحد قيادي في مناخ تجريبي آمن مثل التحدي الذي توفره فرق التحسين المستمر لقادة الفرق حيث تعهد إليهم مسؤولية إدارة فريق (من المتطوعين) دون سلطة تنظيمية حقيقية عليهم، وفي هذا المناخ فرصة غالية لبناء قدرة القائد على الإقناع والتحفيز وتحقيق النتائج من خلال تحريك الدوافع الذاتية للأعضاء].

- تغيير ثقافة المؤسسة:

تسود فرق التحسين لغة جديدة مفرداتها أدوات التحسين والأرقام والبحث عن الأخطاء أو مصادرها وتحليل البيانات واستجلاب الأفكار الجديدة كل ذلك في إطار من العمل الجماعي.

- إنجاح جهود التحسين:

تحميس الأعضاء – بعد الموافقة على التوصيات – لإثبات أن توصياتهم جيدة خلافا للحال إذا كانت نفس التوصيات صادرة إليهم بتكليف من الإدارة أو بدراسة استشاري وبالتالي يجتهد الأعضاء في مرحلة التنفيذ لحل المشاكل وتغطية النقص الذي قد يكون في الدراسة.

- توالد النجاحات:

النجاح تحليق مزيد من النجاح، إن نجاح التحسين يسهم في رفع معنويات العاملين وقدرتهم على بذل المزيد ما يفوق في أهمية ما يتحقق فعلا من تحسين.

وبذلك تكون المشاركة الحقيقية لجميع المعنيين بالمؤسسة في صياغة الخطط والأهداف اللازمة لجودة عمل المؤسسة من خلال تحديد أدوار الجميع وتوحيد الجهود ورفع الروح المعنوية في بيئة العمل في كافة المراحل والمستويات المختلفة.

و مشاركة جميع العاملين في المنظمة في تحسين الخدمات والمنتجات من خلال فرق العمل، وحلقات جودة يتم تكوينها لتحديد معوقات الأداء المتميز والعمل على إيجاد الحلول المناسبة لها وتمكين هذه الفرق من إجراء التغييرات التي تقترحها. المشاركة من خلال فرق عمل تم تمكينها من إجراء التغييرات التي تقترحها. المشاركة من خلال فرق عمل تم تمكينها من إجراء التغييرات واتخاذ القرارات المناسبة حيالها مبدأ أساسي من مبادئ إدارة الجودة الكلية وذلك لأن المرؤوسين دائما أكثر قدرة من الإدارة العليا على تحديد المشاكل التي تواجههم في أدائهم لأعمالهم وإيجاد الحلول المناسبة لها، وذلك لممارستهم لهذه الأعمال بشكل يومي، كما أن المشاركة الفعالة تخلق مناخا من القبول وعدم مقاومة التغيير. أما النظرة التقليدية القائمة على أن الإدارة العليا أكثر قدرة على تحديد المشاكل وتحليلها وإيجاد الحلول المناسبة لها فهي تحد من فعالية الإدارة العليا والموظفين في آن واحد، فهي تعوق الإدارة العليا من ممارسة دورها الرئيسي وهو الدور القيادي ورسم السياسة العامة للمنظمة وذلك نتيجة لإقحام الإدارة العليا نفسها في الأعمال التقليدية والتنفيذية التي هي من مهام المرؤوسين (التنفيذيين) بالدرجة الأولى، كما أن هذه النظرة تحد من القدرة الإبداعية لدى المرؤوسين ومن مساهمتهم الفعالة نتيجة لحصر دورهم في تنفيذ التعليمات الواردة لهم من الإدارة العليا دون إعطائهم الفرصة لإبداء رأيهم فيما يقومون فيه من أعمال، وبهذا تصبح المنظمة عبارة عن فكر وآراء فرد واحد فقط بالرغم من توافر مصادر فكر متعددة.

٥ - أهمية التزام الإدارة العليا التعليمية بتطبيق الجودة:

ويقصد بالإدارة العليا هنا قيادة المنظمة المتمثلة في رئيسها ومعاونيه ورؤساء الأجهزة الرئيسية بها من ذوي الصلاحية والمسؤولية الأولى في المنظمة، فالإدارة العليا هي التي تمتلك السلطة والصلاحية لإصدار القرارات الرئيسية لتسيير مختلف أعمال

المنظمة الآنية والمستقبلية، ومن ذلك مثلا اتخاذ قرار تطبيق نظام إدارة الجودة الشاملة على أعمال المنظمة واعتمادها هذا المبدأ كهيكل للعمل داخل المنظمة، وتأتي أهمية دور الإدارة العليا في إنجاح برنامج الجودة المطبق من أن تطبيق مبدأ الجودة في أية منظمة لا يمكن أن يكتب له النجاح دون الالتزام الكامل للإدارة العليا بأهمية هذا المبدأ والمشاركة الفعلية في التطبيق وهذا الالتزام لا بد أن يكون واضحا منذ بداية التطبيق وخلال مراحله المتعددة.

والإدارة العليا التعليمية هي رأس الهرم في المؤسسة التعليمية وهي التي تدرك هدف الرسالة التي تناط بها، وهي التي تمتلك السلطة والصلاحية والإمكانات وتترأس الأجهزة التخطيطية والتنفيذية في المؤسسة التعليمية، لا بد من أن تعي مسؤولياتها وتحيط بالجوانب التعليمية والتنظيمية، كما لا بد من أن تكون قادرة على ترجمة وتنفيذ أهداف وخطط وبرامج المؤسسة التعليمية وتقييمها وإجراء التعديلات اللازمة عليها، وهي التي تشرف على القضايا الإدارية وتحول الترابط بينها وبين الأهداف التربوية والتعليمية للمؤسسة التعليمية إلى لغة يفهمها الموظفون والمنتسبون والعاملون جميعا.

والإدارة العليا أقدر من غيرها على الرؤية وعلى التخطيط الاستراتيجي وهي تقود المؤسسات التعليمية التي يفترض أن تكون بعيدة عن الأهواء والنزعات، ولها اتصال فاعل بالمؤسسات المؤثرة في المجتمع، وهي تمتلك القدرة على تطوير العاملين بها وعلى حل مشكلات العمل وعلى جمع المعلومات وتنظيمها كما يفترض ألا تنحاز الإدارة العليا للمنظمة إلا لصالح العمل المثمر البناء، وهي القادرة على حل الصراعات الداخلية وعلى تفهم أمور منسوبيها وعلى تطوير أدائهم.

ويتمثل التزام الإدارة العليا للمنظمة بأهمية الجودة وضرورة تطبيقها في أمور عديدة يأتي في مقدمتها:

١- ربط إدارة الجودة في المنظمة مباشرة بأعلى سلطة تنفيذية فيها من خلال الهيكل التنظيمي.

٢- طرح ومناقشة تطورات تطبيق الجودة في المنظمة في مختلف الاجتماعات التنفيذية.

٣- رصد المبالغ المالية الضرورية اللازمة لعمليات التطوير باعتباره استثمارا طويل المدى.

٤- توفير السلطة اللازمة والدعم الإداري المطلوب للمسئول عن إدارة الجودة.

٥- تشكيل ودعم اللجان الإدارية باختلاف مستوياتها الخاصة بتطبيق الجودة.

٦- تقديم المحاضرات وحلقات التوعية عن الجودة لمنسوبي المنظمة وللمتعاملين معها.

٧- تعزيز ثقافة الجودة لدى العاملين وتطوير مهاراتهم وتوفير رؤية إستراتيجية واضحة المعالم للمنظمة وأهدافها.

ولا بد أن تعمل الإدارة العليا على تقييم مدى استعداد وملائمة المؤسسة التعليمية لتبني الجودة الشاملة، ومن أجل أن يكتب لتطبيقها النجاح لابد من أن يكون أعضاء الإدارة العليا على ثقة بأن الإمكانات والأسلوب ملائمان لتطبيق هذا النظام في المؤسسة التعليمية، وأن الوقت مناسب للقيام بذلك.

ولابد أن تسعى الإدارة العليا دائما لتحقيق النجاح في المؤسسة التعليمية من خلال الطرق المناسبة، ومن ذلك طريق تطبيق إدارة الجودة الشاملة، وهذا لن يتحقق إلا من خلال الإعداد المتقن للترتيبات اللازمة لذلك، والأخذ تدريجيا بالتغيير داخل المؤسسة وخارجها، فرديا وجماعيا، لذا تعد القدرة على الصبر والتأني عاملا ضروريا وحاسما لتحقيق النجاح طويل الأمد لتطبيق نظام إدارة الجودة الشاملة.

٦ ـ تهيئة مناخ العمل والثقافة التنظيمية للمؤسسة التعليمية:-

إن توفير المناخ التنظيمي الملائم يحقق لإدارة الجودة الشاملة نجاحا ملحوظا حيث أن المناخ التنظيمي يعني قيام الإدارة العليا ومنذ البدء بإعداد وتهيئة العاملين في المنظمة على مختلف مستوياتهم إعدادا نفسيا لقبول وتبني مفهوم الجودة الشاملة حيث أن

ذلك يسهم في تنشيط أدائهم والتقليل من مقاومتهم للتغيير، وكذلك يوفر السبل الكفيلة بتوفير الموارد والتسهيلات المطلوبة لنجاح تطبيق نظام إدارة الجودة الشاملة وزرع الثقافة الهادفة للجودة بين العاملين في مختلف مستوياتهم إذ أن ذلك من شأنه خلق ثقافة تنظيمية تنسجم مع ثقافة المنظمة في إطار الجودة وتكامل الأبعاد التي تنطوي عليها.

٧ ـ تأسيس نظام معلومات دقيق لإدارة الجودة الشاملة:-

يعتبر توفر نظام المعلومات والتغذية العكسية من الركائز المهمة الأساسية التي تقتضيها متطلبات إدارة الجودة الشاملة، حيث يعتبر ذلك من أكثر العوامل الهادفة لتحقيق نجاح المؤسسة، سيما وإن توفير المقاييس والمواصفات والمعايير الهادفة للجودة ذات أثر بالغ في تحقيق الأهداف، إذ أن اتخاذ القرارات الصائبة يرتبط بشكل وثيق بتوفر البيانات والمعلومات الصحيحة التي يتطلبها النجاح المستهدف، كما أن استمرارية التحسين والتطوير المستمرين يقترن بشكل فعال بالتدفق المعلوماتي لأنظمة الاسترجاع الفاعلة.

٨ ـ تحديث الهياكل التنظيمية لإحداث التجديد التربوي المطلوب:

تتجسد فاعلية البناء التنظيمي للمنظمة بوضوح الهيكل التنظيمي المدروس الذي نحدد فيه المهام والمسؤوليات الإدارية والتعليمية حيث يتم توزيع وتحديد الصلاحيات والمسؤوليات الإدارية لكل إدارة أو قسم أو وحدة. وتفعيل أداء الإدارات والأقسام والوحدات.

بناء الهيكل التنظيمي لمؤسسات التعليم الرسمية ومؤسسات مراحل التعليم العام يتعين تنفيذ الإجراءات التالية:

أ) رسم الخريطة التنظيمية للإدارة والأقسام والوحدات الإدارية المختلفة التي تعتمد عليها

المؤسسات التعليمية في تحقيق رسالتها وتنفيذ المهام المناطة لها وتوضيح مسارات الاتصال بينها.

ب) تصنيف وتحديد المهام والنشاطات الإدارية للإدارات والأقسام والوحدات المحددة في الهيكل التنظيمي. كما تساهم الجودة في تحديث الهياكل التنظيمية وفق سياسة وأهداف الجودة التعليمية الشاملة لإحداث التجديد التربوي المطلوب

ج) تحديد موظف أو أكثر يسند إليهم مهمة إدارة نظام الجودة والإشراف على تطبيقه وتدريبهم في هذا المجال.

المؤشرات الأولية لجودة الخدمات التعليمية

١- تطابق نظام الجودة مع النظام التعليمي.

٢- التحسين المستمر للعمليات في الإعداد والأداء.

٣- القدرة على منع الأخطاء والوقاية منها.

٤- توفر قدر من الرضا للمستفيد في الداخل والخارج.

٥- الاستثمار الأمثل للموارد البشرية والمادية.

٦- تصاعد المستوى التربوي والتعليمي للطلاب.

٧- المظهر الجيد للمدرسة أو المرفق الإداري والمحافظة على الممتلكات.

الأخطاء المتوقعة في تطبيق نظام إدارة الجودة الشاملة

استعجال النتائج

نقص متطلبات التطبيق

النقل الحرفي

نقص المعرفة

التركيز على الجانب التقني على حساب العنصر البشري

الدعاية على حساب التطبيق الفعلي

كيف يمكن تفعيل نظام الجودة في المدارس؟

- تحديد المدارس التي تطبق نظام الجودة حسب معايير محددة تساعد على تحقيق مواصفات الجودة الشاملة وتطبيقها.

- التعريف بنظام الجودة من حيث كونه مبدأ إسلاميا ونظاما عالميا وذلك عن طريق تنظيم الندوات والمحاضرات وعقد اللقاءات التربوية لمديري المدارس وللمعلمين والمهتمين بالنظام.

- الإشراف على إعداد دليل الجودة لجميع المدارس التي تطبق النظام ومراجعته والتوجيه بتعديل وتغيير بعض بنوده وفق ما يستجد في النظام التعليمي العام.

- الإشراف على إعداد إجراءات وتعليمات الجودة لجميع المدارس التي تطبق النظام والعمل على مراجعتها و التوجيه بتعديل وتغيير بعض عناصرها طبقا لمتطلبات النظام التعليمي العام.

- توزيع المسئوليات والصلاحيات على الموظفين والعمال وتحديد الوصف الوظيفي الدقيق للإداريين والمعلمين والعاملين بالمدارس، وإيضاح الأعمال والإجراءات الكفيلة بمراقبة العمل ومتابعته لضمان استمراره وتقدمه.

- الإشراف على برامج التدريب لمديري المدارس وأعضاء فريق الجودة في كل مدرسة وفق خطوات التنفيذ الفعلي لنظام الجودة الشاملة بحيث يكون التدريب على شكل تعليم مستمر وليس مجرد دورة تدريبية مؤقتة.

- إيجاد بنية تعليمية معتمدة على الجودة الشاملة، وإنشاء نظام شامل لتخطيط وتوثيق وتنفيذ أعمال المراجعة الداخلية ومراجعة الإدارة العليا، وتهيئة المدارس للمراجعة الخارجية للحصول على شهادة الجودة العالمية (أيزو ٩٠٠٢).

- الوقوف على نظام الجودة في المدارس وما تم تفعيلة من إجراءات وتعليمات وخطط ومدى ترجمتها إلى أعمال ومناشط، والتعرف على حالات عدم المطابقة والمساهمة في تذليل الصعاب لتصحيحها.
- الوقوف على وسائل وأدوات تقييم الطلاب والتعرف على مستوياتهم ونتائج تحصيلهم الدراسي ومقارنتها بالنتائج السابقة لمعرفة أثر تطبيق نظام الجودة، ومدى تحقيق فوائده بالنسبة للطلاب وأولياء أمورهم.
- تطوير الخدمات المقدمة للطلاب وتدعيم برامج التوجيه والإرشاد الطلابي وبرامج الأنشطة المتنوعة وتشجيع المبادرات الذاتية في المجال التربوي للطلاب والمعلمين والإداريين.

نحو تجويد التعليم والتعلم

في مؤسسات التعليم العالي

يجمع التخاطب الاجتماعي العالمي المعاصر على أن التعليم الجامعي سيكون حلبة بين القوى العالمية، وخصوصا في عالم يزداد فيه الاعتماد المتبادل والترابط بشكل متزايد، ومع ذلك تتعرض النظم التعليمية للنقد دوما، حيث تبدو هذه العملية النقدية ظاهرة يشترك فيها الخبراء العلميين من أصحاب الرؤى المختلفة، حيث يرى البعض انه يجب أن يتبنى المجتمع النامي مشروع اصطلاحي الهدف منه الأخذ بيد

التعليم العالي في الدول النامية بحيث يمكن تعديل انحرافاته وجعله يسير قليلا متخلف الخطى عن التقدم العلمي للدول ذات الترتيب الأول في العالم.

عندما سئل الرئيس الأمريكي بوش في أحد المؤتمرات الصحفية عن سبب النمو الحضاري في أمريكا، أجاب أن سبب ذلك هو النظام التعليمي، وفي فرنسا، كان أحد الأعمدة الرئيسية في الحملة الانتخابية للرئيس جاك شيراك هو تطوير التعليم في فرنسا. وفي حوار مع السفير الصيني كان أغلب الحديث عن الطفرة الاقتصادية والحياتية للصين حتى وصل معدل النمو الاقتصادي إلى أعلى معدل في العالم، كان السبب هو تطوير نظام التعليم في الصين. وحول ظهور المارد الاقتصادي في اليابان كان جواب السفير الياباني أن السبب الجوهري هو النظام التعليمي.

ولضمان تحقيق مؤسسات التعليم العالي رسالتها في قيادة التغيير الاجتماعي المنشود، لا بد أن تنطلق من وعي عقلاني بالتغيرات الجذرية التي ينبغي إحداثها، مما يتطلب تقييم الواقع التربوي وتحديد نقاط الضعف فيه ومقاربتها بالتحديات الوطنية والقومية والعالمية.

والمتتبع لتاريخ الأنظمة التعليمية في العالم العربي بعامة والنظام التعليمي الأردني بشكل خاص يتضح وبجلاء أنه تاريخ حافل بالجهود التي شملت وحدات التعليم الأكاديمية والإدارية، والمحلل لتلك الجهود يلمح مسارا واضحا يمكن الإشارة اليه بتعزيز إرادة التغيير للأفضل والاستمرار في حركة التطوير من أجل الارتقاء بالأداء الأكاديمي والإداري مستفيدين بما يتوفر من إمكانات بشرية ومادية، ومستعينين بما يتحقق من خبرات أردنية وعربية و عالمية. وبالرغم من المحاولات الجادة والجهود المبذولة في اتجاه التطوير التربوي، إلا أن التعليم العالي يعاني من تدني مستوى التعليم، وانخفاض درجة كفاءة الخريجين، لدرجة أصبح " التعليم العالي في الوطن العربي قادرا على تزويد أجهزة الدولة بجملة الشهادات البعيدين كل البعد عن الإبداع والابتكار لإحداث النقلة النوعية في جسم المجتمع إلا بقدر محدود.. فالتعليم بعيد عن مفهوم تجسير الفجوة الحضارية وتحفيز الإبداع الذاتي. ويشير خبراء التنمية المتواصلة في التعليم والعديد من خبراء التربية والإدارة الجامعية، إلى أن أهم

التحديات المعاصرة التي تواجه الجامعات تكمن في: غياب التنافسية في الأسواق العالمية لخريجي الجامعات الوطنية، وتزايد البطالة بين الخريجين، وانخفاض نسبة إنتاجية العديد من خريجي الجامعات الوطنية في مجالات مختلفة، وزيادة عدد الخريجين عن حاجات سوق العمل، وكل ذلك بسبب الموارد البشرية الناتجة عن أنماط التعليم الجامعي الحالي. وهذا الواقع موضوع اهتمام ممزوج بالقلق في المجتمع الأردني وبدرجات متفاوتة في سائر المجتمعات العربية، كونه يرتبط بأهلية الخريجين والقدرة التنافسية بين الجامعات الوطنية والأجنبية، التي نتوقع أن تزداد خلال السنوات القادمة.

وعندما يكون التركيز منصبا على المدخلات التعليمية دون ربطها بالعمليات والمخرجات، فإن النتائج تأتي هيكلية قاصرة عن تجسير الفجوة الحضارية؛ ففي الوقت نفسه الذي يعظم فيه دور الجامعات في قيادة التغيير، نجد أن التطوير المهني لأعضاء هيئة التدريس نادرا ما يأخذ موقعا في سلم أولوياتها، مما يترتب على ذلك وجود أعراض وأمراض متنوعة في النظام التربوي وأهمها استمرار التدريس بالطرق التقليدية، وأثره في تزايد الانفصال الحقيقي بين أعضاء هيئة التدريس وطلابهم، فتركيز الاهتمام على تحليل العوامل العامة للنظام التربوي كان على حساب اهتمامنا بدور المدرس وتناسينا أهمية المبادرة التي يمتلكها المدرس لكي يجعل من المؤسسة التربوية عامل تقدم وبناء.

عندما نناقش النظام التعليمي ودوره في إحداث التغييرات المجتمعية المأمول بها، فسرعان ما يتبادر إلى الذهن واقع العملية التعليمية التعلمية. ومن المؤكد أن جودة عملية التعليم والتعلم تتعلق بجودة عناصرها الأساسية وهي: المدرس،و الطالب، المادة العلمية، والمؤسسة التعليمية وعندما نتحدث عن مقومات جودة التعليم في مجتمعاتنا العربية بعامة،يسعى البعض للبحث عن وصفة جاهزة يمكن نقلها من أنظمة تعليمية مختلفة بمدخلاتها ومقومات نجاحها، بينما نحن في أشد الحاجة إلى التوجه نحو تطوير واقع تصوراتنا نحو العملية التعليمية بعناصرها الأساسية، ان أفضل الحلول تأتي دائما من تحليل الواقع وصولا لتحديد نقاط الضعف.

ان المؤسسة التعليمية كتنظيم أداة فعالة في بناء الشخصية الحديثة،إلا أن قدرتها على ذلك تعتمد على واقع العلاقة التربوية بين المدرس والطالب وما يتخللها من آليات النمذجة (Modeling) والتمثيل(Exemplification) والتعميم (Generalization والتأثير (الثواب والعقاب)

تتضافر معا بحيث تعين الفرد على أن يذوب تدريجيا القيم الجديدة، وأن يدمج نفسه مع النظام الاجتماعي الجديد.

في حين أننا نجد أن نسبة لا بأس بها من أعضاء هيئة التدريس في الجامعات لا تتعدى نظرتهم للتعليم على أنه وسيلة لتأمين مكانة اجتماعية ووظيفة مجزية، وفي أقصى الحالات يتم الاهتمام بالمادة المعرفية التي يقومون بتدريسها أو حتى بنقلها وتلقينها للمتعلمين.

محدودية الرؤية هذه أثرت وبشكل مباشر على مدى إيفاء المدرسين بمسؤولياتهم التربوية تجاه توفير مناخ التفاعل الاجتماعي والنفسي الملائم فما بين المدرس والطالب وفيما بين الطلبة أنفسهم، مما أدى إلى ضعف الطلبة في استخدام مهارات الاتصال والتواصل، وتدني القدرة على إدارة الحوار وتفعيله.

أضف إلى ذلك أن البعض من المدرسين يتخذ من التعليم الجامعي موقفا ظاهره التقدم وباطنه الرجعية والجمود، فالمهمة التربوية تقف عند حدود "ايصال المعلومات" إلى الطلاب. في حين يعتقد البعض الآخر أنه وصل إلى مرحلة النضج في مادته العلمية عندما حصل على مؤهله الجامعي.علما أن ما يميز الفعل التربوي عن عملية التأثير الذي يمارس في أماكن اجتماعية مختلفة، بواسطة أفعال بهدف غرس فكرة أو رأي أو شعور أو إطلاق عمل "كونه يعرب عن نيته التكوينية باتجاه الدارسين. فالتأثير يعزى إلى المدرسين وما يوصف به هؤلاء المدرسون الذين يفترض أنهم يوجهون مستقبل الطلاب ومصيرهم.

أضف إلى ذلك أن ما يميز عمل المؤسسات التربوية عن غيرها من مؤسسات المجتمع الأخرى التأكيد على الحرية والتفكير المستقل والقدرة على المخالفة في الرأي

والبحث عن الحقيقة والإضافة إليها والالتزام بدستور خلقي يحكم عمليات البحث والدراسة.

أما الطالب الجامعي فيعتقد هو الآخر أن التعلم يحصل بمجرد تلقي المعلومات سواء كان المصدر المعلم أو الكتاب، أو حتى الكمبيوتر مؤخرا. من هنا يحصر ـ نفسه ـ في دائرة تلقي المعلومة وتخزينها في ذاكرته " عن ظهر قلب " ثم استردادها على ورقة الاختبار، وبهذا يؤمن الحصول على علامة النجاح ومن ثم الحصول على وثيقة التخرج ليعرضها على "الجدار مفتخرا بإنجازه العلمي!! ".

أضف الى ذلك أنه وبالرغم من انتشار عناصر التكنولوجيا الحديثة، إلا أن، الواقع الجمودي ما زال يخيم على عملية التعليم والتعلم في مؤسساتنا التعليمية. فلا جمال الحرم الجامعي، ولا توفير أنظمة الحاسب الآلي تكفي لتحقيق جودة التعليم والتعلم. نحن بحاجة إلى بناء استراتيجيات التعلم العميق الفعال فلم تعد الحاجة تقف عند حدود الحصول على المعلومة وحفظها. نحن بحاجة إلى البحث في المقومات الأساسية لجودة عمليتي التعليم والتعلم، فالجودة في التعليم ترتكز إلى " كل ما يؤدي إلى تطوير القدرات الفكرية والخيالية عند المتعلمين، وتحسين مستوى الفهم والاستيعاب لديهم، وتنمية قدراتهم على إيصال المعلومة بشكل فعال، والنظر في توظيف ما تعلموه في الماضي وما يدرسونه حاليا، في حل القضايا والمشكلات. لذا.. لا بد من التوجه نحو التنمية التعليمية المبرمجة التي تنطلق من الجذور، ومن أهمية الارتقاء بالمحورين الأساسيين في العمل التربوي: (المدرسين، والطلاب).

ولتجويد التعليم والتعلم نقدم جملة الافتراضات التربوية التي يجب أن تنطلق منها عمليتي التعليم والتعلم الفعال: [1]

أولا: الافتراضات التربوية المقترحة لتجويد تعلم الطلاب في مرحلة التعلم الجامعي

---

(1) : د.صفاء الشويحات، جريدة الرأي: ٢٠٠٨/٦/١٨

١. الطالب محور العملية التعليمية فبدونه لا وجود للمعلم أو المنشأة التعليمية.

٢. الطالب بطبيعته متحمس لاكتشاف عالمه.

٣. النظر في أهمية المنحى التكاملي في تقديم الخبرات التربوية التي تتوجه لتنمية شخصية المتعلم فكريا ومهاريا وانفعاليا.

٤. مفهوم "الكم" في عملية التعليم والتعلم يجب ألا يرتبط فقط بحجم المعلومة، بل أيضا بالوقت الذي يستغرق في التعلم والأسلوب الذي يكتسب المتعلم فيه المعرفة.

٥. المدرس مخطط ومشرف وموجه لإحداث التعلم عند الطلاب، ينطلق عمله من تطوير تصورات المتعلمين وإدراكهم لمفهوم التعلم وتعرف أدوارهم، في اكتشاف معنى الأشياء وفهم الواقع، لذا على المدرسين أن يوجهوا المتعلمين إلى استخلاص معنى للأشياء في عملية التعلم، بمعنى التوجه لتشكيل وخلق اتجاهات إيجابية عند الطلبة نحو توظيف المعرفة بما يحقق زيادة فهم العالم المحيط. إن المهمة الرئيسة للمعلم هي إجراء حوار يقوم من خلاله الطالب بإعادة تنظيم معرفته السابقة.

٦. تبني منهج دراسي يساعد على إثارة غرائز الإبداع والاستفسار والتحليل عند الطلاب وحثهم على الاستقلالية في اختيارهم وطرحهم للآراء والأفكار، واعتماد منهج التعلم العميق الذي يقوم على سعي المتعلم لاستخلاص المعنى من الأفكار والمفاهيم التي تتضمنها المادة التعليمية.

٧. انتقاء المادة العلمية المختصرة، المفيدة سهلة التناول التي تتناسب مع المستوى اللغوي والفكري وقدرات الطلاب، وحجمها مناسب للفترة الزمنية المخصصة لها، ومناسبة لمستوى الطلاب وتتحدى القدرات الفكرية والعلمية عندهم، وتساعد على تطوير قدراتهم الخيالية والفكرية. وتساعدهم في اكتشاف

معنى للأشياء في فهم الواقع المحيط بهم، ولا تتعارض مع الخلفيات الدينية والثقافية والحضارية للطلاب.

٨. تقديم المادة بشكل مشوق، مشجع للدراسة، منطقي، متسلسل، واضح الغرض والهدف.

٩. الاستمرار في التقويم البدائي والبنائي والختامي في كل موقف تعليمي.
أما الافتراضات التربوية المقترحة لتجويد تعلم الطلاب في مرحلة التعلم الجامعي فهي:

- تجاوز الرغبة في النجاح في الاختبار وصولا إلى الرغبة في الاستفادة مما تعلمه وتطبيقه بنجاح في أثناء الدراسة، ومستقبليا في الحياة العملية بعد التخرج.

- الاستمرار في النقد الذاتي في عملية التعلم.

- إعمال الفكر بمختلف مستوياته، ابتداء من الحفظ والتذكر، ومرورا بالتطبيق، ثم التحليل فالتركيب، وانتهاء بالتقويم وإصدار الأحكام، فدون التدرب على مختلف مستويات التفكير لن يحصل الإبداع والابتكار، ولن تنمو القدرة على تطبيق ما تعلمه على الواقع، وبالتالي لن يكون هناك تطوير مستمر للواقع.

- التفكير الفعال والبحث المتواصل للربط بين المكونات وبين القضايا والمسائل، واستثمار المعرفة السابقة في تعلم أفكار ومفاهيم جديدة يمكن توظيفها في حيز الواقع بطريقة مختلفة عما تعلمه ولغرض مختلف.

- التمتع بحب التجربة والاكتشاف، والقيام بدور الباحث بالتشاور، والتفاعل مع المعلم، ليقوم بإجراء بحث يتطلب جمعا للحقائق وتحليلها موضوعيا ونقدها والتوصل إلى استنتاجات.

- أن يقوم بدور المناقش المتفاعل، فيقترح أسئلة ويقترح حلولا لمسائل وقضايا معروضة للنقاش.

التحديات التربوية المعاصرة:

نظرا للتطورات الاقتصادية والاجتماعية والسكانية التي يشهدها عالم اليوم، فإن المرحلة المقبلة يجب أن تشهد وضوحا في النظرة المستقبلية للتعليم، وبشكل ينسجم مع حجم السكان واحتياجاته الفعلية لكي ينتقل المجتمع العربي من مرحلة الاستهلاك إلى مرحلة الإنتاج، ومن مرحلة التبعية إلى مرحلة القيادة، ومن مرحلة الضعف إلى مرحلة القوة، ويستلزم ذلك وضع خريطة متكاملة لواقع التعليم العربي ومستقبله، تحتوي على تحسين مناهجه وتطوير نوعيته في مؤسساتها لتحقيق نتائج تساعد على تلبية متطلبات التنمية في الوطن العربي، وباتجاه عالم اليوم إلى عصر المعلومات، ومع وجود شبكات الاتصال من بعد بما لديها من إمكانات في تغيير طبيعة كل من التعليم والتعلم وفي جميع جوانب التربية، وإمكانية الإفادة من استخدام الاتصال من بعد في جميع المجالات، أصبحت التربية في عالمنا المعاصر تواجها كثير من التحديات التي تتطلب بذل الجهود الصادقة لمواجهتها بأسلوب علمي سليم يحدد نوعية تلك التحديات، وكيفية التعامل معها، ومن هذه التحديات:

1 - الانفجار المعرفي:

يبدو واضحا اليوم أننا إزاء شكل جديد من التطور المجتمعي، يعتمد في سيطرته ونفوذه على المعرفة عموما والعلمية منها بشكل خاص، حيث يتعاظم فيه دور صناعة المعلومات بوصفها الركيزة الرئيسة في بناء الاقتصادات الحديثة، وتتعزز فيه مكانة الأنشطة المعرفية لتتبوأ أكثر الأماكن حساسية وتأثيرا في منظومة الإنتاج الاجتماعي، فعالم اليوم يعيش انفجارا معرفيا غير مسبوق، بحيث لا يمر يوم دون أن تحمل لنا المجلات والصحافة المتخصصة أنباء عن اكتشافات واختراعات جديدة، ويكفي أن نعرف أنه في عام ١٥٠٠ عندما اخترع (جوتنبرج) المطبعة كان إنتاج أوروبا لا يتجاوز ألف عنوان سنويا، في حين يزيد الآن عن ألف عنوان يوميا. وإن ٩٠% من العلماء

الذين أنجبتهم البشرية خلال كامل تاريخها يعيشون الآن بيننا، وتشير المعطيات إلى أن البشرية قد راكمت في العقدين الأخيرين من المعارف مقدار ما راكمته طوال الآلاف السنين السابقة التي شكلت التاريخ الحضاري للإنسانية.

ولقد كان تركيز التعليم في الماضي على تحصيل المعلومات واستيعابها واستظهارها، وقد كان ذلك ممكنا منذ بضعة عقود، فقد كان النمو في حجم المعرفة فيما مضى بطيئا نسبيا، وبالتالي كان تزايد حجم المعرفة يسير بمعدل بطيء، وقد تأثرت معدلات نمو المعرفة - على مر العصور - بالتطور الذي حدث في وسائل نشر المعلومات ونقلها، ومع قدوم تكنولوجيا الإلكترونيات أصبح هناك عديد من الوسائل التي تبث المعلومات في الأجواء المحيطة بالكرة الأرضية من راديو وتلفاز ومحطات فضائية وشبكة المعلومات الدولية (الإنترنت) وكل ذلك أدى إلى التزايد السريع في انتشار المعلومات.

إن العصر الذي نعيش فيه الآن يشهد ازديادا في صنع المعرفة بمعدلات لم يسبق لها مثيل، الأمر الذي جعل الإحاطة بما يستجد من معلومات في ميادين التخصص أمرا يكاد يكون مستبعدا، إلا من خلال المتابعة لما يستجد في ميدان التخصص من خلال التدريب المستمر الذي يعد من أهم السبل لمتابعة تلك التطورات، وللانفجار المعرفي مظاهر أهمها:

أ- النمو المتضاعف للمعرفة وزيادة حجم المعرفة.

ب- استحداث تفريعات وتصنيفات جديدة للمعرفة.

ج- ظهور مجالات تكنولوجية جديدة كالكمبيوتر وشبكة الإنترنت.

د- تضاعف جهود البحث العلمي وزيادة الإقبال عليه.

كما أن للانفجار المعرفي انعكاساته التربوية، والتي منها:

أ- أن مادة التربية ومحتواها سريع التغير، وأن المناهج الدراسية لا يمكن أن تظل ثابتة مستقرة، وأن سرعة تغير المعرفة تجعل من الصعب علي الفرد أن يلاحقها وأن يضبطها، ولذلك يحاول أن يتكيف معها.

ب- أن تكيف الفرد مع المعرفة المتفجرة لن يتأتى بحفظه للمعلومات واستظهارها، ولكن لإتقانه طريقة الوصول إلى المعرفة ؛ لأن كيفية التعلم أهم من مادته، كما أن اختزان المعلومات واستدعائها أصبحت له أوعية إلكترونية كجهاز الكمبيوتر.

ج- أن طرق وتكنولوجيا التعليم لابد وأن تتأثر بالمستحدثات التكنولوجية التي صاحبت الانفجار المعرفي، ولابد من استحداث تكنولوجيا تعليمية ترفع من الكفاءة الإنتاجية للمعلم وتمكنه من تحقيق المزيد من الأهداف التعليمية في وقت أقل.

د- أن الانفجار المعرفي الذي يشهده عصرنا، وبخاصة في مجالي العلوم والتكنولوجيا يفرض على المعلم أن يظل على اتصال دائم بالمستجدات في مجال تخصصه، ومن ثم فإن عدم مواكبة المعلم لهذه المستجدات يجعله غير قادر على مواجهة التحديات لأنه في هذه الحالة سوف يزود الطلاب بمعلومات ومعارف أصبحت قديمة، ويكسبهم مهارات غير قابلة للانتقال والتطبيق في المستقبل المجهول الذي يواجهونه.

٢- الانفجار السكاني:

يعد تحدي الانفجار السكاني من أخطر التحديات التي تواجه العالم، حيث إنه من المتوقع أن يرتفع عدد سكان العالم من ٥,٥ بلايين نسمة إلى ٨,٥ بلايين نسمة بحلول عام ٢٠٢٥، وأن ٩٥ % من هذه الزيادة ستكون في الدول النامية التي يمثل العالم العربي جزءا كبيرا منها.

وعليه فتواجه التربية في شتي دول العالم مشكلات الأعداد التي تطلب العلم والثقافة وتتزايد بمعدلات لم يسبق لها مثيل في كل مرحلة من مراحل التعليم، من

المرحلة الابتدائية وما قبلها حتى المرحلة الجامعية وما بعدها، وهكذا أحدث الانفجار السكاني انفجارا تعليميا، وهذه الزيادة السكانية لها أثر ملموس على التعليم والنظام التعليمي وانعكاساته التربوية، والتي منها:

أ- زيادة الإقبال على التعليم بصفة عامة والتعليم الجامعي على وجه الخصوص ؛ نتيجة ديمقراطية التعليم العالي، وإتاحة الفرصة للقاعدة العريضة من الجماهير، فلم تعد الجامعات معاهد للأقلية القادرة اقتصاديا بل أصبحت جامعة الأعداد الكبيرة.

ب- واجهت الجامعة مشكلة التكيف مع الأعداد الكبيرة، والتي تزداد بمعدلات أكبر كثيرا من معدلات زيادة أعضاء هيئة التدريس بالجامعات.

ج- قصور إمكانات المؤسسات التعليمية عن ملاحقة الإقبال المتزايد على التعليم، من حيث توفير المباني المدرسية والتجهيزات والقوى البشرية المؤهلة.

د- تعدد نظام فترات اليوم الدراسي، مما أدى إلى قصر الفترة الدراسية التي لا تفي بالاحتياجات التعليمية.

هـ- نقص الاستيعاب لدى الطلاب، وقلة اهتمام المدرس بتلاميذه لزيادة عددهم عن المعدلات المعقولة.

٣- تغير دور المعلم:

لما كان التعليم يهدف - من بين ما يهدف إليه - إلى تزويد المتعلم بالخبرات والاتجاهات التي تساعده على النجاح في الحياة ومواجهة مشكلات المستقبل - وبحكم طبيعة العصر - فقد نشأت أدوار جديدة للمعلم يجب إعداده لها وتدريبه عليها. ومن أهم هذه الأدوار الجديدة ما يلي:

أ- أن المعلم لم يعد هو الشخص الذي يصب المعرفة في أذهان طلابه، وأنه المرسل لهذه المعرفة، ولكنه أصبح الإنسان الذي يستعمل ذاته بكفاءة وفاعلية من أجل مساعدة طلابه ليساعدوا أنفسهم، فهو يسهل العملية التعليمية ولا

يحدثها، يدير الموقف التعليمي، ولكن لا ينشئه، يوجه ويرشد ولا يلقن ويحفظ.

ب- لم يعد المعلم يقتصر في استخدامه لتكنولوجيا التعليم على الكتاب أو الكلمة المطبوعة، بل أصبح عليه أن يتعامل مع تكنولوجيا التعليم الحديثة الكثيرة، والتي أصبحت جزءا أساسيا من المؤسسة التعليمية العصرية كمعامل اللغات وأجهزة العرض والتلفزيون والفيديو والكمبيوتر وشبكة الإنترنت.

ج- أن تأثير المعلم في الطالب لا يقتصر على الجانب المعرفي فقط، ولكنه أيضا يعني بالجانب الانفعالي والحركي، أي بتكوين الاتجاهات وتنمية المهارات ؛ ليحقق النمو الشامل المتكامل للطالب.

د- أصبح ينظر للمعلم أنه المصمم للمنظومة التعليمية داخل المؤسسة التعليمية، من حيث تحديد وتنظيم الأهداف والخبرات والمواقف التعليمية، واختيار أنسب الوسائط التعليمية لتحقيق هذه الأهداف، ووضع استراتيجية يمكن استخدامها في حدود الإمكانات المتاحة له داخل البيئة المدرسية، وهذا ما يحقق له النمو المرغوب فيه.

ويمكن تلخيص الأدوار المختلفة التي يفرضها استخدام التكنولوجيا الحديثة على المعلم، والتي من أهم ملامحها كونه ميسرا للعملية التعليميةfacilitator، وموجها للفكرguide ، ومشرفا أكاديمياadvisor، ورائدا اجتماعياleader ، وصاحبا لمدرسة علمية ذات توجه متميز على المستويين النظري والتطبيقي scholars، وباحثاresearcher ، كل هذه الأدوار وغيرها جعلت من تدريب المعلمين أثناء الخدمة ضرورة ملحة لمواكبة تلك التطورات في جميع مجالات العملية التعليمية، وذلك بغية تمكينهم من إتقان الأدوار الجديدة التي ينبغي أن يضطلعوا بها.

٤- الثورة العلمية والتكنولوجية:

يجتاح العالم - اليوم - ثورة جديدة يطلق عليها اسم " الموجة الثالثة " وهي مزيج من التقدم التكنولوجي المذهل والثورة المعلوماتية الفائقة، والتي أدت إلى وجود ثورة جديدة في مرحلة تالية للثورة الزراعية والثورة الصناعية، وهذه الثورة تتميز بأنها ذات طبيعة اقتحامية وتحويلية، أي أنها تقتحم المجتمعات سواء أكانت بحاجة إليها أم غير راغبة فيها، وذلك من خلال ما تقدمه من جديد. وغالبا ما تكون التكنولوجيا الأحدث أحسن أداءا وأرخص سعرا وأصغر حجما وأخف وزنا وأكثر تقدما وتعقيدا من سابقتها. كما أن المعرفة والمعلومات اللازمة لإنتاجها أكثر كثافة، وتتطلب ارتفاعا متزايدا للقدرات البشرية من علماء ومطورين وتقنيين. وفي الوقت الذي نواجه فيه أزمة السكان وأزمة المعلومات، نواجه كذلك تقدما علميا وتكنولوجيا هائلا أدى إلى بزوغ ثورة في البحث العلمي وأدواته ومجالاته، كما تصاعدت أعداد المشتغلين بالعلم والتكنولوجيا، مما كان له أثر ملموس على عمليتي التعليم والتعلم وله انعكاساته التربوية والتي منها:

أ- تطور التربية في كل من مفهومها ومحتواها وطرقها وأساليبها وأدواتها، مما جعلها علما قائما بذاته، تتخذ البحث العلمي أسلوبا وأداة رئيسة لتطورها، مما جعل العمل التربوي لا يقتصر فقط على نقل المعلومات - التي تقادمت مع الزمن - من جيل إلى جيل، بل شملت مهمة التربية فيما شملت الطرق والأساليب التي تمكن الفرد من اكتساب المعرفة بالاعتماد على نشاطه الذاتي.

ب- تطور المستحدثات في مجال التكنولوجيا التربوية، وازدادت أهمية تكنولوجيا التعليم، وبخاصة الحديثة منها في عمليتي التعليم والتعلم الذي شمل الأجهزة والمعدات، التي يمكن أن يستفاد منها بعد أن ظهرت فائدتها بوضوح في مؤسسات المجتمع الصناعية والتجارية..إلخ، وبعد أن دخلت هذه الأجهزة البيوت وأصبحت جزءا فعالا في حياة الناس، وما

صاحب ذلك من الإفادة من هذا التطور في العملية التعليمية - كاستخدام الكمبيوتر وشبكة المعلومات الدولية الإنترنت، وما تتميز به من سرعة وسهولة وصول المعلومات وتبادلها وضمان انتشارها وتحقيق أهداف التربية لكونها أداة المجتمع لتحقيق التنمية.

ج- ظهور أنماط وسياسات جديدة للتعليم، فظهر التعليم المفتوح، والتعليم من بعد والتعلم المستمر مدى الحياة.

د- أدى هذا التقدم التكنولوجي الكبير إلى مضاعفة مسئوليات المربين الذين أصبح لزاما عليهم التعامل مع كل هذا التطور العلمي التكنولوجي الهائل، ولتحقيق هذا أصبح المربي في سباق مع الزمن، ومن هنا نبع احتياجه الشديد لاستخدام تكنولوجيا التعليم الحديثة، التي سوف يوظفها ضمن النظام التعليمي الشامل لتحقيق أهدافه التربوية التي يرمي إليها وتحقيقها في أقصر وقت، وبأفضل السبل، وبأقل جهد.

ه- ظهور نظريات وأفكار جديدة متطورة، ومن بينها أفكار تناولت شكل التعليم في المستقبل، واحتمال تغير دور المدرسة واختفائها كمبنى يضم الطلاب.

و- أن الثورة الثالثة أحدثت تغييرات خطيرة في العالم، حيث تندثر مهن وتخصصات قديمة وتنشأ مهن وتخصصات جديدة يوميا، ومن هنا يأتي تطوير التعليم كضرورة حتمية لكونه الأداة القادرة على تطوير إمكانات الفرد بما يمكنه من التفاعل مع تكنولوجيا العصر.

٥- الاتجاه نحو عولمة التعليم:

إن أهم ما يميز العولمة هو اتصافها بخصائص وظواهر تعبر عنها الثورات الهائلة التي نشهدها كالثورة التكنولوجية في مجال الاتصالات والثورة الرقمية، كما تبرز بشكل واضح في نشوء مجتمع المعرفة والاقتصادات غير المادية، ولا شك أن العولمة بهذه التمثلات ذات نتائج حاسمة على المجتمع الإنساني عموما. وهذه النتائج أبرز ما تكون في مجال التعليم، حيث يمكن ملاحظة خصائص متعددة، من أبرزها:

أ- تنامي الاتجاه العالمي نحو التعليم المستمر والاتجاه نحو التركيز على التعليم الحر والمفتوح.

ب- تصاعد الاهتمام بالتعليم التخصصي المرتكز على الدقة والمعرفة.

ج- إضافة إلى إعادة صياغة مفهوم المدرسة ودور المدرس أو المعلم والتشابك بين التربية والتعليم.

وإذا كان الاتجاه نحو عولمة التعليم - كما هو الحال في عولمة التجارة والاقتصاد - يجعل المؤسسات الأجنبية ترحب بالالتحاق بها من خلال التعليم المباشر أو من خلال التعليم من بعد عبر الإنترنت، حيث تعمل تلك المؤسسات على دراسة الاحتياجات للمجتمعات العربية في الوقت الذي تنغمس فيه مؤسسات التعليم العربي في محاولات حل مشكلاتها وتسيير أعمالها اليومية. فإذا لم تتحرك المؤسسات التعليمية في العالم العربي لتطوير نظمها التعليمية، فإنها من المحتمل أن تفقد أهميتها وتحل محلها المؤسسات العالمية.

٦- تطور النظرية والبحث التربويين في مجال سيكولوجية التعليم والتدريس :

أدى تطور النظرية والبحث التربويين في مجال سيكولوجية التعليم والتدريس إلى ضرورة البحث عن نموذج يطابق بينهما، واكتشاف المزيد من الحقائق عن الطلاب - دوافعهم ومشكلاتهم، وأساليب تعلمهم، والعوامل المختلفة المؤثرة على تعلمهم وما تؤدي إليه من تغير في الحاجات النمائية للمتعلم - وعن المجتمع وكيفية إسهام التربية في تطوره، وتوصله إلى أساليب وطرق أكثر فاعلية في التعليم، ومن الواضح أن هذا يقتضي أن يتعرف المعلم أولا بأول على نتائج الدراسات و البحوث التربوية و أن يتدرب على كيفية الأخذ بها.

إن مثل هذه التحديات تحتاج إلى نوعية جديدة من التربية، تربية شاملة وكاملة، قادرة على تهيئة الأفراد للمشاركة العقلية في عالم يتزايد فيه تأثير العلم والتكنولوجيا، كما يتحتم على التربية المستقبلية أن تساهم في إنشاء قواعد علمية

وتكنولوجية وإعداد الكفاءات العلمية والتقنية الكافية من أجل التنمية الاجتماعية، كما أن التطور المعرفي والتكنولوجي المتسارع يستدعي الاعتماد على مبدأ التعلم الذاتي كهدف أساسي في عملية التعلم، والاعتماد على العمل الجماعي، وتبادل الفكر والتخطيط المشترك والديمقراطية في اتخاذ القرار والتوجه لتشجيع الطلاب على الإبداع والتميز.

إننا في ظل هذه التحديات وهذه المتغيرات بحاجة ماسة إلى تحسين مؤسساتنا التعليمية وتحقيق معايير الجودة داخلها، حيث إن مفهوم الجودة في المجال التعليمي يعني الحكم على مستوى تحقيق الأهداف، وقيمة هذا الإنجاز وهذا الحكم يرتبط بالأنشطة أو المخرجات التي تتسم ببعض الملامح والخصائص في ضوء بعض المعايير والأهداف المتفق عليها. وفيما يلي بعض الخطط المقترحة التي يمكن أن تتحول إلى خطط وبرامج تنفيذية تتصدى لها قيادات التعليم في الدول العربية:

الرؤية المستقبلية للتعليم العام:

- تطوير مناهج وطرائق التدريس بما يحقق البناء العلمي الصحيح للطالب لمواجهة تحديات المستقبل مع إيجاد آليات لاستمرارية التطوير. وقد يكون من المناسب تحقيق درجة أعلى من التواصل مع كليات التربية ومراكز البحوث التربوية والإفادة من الخبرات الدولية بشكل فاعل.

- التواصل المستمر مع مؤسسات التعليم غير العربية في الشرق والغرب ؛ بغرض الاستفادة من التجارب والإنجازات، فالعطاء الإنساني ليس حكرا على فئة أو جهة.

- توظيف التكنولوجيا عامة وتكنولوجيا التعليم خاصة ؛ بغرض رفع فاعلية وكفاءة المؤسسات التعليمية العربية، والسعي لاستخدامها بشكل واسع ؛ من أجل التغلب على مشكلات الأعداد الكبيرة، ونقص الإمكانات، وبعد المسافات وغيرها من معوقات.

- التمسك بتحقيق المزيد من ديمقراطية الإدارة وديمقراطية التعليم في مؤسسات التعليم العربية، مع التأكيد على ضرورة تعميق مفاهيم ومبادئ الحرية والمشاركة والحوار والمساءلة والشفافية ضمن العملية التربوية ذاتها.

الرؤية المستقبلية للتعليم العالي:

- الاهتمام بالتخطيط الاستراتيجي في الجامعات العربية، من خلال تشكيل مكتب دائم للتخطيط الاستراتيجي في كل منها، يكون مسئولا عن التخطيط المستقبلي، ويقدم الدعم لإدارة الجامعة وقياداتها.

- دعوة المستثمرين العرب إلى المساهمة في تأسيس الجامعات الخاصة في البلدان العربية، مع ضرورة الاهتمام بتوفير متطلبات نجاحها، وتهيئة فرص مساهمتها في النهضة العلمية والتربوية.

- البحث المتزايد عن التميز، وإشاعة مفاهيم الجودة الشاملة، والتحسين المستمر، مع التأكيد على:

- العمل على وضع رؤية مرنة ومتطورة للجامعات في البلاد العربية، قادرة على الاستجابة للتحولات الإقليمية والدولية.

- إعادة ترتيب الأولويات في استراتيجية الجامعة.

- التوسع العمودي والأفقي في استخدام تكنولوجيا الاتصال والمعلومات.

- تشجيع ودعم وتبني أنظمة الاعتماد والتقويم، وتوكيد الجودة، وإصدار التشريعات الخاصة بتطوير معايير اعتماد ملاءمة للبيئة الجامعية العربية، والتعاون لإنشاء مراكز لتوكيد الجودة وتقييم الأداء وتنمية قدرات أعضاء هيئة التدريس والقيادات الجامعية.

- التأكيد على مبدأ التعليم المستمر مدى الحياة، والسعي إلى تطوير أنظمة القبول والتسجيل، وتطوير برامج الدراسه وأساليبها وتقنياتها.

■ التحليل المتأني لتحذير العلماء المستقبليين للدول النامية مـن تقليـد الطريـق الـذي سـارت عليه الدول المتقدمة أو تبني أيدلوجياتها، وما ينطوي عليه من إبقاء الدول النامية متخلفة فقيرة، لذا ينبغي العمل على صياغة النموذج المنسجم مع تراثها، الـذي يعتمـد الحضـارة والفكر والقيم السامية، وينفتح على العلوم بتعدد مصادرها، ويستند على المنهج العلمي في التفكير والتوجهات

الجودة الشاملة فلسفة وتخطيط

TOTAL QUALITY: Philosophy and Planning

إن تصور الجودة الشاملة على أنها برنامج يعتبر جهدا إضافيا لإدخال التحسينات. وعنـدما يصرـح المدير العام بأن شركته تطبق برنامجا للجودة الشاملة، فإن هـذا البرنامج يكـون بالتأكيـد محكومـا عليـه بالفشل، والسبب بسيط جدا وهو: أن الجودة الشاملة ليست برنامجا بل هي فلسفة مشتركة.

ولعل من أهم مساوئ هذا الأسـلوب هـو رؤيـة الجـودة للشـاملة عـلى أنهـا برنامـج منفصـل أو مغامرة منفصلة عن باقي المشروعات، بـدلا مـن رؤيتهـا عـلى أنهـا جـزء مـن عمليـة متكاملـة وشـاملة ومترابطة. ونتيجة لذلك يحدث شعور بالإرتباك التنظيمي وفقدان الثقة بالإدارة والإنطباع العام بأنها تروج لعملية تحايل.

ومن الضروري أن ينظر للجودة الشاملة على أنها فلسفة مشتركة تشكل جـزءا جوهريـا مـن قيـم وثقافة الشركة وتساعد في تفسير سبب وجود الشركة وماذا تفعل وكيف تفعل ذلك.

وعلى ذلك، يجب أن يستمر وجود الجودة الشاملة عاما بعد عام ما دامت الشركة موجودة.

الجودة الشاملة هي فلسفة مشتركة ومترابطة تهدف لتلبية إحتياجات الزبائن المتغيرة وتوقعـاتهم بشكل مستمر وتام وبنجاح أكبر من المنافسين وذلك من خلال

التحسين المستمر للمؤسسة وبمشاركة فعالة من الجميع من أجل منفعة الشركة والتطوير الذاتي لموظفيها، وبالتالي تحسين نوعية الحياة في المجتمع.

لقد ثبت أن الزبون الراضي لن يخبر أكثر من ثلاثة أشخاص عن سعادته بالخدمة، في حين أن التجربة السلبية لزبون غير راض تنقل إلى عشرين شخصا في المتوسط.

المتطلبات هي [1] :

* الصيانة كفلسفة مشتركة.
* التوجه نحو الزبون الداخلي والخارجي.
* القيادة والإلتزام من جانب الإدارة.
* التحسين المستمر.
* العمل الجماعي.
* إشراك جميع الأشخاص والإدارات.
* إحترام وتطوير الأفراد.
* مشاركة فعالة من الجميع.
* تفكير إحصائي موثوق به.
* أهمية الجودة في جميع الأوقات.
* عقلية إستراتيجية.
* إنصات للأفضل.
* مسئولية إجتماعية

الثقافة المشتركة والجودة الشاملة

تمثل الثقافة المشتركة مجموعة من القيم والمعتقدات والأنماط السلوكية التي تشكل جوهر هوية المؤسسة - مركز الجودة الشاملة.

وتعتبر كل مؤسسة حالة فريدة بحيث لا يمكن إعتبار مؤسستين أنهما متشابهتان حتى ولو كانتا تمارسان نفس النشاط (كالإتصالات مثلا) سواء كانت هذه المؤسسة عامة أو خاصة، صناعية أو خدمات، تعمل على أساس الربح أم لا.

وتمثل كل شركة ثقافة مشتركة والتي تعتبر حالة فريدة ومنفصلة ومختلفة عن الآخرين.

وما يجب عمله هو بناء ثقافة مؤسسية تكون فيها الجودة بشكل عام هي القيمة الموجهة لنشاطات الأفراد. ويتحقق هذا عندما تتخذ الإدارة الخطوات الضرورية لتحسين أداء المديرين والإداريين والموظفين داخل المؤسسة.

ويعتبر كل من التدريس والتدريب ضروريا في هذه العملية حيث أن المناخ المستمر للتعلم يساعد الناس على فهم أهمية تطبيق مفاهيم الجودة الشاملة وتفسير هذا التطبيق.

وإن كان الإعلان عن ثقافة جودة شاملة جديدة لا يستغرق وقتا طويلا، إلا أننا نحتاج لسنوات لنجعل مئات أو آلاف الموظفين يتصرفون بطريقة مختلفة.

وإن لم تكن الإدارة مستعدة لإظهار الصبر وبذل الجهد في التخطيط وقيادة عملية التغيير والإستمرار في أسلوبها تجاه الجودة الشاملة، فلن تتحقق نتائج هامة على المدى البعيد،

وبالتالي فإن التغيير سينتهي كما انتهت التجارب السابقة.

تقود الجودة الشاملة إلى نجاح مشترك، وهو شئ بالغ الأهمية لأي إدارة عليا، ولكن

ماذا يعني النجاح المشترك في نهاية القرن العشرين؟

إن المدى الذي يمكن تحقيقه لرؤية المؤسسة ورسالتها وسياسة الجودة الشاملة لها، يمكن استخدامه كمقياس معياري لتحديد النجاح المشترك للمؤسسة.

2. الجودة الشاملة هي نموذج من نوع مختلف، فهي مجموعة جديدة من توليد قواعد ونماذج عن كيفية إدارة مؤسسة وبناء شركة.

- يجب أن تتعلم الإدارة العليا كيف تتصرف بنشاط وفعالية وأن تتحدى نماذج الإدارة بها.
- إذا إفتقر المديرون المرونة فسوف يشعرون بالتهديد من قبل النماذج المختلفة عنهم، وسيخلقون عقبة لا يمكن تجاوزها أمام تطوير ثقافة الجودة الشاملة.

النجاح والفشل في ادارة الجودة الشاملة

"إدارة الجودة الشاملة " هو المصطلح الذي أطلقته قيادة الأنظمة الجوية البحرية عام ١٩٨٥ [1] لوصف أسلوب الإدارة الياباني لتحسين الجودة.

ومنذ ذلك الوقت فقد اتخذت إدارة الجودة الشاملة عدة معاني. وابسطها، أن إدارة الجودة الشاملة [2] هي "أسلوب إداري لتحقيق النجاح طويل الأمد من خلال إرضاء الزبائن".

وتعتمد إدارة الجودة الشاملة على مشاركة جميع أعضاء المؤسسة في تحسين العمليات والمنتجات والخدمات والبيئة الثقافية للعمل. وتعود إدارة الجودة الشاملة بالفائدة على أعضاء المؤسسة والمجتمع.

---

(1): التعريف الذي ظهر في مجلة كواليتي بروجرس للجمعية الأمريكية للتحكم بالجودة Quality Progress American Society for Quality Control

(2) by: Jaime Herrera S.
Human Resource Development Coordinator, BDT/ITU

ويعتبر تعبير "النجاح على المدى البعيد من خلال إرضاء الزبائن" هو الهدف المطلق الذي تحاول إدارة الجودة الشاملة تحقيقه، علما بان المصطلح لا يوضح الكثير عن ذلك وهناك على الأقل خمس وجهات نظر لمعنى الجودة وجميعها قابلة للنقاش والجدل:

التفوق: الجودة تعني التميز، بحيث تستطيع تمييزها بمجرد رؤيتها. -

- الاعتماد على المنتج: يجب أن تتعامل الجودة مع الفروقات في كميات بعض المكونات أو الصفات فالمنتج ذو الجودة المتميزة يكون اصلب أو انعم أو أقوى من المنتج ذو الجودة الرديئة.
- الاعتماد على المستخدم: الجودة هي ملاءمة الاستخدام، قدرة المنتج أو الخدمة على تلبية توقعات واختيارات الزبائن.
- الاعتماد على التصنيع: الجودة هي التطابق مع المتطلبات، درجة مطابقة المنتج لمواصفات التصميم.
- الاعتماد على القيمة: أفضل جودة للمنتج هي تلك التي تقدم للزبون أقصى ما يمكن مقابل ما دفعه، تلبية احتياجات الزبون بأقل سعر ممكن.

ولم تعد الجودة تعني تكنولوجيا بسيطة بل أصبحت تعني الفلسفة المؤسسية !

الأوهام

يتحدث المعتقدون الحقيقيون بالجودة عن أدوات وعمليات للجودة الشاملة. وقد استخدمت هذه

الأساليب منذ عقود عدة واستحدث بعضها منذ عقد السبعينات، عصر " حلقات الجودة ". [1]

(١) امصدر السابق

ولتبسيط المفاهيم يجب إدراك المفردات والسياق العام الـذي قيلـت فيـه وفي هـذا المجـال يجـب تذكر شيئين اثنين همـــا:

أولا، التفكير في الأدوات كنظائر حسابية أو عددية فجميع أدوات الجودة الشاملة تتعلـــــــق بالتعداد ورسم الأشكال، أو معرفة معنى الأرقام والأشكال. ومثالا على ذلك ضبط الجـودة الإحصـائي الـذي يعتبر أداة شاملة الأغراض لإدارة الجودة الشاملة.

وبعد معرفة ذلك يصبح من السهل إدراك أن ضبط الجودة الإحصائي يعني ببساطه تعـداد الأشـياء ووضعها في أشكال مناسبة وتفسير معنى هذه الأرقام والأشكال.

ثانيـا، التـذكر أن العمليـات تتكـون عـادة مـن مجموعـة خطـوات تصـف الشيـء المـراد عملـه. وبالتالي فان مفهوم العمليات اسهل من مفهوم الأدوات.

ومن الأمثلة على ذلك عملية تحسين الجودة التي تتكون من سبع خطوات وتشكل هـذه العمليـة النموذج المناسب لمواجهة وحل المشكلات. وتشكل هذه الخطوات العملية بشكل كامل وهي:

خطوة رقم ١: تحديد المشكلة

خطوة رقم ٢: تحليل المشكلة

خطوة رقم ٣: التخطيـــط

خطوة رقم ٤: جمع وتصنيف المعلومات (بيانات)

خطوة رقم ٥: تفسير المعلومات (بيانات)

خطوة رقم ٦: اتخاذ الإجـراء

خطوة رقم ٧: التقويـــــم

وكما لاحظنا فليس هناك أسـطورة في ذلـك، إلا أن ذلـك لا يقلـل مـن أهميـة الأدوات والعمليـات ونموذجية تطبيقها في حل المشكلات.

ومن الأدوات المستخدمة في عالم الجودة الشاملـــة ما يلي:

- مخطط ايشيكاوا (Ishikawa Diagram) أو مخطط الأسباب، لتحليل المشكلات. ويرسم بعد جلسة عصف فكري لتحديد الأسباب المحتملة للمشكلة وتصنيف هذه الأسباب.
- ورقه المراقبة (Control Sheet)، وهو نموذج لجمع المعلومات.
- مخطط المراقبة (Control Graph)، ويحتوي على ثلاثة خطوط أساسية: واحد للمتوسط الحسابي واثنان للقيم العظمى والدنيا. ويمكن برسم هذا المخطط الحكم على العملية إذا كانت تحت السيطرة أم لا؟
- مخطط التدفق (Flow Chart)، مخطط يمثل خطوات العملية ونقاط اتخاذ القرار، وتوضيح المسار بعد كل خطوة.
- رسم المستطيلات البياني (Histogram)، ويستخدم لتنظيم ورسم المعلومات في مجموعات ويساعد ذلك في تفسير المعلومات عند وجود أنواع كثيرة من المعلومات.
- مخطط باريتو (Pareto Graph)، رسم بياني يمثل المشكلات والأسباب المحتملة منظمة حسب تكرار حدوثها.
- مخطط التشتت (Dispersion Diagram)، ويستخدم لدراسة العلاقة المحتملة بين متغيرين، مثل الطول والوزن. بحيث يمثل أحد المحاور الطول ويمثل المحور الآخر الوزن. وبرسم النقاط التي تمثل الطول والوزن لمجموعة من الأهداف نحصل على فكرة واضحة عن العلاقة بين الطول والوزن.

ويمكن التخلص من بعض هذه الأدوات أو إضافة بعض الأدوات الأخرى مثل: قائمة المراقبة، المخططات الصندوقية، مخططات "الفطيرة"، مخططات النسبة، ومصفوفات المراقبة.

أما بالنسبة للعمليات المستخدمة في الجودة الشاملة Total Quality فان معظمها يستخدم لحل المشكلات أو توليد الأفكار. ولتبسيط هذه المفاهيم وجعلها اسهل للفهم، ونذكر فيما يلي بعض هذه العمليات:

- عملية ديمنج (Deming Process): التخطيط، العمل، المراجعة، التصحيح، وهي عملية لتحليل وحل المشكلات.

- عملية العصف الفكري (Brainstorming Process): وهو أسلوب يستخدم في إدارة الجودة الشاملة لمساعدة المجموعة لإنتاج أفكار حول الأسباب المحتملة و/أو الحلول للمشكلات، وهي عملية ذات قواعد محددة. والمطلوب طرح أية أفكار تخطر بالبال وعدم تقويم أية أفكار أخرى تطرح، ثم تجميع الأفكار معا.

- أسلوب المجموعة الاسمية (Nominal Group Technique): وهي عملية التوليد الأفكار، بحيث يقوم كل عضو في المجموعة بالمشاركة دون السماح لبعض الأفراد بالسيطرة على العملية. وهي من الطرق التي تسمى أيضا الكتابة الذهنية.

- تحليل القوى (Force Analysis): وهو أسلوب قديم جدا يعتمد على تحديد نقاط القوة والضعف.

وتتضمن برامج الجودة الشاملة استراتيجيات إدارية أخرى مثل شهادة الأيزو ٩٠٠٠، وهي مجموعة من خمسة معايير لإدارة الجودة التي تم تطويرها بواسطة المنظمة العالمية للمقاييس (ISO).

وبسبب هذه المعايير لن تتمكن الشركات الأمريكية قريبا من تصدير منتجاتها أو خدماتها إلى أوروبا إلا إذا حصلت على شهادة الأيزو ٩٠٠٠. وقد أطلق ذلك العنان لقطاع الصناعة والتدريب للحصول على هذه الشهادة، وساعد على إيجاد آلاف المستشارين في هذا المجال.

لقد تم مناقشة نجاح وفشل برامج الجودة الشاملة بشكل مستفيض، ففي حين يرى البعض أن إدارة الجودة الشاملة قد أصبحت على فراش الموت، يرى البعض الآخر أن إدارة الجودة الشاملة هي الطريقة الأفضل لتحقيق النجاح من خلال إرضاء الزبائن.

وقد تظهر بعض المشكلات في طريقة تنفيذ برامج إدارة الجودة الشاملة. وهذا يعيدنا إلى التعريف التالي "تعتمد إدارة الجودة الشاملة على مشاركة جميع الأعضاء في المؤسسة في تحسين العمليات والمنتجات والخدمات والبيئة الثقافية للعمل".

ويتضمن ذلك بوضوح الحاجة إلى تغيير الثقافة المؤسسية لتطبيق إدارة الجودة الشاملة. وتظهر الفروق في الجهود المبذولة لإدخال التغيير الثقافي الذي يقرر نجاح أو فشل أي برنامج للتحسين.

وتعتمد الثقافة المؤسسية على إدراك أعضاء المؤسسة لما تم إنجازه في الماضي، وتعتمد على السلوك المقبول كونه ناجح أو فعال.

النقاط الحرجة في تطوير الثقافة المؤسسية هي:

١- اعتماد الثقافة المؤسسية على إدراك أعضاء المؤسسة لما تم إنجازه في الماضي.

٢- تمرير هذه الافتراضات للأعضاء الجدد في المؤسسة كجزء من عملية التعريف الاجتماعية.

ويصبح إدراك الأعضاء هو الأساس للمعايير المؤسسية. والمعايير توضح القواعد لتحديد التصرف والسلوك المناسب أو غير المناسب المتوقع من أعضاء المؤسسة.

وبسبب التفاعل بين المعتقدات والقيم الفردية، والمعايير المؤسسية، والأنظمة المؤسسية فانه يجب تحديد هذه العناصر الثلاث لتغيير الثقافة.

وهناك محاولات مستمرة لإدخال تغييرات جوهرية في الثقافة المؤسسية، ولكن الشيء الوحيد الذي يتم تغييره هو الجزء الرسمي، أي الهيكل التنظيمي والأنظمة المؤسسية. أما النواحي الأخرى (معتقدات وقيم الفرد، والمعايير المؤسسية) فلم يتم

تحديدها. وهذا هو السبب الأساسي لفشل برنامج التحسين الإداري أو إدارة الجودة الشاملة.

أفكار مستقاة من المعيار الدولي أيزو ٩٠٠٠: ١٩٨٧(E)

العامل الأساسي في أداء المؤسسة هو جودة المنتجات والخدمات. وهناك اتجاه عام نحو متطلبات صارمة للزبائن بالنسبة للجودة. وقد صحب هذا الاتجاه إدراك متنامي لضرورة التحسين المستمر في الجودة لتحقيق أداء اقتصادي جيد والمحافظة عليه.

تقوم معظم المؤسسات الصناعية والتجارية والحكومية بإنتاج منتجات وخدمات لتلبية متطلبات وحاجات المستخدم. وهذه المتطلبات تصاغ على شكل مواصفات، أحيانا لا يمكن ضمان متطلبات الزبائن بشكل مستمر، وبالتالي نحتاج لتحسين معايير نظام الجودة في المؤسسة.

يتأثر نظام الجودة للمؤسسة بأهداف المؤسسة ومنتجاتها وخدماتها والممارسات الخاصة بها، ولذلك يختلف نظام الجودة من مؤسسة لأخرى.

ويمكن تلخيص أهداف معيار الأيزو ٩٠٠٠ كما يلي:

أ) توضيح الفروقات والروابط بين مفاهيم الجودة الأساسية.

ب) تزويد الإرشادات اللازمة لاختيار واستخدام سلسلة من المعايير الإدارية عن نظم الجودة والتي يمكن استخدامها لأهداف إدارة الجودة الداخلية.

ويمكن التطرق لخمسة مصطلحات أساسية تبعا لأهميتها في الاستخدام الصحيح للمعايير على المستوى الدولي.

- سياسية الجودة: Quality Policy

وتمثل الاهتمامات والاتجاهات الكلية للجودة لمؤسسة ما بخصوص الجودة، وكما تم إقرارها رسميا من قبل الإدارة العليا.

ملاحظة:

تمثل سياسة الجودة عنصر من عناصر السياسة المؤسسية ويتم إقرارها من قبل الإدارة العليا.

- إدارة الجودة: Quality Management

وتمثل وظيفة الإدارة في تحديد وتنفيذ سياسة الجودة.

ملاحظات:

١- تحقيق الجودة المرغوبة يتطلب التزام ومشاركة جميع أعضاء المؤسسة، في حين تقتصر مسؤولية إدارة الجودة على الإدارة العليا.

٢- تتضمن إدارة الجودة التخطيط الاستراتيجي وتخصيص الموارد والنشاطات المنتظمة للجودة مثل تخطيط الجودة والتشغيل والتقويم.

- نظام الجودة: Quality System

الهيكل التنظيمي والمسؤوليات والإجراءات والعمليات والموارد لتنفيذ إدارة الجودة.

ملاحظات:

١- يجب أن يكون نظام الجودة شاملا بالقدر الذي يحتاجه تحقيق أهداف الجودة.

٢- قد يطلب توضيح طريقة تنفيذ بعض العناصر في النظام لأغراض التعاقد أو التقييم.

- مراقبة الجودة: Quality Control

الأساليب والنشاطات التشغيلية المستخدمة لتحقيق متطلبات الجودة.

ملاحظات:

١- منعا للالتباس يجب استخدام مصطلحات معدلة عند الإشارة إلى جزء من نظام مراقبة الجودة مثل مراقبة جودة التصنيع أو عند الإشارة إلى مفهوم اشمل مثل مراقبة الجودة للشركة بشكل عام.

٢- تتضمن عملية مراقبة الجودة الأساليب والنشاطات التشغيلية التي تهدف لمراقبة العملية والتخلص من أسباب الأداء غير المقنع في المراحل ذات العلاقة في دورة الجودة للحصول على نتائج اقتصادية فعالة.

- ضمان الجودة: Quality Assurance

الأفعال المخططة والمنظمة والضرورية لإعطاء ثقة مناسبة بان المنتج أو الخدمة سوف تحقق متطلبات الجودة.

ملاحظات:

١- لن يكتمل ضمان الجودة إلا إذا توفرت متطلبات واضحة تعكس احتياجات المستخدم.

٢- للحصول على فعالية مناسبة تحتاج عملية ضمان الجودة تقويم مستمر للعناصر التي تعكس ملائمة التصميم والمواصفات للتطبيقات المطلوبة إضافة للتحقق من وتعديل عمليات الإنتاج والتركيب والفحص. وقد يتطلب منح الثقة تقديم الإثبات.

٣- تستخدم عملية ضمان الجودة ضمن المؤسسة كأداة إدارية. في حين تمنح الثقة بالمورد في حالات التعاقد.

يجب على المؤسسة أن تحاول تحقيق الأهداف الثلاثة التالية بخصوص الجودة:

١- يجب على المؤسسة أن تحقق وتحافظ على جودة المنتج أو الخدمة لتحقيق متطلبات الزبائن بشكل مستمر.

٢   يجب على المؤسسة أن تمنح الثقة لإدارتها بقدرتها على تحقيق الجودة المطلوبة والمحافظة عليها.

٣-   يجب على المؤسسة أن تمنح الثقة لزبائنها بقدرتها على تحقيق الجودة المطلوبة للمنتج أو الخدمة والمحافظة عليها وفي حالات التعاقد فقد يتضمن ذلك تقديم عرض يثبت ذلك.

إن معظم الحديث عن إدارة الجودة الشاملة يبقى حديثا. وينطبق ذلك على العديد من المؤسسات التي تدعي تنفيذ برامج إدارة الجودة الشاملة ولكنها لا تحقق فعليا الفوائد المتوقعة، والسبب في ذلك عدم الأخذ بعين الاعتبار جميع العناصر المطلوبة لتحقيق ذلك.

ويعتبر مفهوم التطوير المؤسسي ونموذج تطبيقه كما تبناه الاتحاد الدولي للاتصالات ومجموعة من خبراء تنمية الموارد البشرية فيه الأداة المثالية لضمان التنفيذ المناسب.

وقد أوضح ذلك مختصو الموارد البشرية والتدريب الذين حضروا الاجتماع الإقليمي الخامس للموارد البشرية والتدريب في برازيليا، حيث انبثق عن هذا الاجتماع الدولي الفكرة التالية:

"إدارة الجودة الشاملة يجب أن تتحرك جنبا إلى جنب مع التطوير المؤسسي".

الإتقان والتحسين المستمر لأداء الأعمال

تعتبر كل مؤسسة حالة فريدة بحيث لا يمكن اعتبار مؤسستين أنهما متشابهتان حتى ولو كانتا تمارسان نفس النشاط ـ كما هو الحال في المؤسسات التربوية ـ سواء كانت هذه المؤسسة عامة أو خاصة، صناعية أو خدماتية، تعمل على أساس الربح أم لا.

وتمثل كل شركة ثقافة مشتركة والتي تعتبر حالة فريدة ومنفصلة ومختلفة عن الآخرين.

وما يجب عمله هو بناء ثقافة مؤسسية تكون فيها الجودة بشكل عام هي القيمة الموجهة لنشاطات الأفراد. ويتحقق هذا عندما تتخذ الإدارة الخطوات الضرورية لتحسين أداء المديرين والإداريين والموظفين داخل المؤسسة. (١)

- إتقان المهارات التالية للارتقاء بمستوى الأداء وتحسينه وتطويره بصورة مستمرة:

١- تنمية العلاقة المبنية على المصارحة والثقة

٢- بناء المزاولة وروح الفريق

٣- إتقان مهارات الإدارة بالحقائق والإنجازات.

٤- تعزيز الانجازات عن طريق التقدير والمكافأة

٥- بناء المؤسسة التعليمية أو الإدارة المدرسية التي تتصف بالتطوير والتحسين المستمر للاداء

التحسين المستمر

الاستمرارية

١/ أفضل في توفير الوقت والجهد والمال

٢/ دقة الإنجاز

٣/ تحقيق الأهداف

---

(١) الدكتور مسعد محمد زياد: ٢٠٠٧

http://www.diwanalarab.com/spip.php?article9024

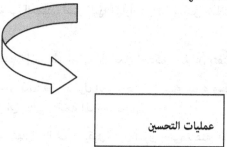

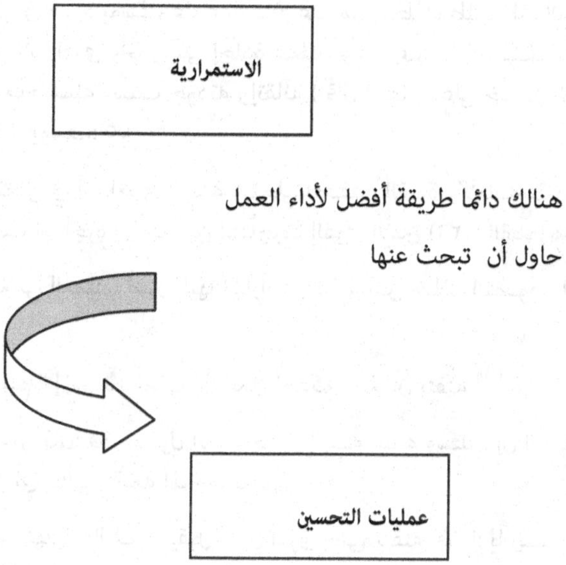

الاستمرارية
هنالك دائما طريقة أفضل لأداء العمل
حاول أن تبحث عنها
عمليات التحسين

مفهوم الجودة من منظور إسلامي:

لقد أهتم ديننا الإسلامي بالجودة والإتقان وأكد على مبادئ عظيمة في ظلها الوارف يتحقق لنا الرقي والنماء والتعليم ميدان خصب لغرس تلك المبادئ.

- قال تعالى: (صنع اللـه الذي أتقن كل شيء (٨٨))النمل: ٨٨
- قال تعالى: (وقل اعملوا فسيرى اللـه عملكم ورسوله والمؤمنون(١٠٥)) التوبة: ١٠٥
- قال تعالى: (إنا لا نضيع أجر من أحسن عملا (٣٠)) الكهف: ٣٠
- قال تعالى: (ولتسألن عما كنتم تعملون (٩٣)) النحل: ٩٣

- قال تعالى: (الذي خلق الموت والحياة ليبلوكم أيكم أحسن عملا وهو العزيز الغفور) الملك: ٢وقال تعالى في سورة يوسف عليه السلام عندما اصطفاه طلب الملك منه أن يوليه خزائن مصر لأنه أدرى وأقدر على إجادة عمله، وعبر عن ذلك بصفتي الحفظ والعلم كأساس لنجاح عمله وسبب جودته وإتقانه (قال اجعلني على خزائن الأرض إني حفيظ عليم (٥٥)) يوسف: ٥٥

- كما أورد سبحانه وتعالى في آية أخرى أهمية التحلي بصفتي القوة والأمانة فقال تعالى (قالت إحداهما يا أبت استأجره إن خير من استأجرت القوي الأمين (٢٦)) القصص: ٢٦

لا بد أن ندرك أن ديننا الإسلامي الحنيف أشار إليها أشارات واضحة من خلال النصوص القرآنية السابقة.

وقال عليه الصلاة وأتم التسليم " إن الله يحب إذا عمل أحدكم عملا أن يتقنه "[(١)]

وروى مسلم عن شداد بن أوس قال: قال رسول الله صلى الله عليه وسلم: إن الله كتب الإحسان على كل شيء. وقال علي بن أبي طالب: قيمة المرء ما يحسن .

وروي عن عائشة رضي الله عنها: إن الله لا يقبل عمل امرئ حتى يتقنه، قالوا: يا رسول الله، وما إتقانه؟ قال: يخلصه من الرياء والبدعة .

ويلاحظ من خلال النصوص القرآنية السابقة والأحاديث الشريفة الإشارة حول محاسن العمل وإتقانه والإتقان يعنى الجودة في أكمل صورها.

(١) رواه الطبراني في الأوسط، وأبو يعلى وغيرهما عن عائشة رضي الله عنها، وصححه الألباني في السلسلة لشواهده، وفي رواية: إن الله يحب من العامل إذا عمل عملا أن يحسن. صححه الألباني .

وكان النبي صلى الله عليه وسلم إذا عمل عملا أثبته. رواه مسلم عن عائشة رضي الله عنها. قال المناوي في فيض القدير: أي أحكم عمله بأن يعمل من كل شيء بحيث يدوم دوام أمثاله، وذلك محافظة على ما يحب ربه ويرضاه .

ولهذا نجد أن الإسلام يحض على العمل، ويحث على السعي والكسب، ويأمر بالانتشار في الأرض للنيل من فضل الله والأكل من رزقه قال الله تعالى(هو الذي جعل لكم الأرض ذلولا فامشوا في مناكبها وكلوا من رزقه(١٥)) الملك: ١٥ :

وعن ابن عباس قال سمعت رسول الله صلى الله عليه وسلم يقول" :من أمسى- كالا من عمل يديه أمسى مغفورا له ..."وعن المقداد رضي الله عنه عن النبي صلى الله عليه وسلم قال" :ما أكل أحد طعاما قط خيرا من أن يأكل من عمل يده، وإن نبي الله داود عليه السلام كان يأكل من عمل يده."

ولقد ضرب الأنبياء عليهم السلام المثل في السعي والعمل، وكانت لهم حرف يرتزقون منها، ومن أمثلة ذلك:

-كان آدم عليه السلام حراثا.

-وكان داود عليه السلام صانعا للسرد والدروع.

-وعمل موسى عليه السلام أجيرا عند الرجل الصالح في الرعي.

-وعمل رسولنا محمد صلى الله عليه وسلم في الرعي والتجارة.

فنحن مطالبون بالإتقان حيثما كنا وفي كل شئ في العبادة - والأخلاق - والأعمال - والأقوال - والأداء - والتنظيم - والإدارة - والتخطيط - والإنتاج - وغيرها

ولقد دعا الأسلام الى السعي والعمل وحذر من البطالة والكسل فقال سبحانه (هو الذي جعل لكم الأرض ذلولا فامشو في مناكبها وكلوا من رزقه)وقال (فاذا قضيتم الصلاة فانتشروا في الأرض وابتغوا من فضل الله) وقال النبي صلى الله عليه و سلم (ما اكل احد طعاما قط خيرا من ان يأكل من عمل يده) ففي الحث على الزراعة يقول صلى الله عليه وسلم (ما من مسلم يزرع زرعا او يغرس غرسا فيأكل منه طير او انسان او بهيمة الا كان له به صدقة).

ولقد صافح النبي يوما رجلا كان مزارعا فوجد يده خشنة جدا من اثر العمل في الارض فرفع الرسول صلى الله عليه وسلم اليد وقبلها وقال: (هذه يد يحبها الله)وفي الحث على التجارة يقول:(التاجر الصدوق الامين يحشر مع النبيين والصديقين والشهداء)وفي الحث على الرعي وتربية الماشية يقول:(ما بعث الله نبيا الا رعى الغنم وانا كنت ارعاها لاهل مكة بالقراريط)وفي الحث على الصناعة فقد ضرب لذلك مثلا نبي الله داوود الذي كان حدادا يصنع الدروع فقال عليه السلام (ان نبي الله داوود لا يأكل الا من عمل يده)ولقد حارب النبي صلى الله عليه وسلم ما شاع عند العرب من احتكار الحرف والاعمال اليدوية واتكال بعضهم على التسول وسؤال كبراء القوم وزعماء العشائر فبين لهم ان كل عمل نافع هو عمل شريف كريم مهما تكن ضآلة الربح، لا بل ان الاسلام لا يدعو فقط الى العمل الدنيوي أيا كان ويحث عليه بل انه يضفي عليه صفة العبادة والقربى الى الله الذي به ينال الثواب والرضوان فلقد قال صلى الله عليه وسلم: (ان كان خرج يسعى على ولده صغارا فهو في سبيل الله وان كان خرج يسعى على ابوين شيخين كبيرين فهو في سبيل الله وان كان خرج يسعى على نفسه يعفها فهو في سبيل الله)لا بل لقد جعل الاسلام وجود عدد من اصحاب الخبرة والكفاءة المدربين في كل مهنة او حرفة او صنعة في المجتمع فرض كفاية ويأثم كل المسلمين ان لم يوفروا مثل هؤلاء بينهم ليكتفوا اكتفاء ذاتيا يأكلون مما يزرعون ويلبسون مما ينسجون ويسلحون جيوشهم مما يصنعون مهتدين بقول الله سبحانه: (وانزلنا الحديد فيه بأس شديد ومنافع للناس) ولقد فسر المفسرون قوله سبحانه (بأس شديد)انها اشارة الى الصناعات الحربية وعبارة (ومنافع للناس)انها اشارة الى الصناعات المدنية وما لم يتم ذلك فالمسلمون كلهم آثمون وخاصة ولات الامر منهم.ولقد وصف الله سبحانه وتعالى عباده الصالحين الذين يرتادون المساجد (يسبح له فيهابالغدو والآصال رجال لا تلهيهم تجارة ولا بيع عن ذكر الله واقام الصلاه وايتاء الزكاة يخافون يوما تتقلب فيه القلوب والابصار).

فالإسلام يحض المسلمين على الإتقان في كل جوانب حياتهم وسائر أعمالهم. وان العامل المخلص المتقن هو ذلك الإنسان الحاذق لصنعته وحرفته، والذي يقوم بما

يسند إليه من أعمال ووظائف بإحكام وإجادة تامة، مع المراقبة الدائمة لله في عمله، وحرصه الكامل على نيل مرضاة الله من وراء عمله، وهذا النوع من العمال والموظفين لا يحتاج إلى الرقابة البشرية؛ والبون شاسع بين من يعمل خوفا من إنسان، يغيب عنه أكثر مما يوجد، وخداعه ما أيسره، وبين آخر يعمل تحت رقابة من لا يغيب عنه لحظة، ومن لا تخفى عليه خافية في الأرض ولا في السماء.!!

أصالة إسلامية للمفاهيم الأساسية

1- العمل والإتقان:

- المدح والثناء على العمل.

- القيمة الحياتية للعمل.

- التوجيه العملي للعمل.

- الإتقان في العمل.

٢- الشورى والتعاون:

- الأمر بالشورى والتعاون

- الشورى والتعاون من صفات المؤمنين.

- القدوة العظمى في الشورى والتعاون.

٣- التحفز النفسي السامي:

- بيان المنازل والمراتب العليا.

- التربية على الروح العالية وبيان منافعها.

- الحفاظ على الروح العالية حتى النهاية.

٤- الرضى النفسي المتبادل:

- العمل من أجل التآلف والرضى المتبادل.

- بيان المنة والنعمة في التآلف والرضى المتبادل.

- القدوة العظمى والحرص على التآلف والرضى المتبادل.

٥- المعلومات والخبرات المتراكمة:

- جمع المعلومات والإحصاءات.

- الاستفادة من التجربة في تلافي الأخطاء.

- التأكيد على الإيجابيات ونفي السلبيات.

٦- الرقابة والمراجعة المتنامية:

- تربية الرقابة الذاتية.

- تربية الرقابة في دوائر المسؤولية.

٧- المسؤولية الفردية في العمل الجماعي

فردية المسؤولية.

عظمة المحاسب.

المحاسبة والمسؤولية بدون المحسوبية.

دقة وشمولية المحاسبة.

٨- القدوة النموذجية في القيادة العليا:

القدوة في النبي

القدوة في الخلفاء الراشدين

٩- الرغبة في اكتشاف مدى صلة الإسلام بهذه الموضوعات والنظريات الحديثة من خلال تأكيد عظمة الإسلام وصلاحيته لكل زمان ومكان، والتزود بالمعلومات - المعينة على إثبات ذلك.

١٠- الرغبة في تحقيق فائدة عملية وعلمية تضفي جديدا وتقدم مزيدا يستفيد منه العاملون - باعتبارهم مسلمين أساسا ؛لتشكل النظرة والأصول الإسلامية زادا مستمرا وتطويرا دائما في المجالين العلمي والعملي.

١١- يمكن تلخيص تعريف الجود ة في كلمة واحدة (الإحسان) ومن هذه الكلمة صاغ علماء العصر والمشتغلون بعلم الجودة تعريفاتهم في صيغ كثيرة من أهمها مايلي: [1]

يعرف (جوران) الجودة بأنها (الملائمة للاستخدام) أي كلما كانت الخدمة أو السلعة المصنعة) ملائمة لاستخدام المستفيد كلما كانت جيدة.

ويعرفها (كروسي) بتعريف يشترط فيه ثلاثة شروط لتحقيق ا لجود ة:

- الوفاء بالمتطلبات

- إنعدام العيوب

- تنفيذ العمل بصورة صحيحة من أول مرة وكل مرة.

ويعرفها (ديمنج) بتعريف مختصر ولكنه يكاد يجمع التعريفين إذ يقول إن الجودة هي تحقيق إحتياجات وتوقعات المستفيد حاضرآ ومستقبلاً.

مبادئ عامة لصيانة حقوق العمال:[١]

- العمل شرف:- قال سبحانه(ومن أحسن قولا ممن دعا إلى الله وعمل صالحا (٣٣)) فصلت: ٣٣ ويقول الرسول (ان اشرف الكسب كسب االرجل من يده)* العمل نعمة:- قال سبحانه (ليأكلوا من ثمره وما

---

(1): أ. محمد بن علي الغامدي: مقال على الانترنت:
http://www.mmsec.com/m3-files/jawda3.htm

(١) الدكتور مصطفي السباعي، التكافل الاجتماعي في الاسلام، الطبعة الأولى ١٩٩٨م، دار الوراق – بيروت.

عملته أيديهم أفلا يشكرون (٣٥)) يس: ٣٥ العامل مسؤل عن كل ما يعمل:- قال تعالى (ولتسألن عما كنتم تعملون) ويقول الرسول صلى الله عليه وسلم (ان الله يحب من العامل اذا عمل ان يحسن) فهذه أمانة أن يحسن و يتقن حرفته ومهنته.

- وصاحب العمل مسؤول: - يقول الرسول صلى الله عليه و سلم: (كلكم راع وكلكم مسؤول عن رعيته). المقصود هنا ان يقوم صاحب العمل بحماية العامل وان يرفق به ويحسن معاملته.
- لا عمل بدون اجر:- يقول سبحانه (من كان يريد الحياة الدنيا وزينتها نوف إليهم أعمالهم فيها وهم فيها لا يبخسون (١٥)) هود: ١٥
- الاجر على قدر العمل:- قال سبحانه(ولا تبخسوا الناس أشياءهم ولا تعثوا في الأرض مفسدين (٨٥)) هود: ٨٥ الاجر حق للعامل لا منه من صاحب العمل قال سبحانه (ان الذين آمنوا وعملوا الصالحات (إن الذين آمنوا وعملوا الصالحات لهم أجر غير ممنون (٨)) فصلت: ٨)
- الاجر وحق العامل في حماية الدولة وولي الامر قال سبحانه (أني لا أضيع عمل عامل منكم من ذكر أو أنثى) آل عمران: ١٩٥ و يقول صلى الله عليه وسلم (ثلاثة أنا خصمهم يوم القيامة ...حتى يقول صلى الله عليه و سلم و رجل إستأجر أجيرا فلم يوفه أجره).

ولقد رأيت انا شخصيا وعرفت بعض اصحاب العمل ممن كان كثيرون من العمال اخواننا في الضفة والقطاع والاردن يعملون عندهم ويسوفو لهم بالاجر و بعدها يقومون بطردهم و هكذا في كل مرة مع غيرهم من العمال على اعتبار أنهم يعملون بشكل غير قانوني و يخشون أن يقدموا ضدهم شكوى لشرطة الكيان الصهيوني، فوالله لقد عرفت منهم من أنتكست

مصالحه، و ذل بعض عز، و أفتقر بعد غنى، و ثقلت كواهله الديون و كيف لا و هـو الـذي أكل أموال عمال و سرق لقمة أطفال جوعى ينتظرون.

- العمل على قدر الطاقة: يقول صلى الـله عليـه و سلم: (ولا تكلفـوهم مـا لا يطيقـون) و يقول سبحانه (لا يكلف الله نفسا إلا وسعها(٢٨٦)) البقرة: ٢٨٦ فإذا قرر القانون أن يعمل العامل ثماني ساعات في اليوم و خمسة أيام في الأسبوع و جب التقيد بذلك، فإن أراد صاحب العمل أن يلزم العامل بأكثر من ذلك العمل فوجب عليه أن يعطيه الأجر الإضافي و يدخل هذا في بعض حديث النبي صلى الـله عليه وسلم السـابق و الذي تتمته قوله: (فإذا كلفتموهم فأعينوهم) و إعطاء الأجر على العمل الإضافي هو إعانة لا ريب فيها.

- حق العامل في تأمين نفقاته: فمن واجب أولات الأمر و الحكام أن يهيئوا لكل قادر العمل الذي يلائمه و يكتسب منه ما يكفيه و يكفي أسرته و أن ييسر له مـن التعليم و التـدريب ما يؤهله لهذا العمل، حتى يؤدي بذلك للعامل حقه في تأمين نفقاته العائلية لأن ذلك مـن كرامته، قال سبحانه:(ولقد كرمنا بني آدم(٧٠)) الإسراء: ٧٠

- حق العمل في الراحة يقول عليه السلام: (إن لنفسك عليك حقا و إن لجسدك عليك حقا و إن لزوجك عليك حقا) و هذا يعطي العامل حقا في الراحـة و أداء العبـادة و القيام بحـق الزوجة و الأولاد.

- حق العامل بعد موته على المجتمع: فلقد ضمنت قوانين التكافـل الإجتماعـي في الإسلام المواطن عند عجزه أو مرضه نصيب من بيت مال المسلمين يكفيه، وما قصة اليهـودي زمن عمر وقد رآه رضي الـله عنه يتسول فناداه و عرف أنه يهودي فإخـذه و قـال لمسؤول بيت مال المسلمين إجعل لهذا و أمثاله نصيبا من بيت مال المسلمين، لا بارك الـله فينا إن أكلنا شبيبتهم- أي عملوا عندنا و هم شباب- ثم تركناهم عالة على الناس.

ثم ضمن الإسلام حق رعاية أسرته بعد وفاته قال عليه السلام: (من ترك مالا فلورثته و مـن تـرك ذرية ضعفاء فليأتني فأنا مولاه و يقصد بذلك بيت مال المسلمين). و هكذ نرى أن الإسلام أعطى الحقـوق لأصحابها، فهذه هي بعض المبادئ العامة لنظرة الإسلام إلى العامل و العمل ...

إدارة الجودة الشاملة وأثرها على التنمية الاقتصادية

أصبح مفهوم إدارة الجودة الشاملة مـن المفاهيم الرنانـة في العـالم اليـوم. ومفهـوم إدارة الجـودة الشاملة يعتبر من المفاهيم الإدارية الحديثة التي تهدف إلى تحسين وتطوير الأداء بصفة مستمرة من خلال الاستجابة لمتطلبات العميل. والجودة تعني الدرجة العالية من النوعية أو القيمة وإتمام الأعمال الصحيحة في الأوقات الصحيحة وتلبية احتياجات وتوقعات العميل المعقولة. والجودة هي الريادة وتعنـي السـبق في الاستجابة لمتطلبات العميل، وهي الامتياز ويعني الإتقان من ناحية الضبط والدقة في عمل الأشياء.

ويمكن القول إن إدارة الجودة الشاملة هي التطوير المستمر للعمليات الإدارية وذلك بمراجعتها وتحليلها والبحث عن الوسائل والطرق لرفع مستوى الأداء وتقليل الوقت لإنجازها بالاستغناء عـن جميـع المهام والوظائف عديمة الفائدة وغير الضرورية للعميل أو للعملية وذلك لتخفيض التكلفـة ورفـع مسـتوى الجودة مستندين في جميع مراحل التطوير على متطلبات واحتياجات العميل.[(1)]

أهمية إدارة الجودة الشاملة

إن الهدف الأساسـي مـن تطبيـق برنـامج إدارة الجودة الشـاملة في المنشآت هـو تطوير الجـودة للمنتجات والخدمات مع تخفيض التكاليف والإقلال من الوقت والجهد الضائع لتحسـين الخدمـة المقدمـة للعملاء وكسب رضاهم، وذلك من خلال:

---

(١) الدكتور ناصر عبدالله ناصر المعيلي،٢٠٠٨
http://doc.abhatoo.net.ma/spip.php?article1896

خلق بيئة تدعم وتحافظ على التطوير المستمر.

إشراك جميع العاملين في التطوير والتنمية.

متابعة وتطوير أدوات قياس أداء العمليات.

تقليل المهام والنشاطات اللازمة لتحويل المدخلات من المواد الأولية إلى منتجات أو خدمات ذات قيمة للعملاء.

إيجاد ثقافة تركز بقوة على العملاء.

تحسين نوعية المخرجات.

زيادة الكفاءة بزيادة التعاون بين الإدارات وتشجيع العمل الجماعي.
تحسين الربحية والإنتاجية.

تعليم الإدارة والعاملين كيفية تحديد وترتيب وتحليل المشاكل وتجزئتها إلى مشاكل أصغر حتى يمكن السيطرة عليها.

تعلم اتخاذ القرارات استنادا على الحقائق لا المشاعر.

تدريب الموظفين على أسلوب تطوير العمليات.

تقليل المهام عديمة الفائدة وزمن العمل المتكرر.

زيادة القدرة على جذب العملاء وتقليل شكاواهم.

تحسين الثقة وأداء العمل للعاملين.

زيادة نسبة تحقيق الأهداف الرئيسية للشركة.

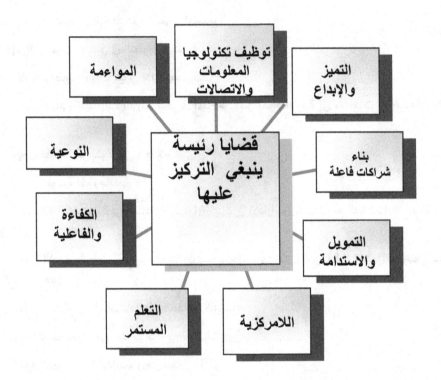

مميزات إدارة الجودة الشاملة

تقليل الأخطاء الشائعة داخل المنشأة.

تقليل الوقت اللازم لإنهاء المهام والمسؤوليات.

الاستفادة المثلى من الموارد الموجودة في المنشأة.

تقليل عمليات المراقبة المستمرة بدون جدوى.

زيادة رضا المستفيدين.

زيادة رضا العاملين من إداريين وفنيين في المنشأة.

تقليل الاجتماعات واللجان غير الضرورية.

تحديد المسؤولية وعدم إلقاء التبعات على الآخرين عند حدوث أي أمر غير مبرر.

تقوية الولاء للعمل والمؤسسة والمنشأة.

بناء وتعزيز العلاقات الإنسانية والاجتماعية.

تحسين بيئة العمل بتوفير كافة الخدمات.

تحديد أنماط قيادية مناسبة لنظام إدارة الجودة الشاملة.

تأسيس نظام معلوماتي دقيق لإدارة الجودة الشاملة.

معوقات إدارة الجودة الشاملة

ضعف المتابعة الإدارية على الإدارات والأقسام.

نقص الخبرة الإدارية لدى بعض المسؤولين.

عدم قدرة بعض الرؤساء على اتخاذ القرار.

ضعف التنسيق بين الأجهزة ذات العلاقة.

عدم وجود الموظف المناسب في المكان المناسب.

عدم فهم بعض المسؤولين للمتغيرات الداخلية والخارجية.

عــدم إزالــة الخـوف بــأن يشـعر الموظـف وبشــكل معقـول بالأمــان داخــل المنشــأة. عدم إزالة الحواجز بين الإدارات وذلك بالقضاء علـى الحـواجز التنظيميـة والتنسـيق وتفعيل الاتصـال بـين الإدارات والأقسام على المستويين الأفقي والعمودي. ولتكن الجودة هي الهدف وليس المنافسة بين الـزملاء والادارات.

عدم إنشاء مراكز للتدريب والتطوير الفعال وتدريب الموظف تدريبا محددا متعلقا بعمله.

متطلبات أساسية قبل التطبيق

إعادة تشكيل الهيكل الثقافي داخل المنشأة.

الترويج وتسويق البرنامج بشكل فاعل وجيد.

تدريب وتعليم المشاركين بأساليب وأدوات البرنامج.

الاستعانة بالمختصين والاستشاريين والباحثين. في مجال إدارة الجودة الشاملة بشكل عام والمختصين بإدارة الموارد البشرية بشكل خاص.

تشكيل فرق العمل في المنشأة.

تشجيع وتحفيز فريق العمل بشكل مستمر.

المتابعة والإشراف على فريق العمل بشكل منتظم.

إن تطبيق مفهوم إدارة الجودة الشاملة في المنشأة يستلزم بعض المتطلبات التي تسبق البدء بتطبيق هذا البرنامج في تلك المنشأة حتى يمكن تهيئة العاملين لقبول الفكرة، ومن ثم السعي نحو تحقيقها بفاعلية، وحصر نتائجها المرغوبة. إن نظام الجودة الشاملة نظام عالمي يمكن تطبيقه في كافة المنشآت والمؤسسات الحكومية، غير أنه يحتاج إلى دقة في التنفيذ وتهيئة المناخ المناسب لتفعيله، ناهيك عن النفقات الكثيرة التي تحتاجها المنشأة أثناء عملية التطبيق وخاصة فيما يتعلق بتوفير البيئة المتميزة من مبان ومرافق وتدريب للكوادر البشرية وتجهيزات وإنشاء المعامل والمختبرات ومعامل اللغات والحاسوب وكل ما يتعلق بعملية الجودة الشاملة، وكل ذلك ينبغي توفيره حتى تحصل المنشأة على مواصفات قياسية للجودة الشاملة.[1]

ولا يعني ذلك أن نتخلى بالكلية عن البحث عن مصادر أخرى يمكن أن توصلنا إلى تحقيق بعض جوانب الجودة الشاملة، ومن هذه المصادر؛ التدريب لكافة العاملين في المنشأة، تهيئة مناخ العمل، مشاركة الجميع في تفعيل دور المنشأة والارتقاء بها. وعلى الإدارة العليا أن تركز على القيادة العملية، ولتكن الإدارة قدوة يحتذى بها لكل المستويات الإدارية.

---

(1) الدكتور ناصر عبدالله،مصدر سابق

إن الالتزام بالجودة الشاملة ومعاييرها هو مفتاح النجاح لأي منشأة، وعلى أي مدير أن يحرص على تطبيق مبادئ إدارة الجودة الشاملة في موقع عمله ليضمن استمرارية نجاح المنشأة وبقائها في المنافسة بين المنشآت الناجحة والمنتجة.

الإبداع الإداري وأثره على التنمية البشرية والاقتصادية

إن الاستثمار في الموارد البشرية هو الاستثمار الحقيقي، فهو الأساس لكل عملية اقتصادية والداعم الأول لتحقيق الأهداف الإستراتيجية. والإبداع الإداري هو إنتاج أفكار جديدة خارجة عن المألوف بشرط أن تكون أفكارا مفيدة. فإذا ابتكر موظف طريقة جديدة لتخفيض التكاليف أو لتعزيز الإنتاج، فهذا نوع من الإبداع.[1]

وحتى يبدع الفرد لمنشأته، يجب أن توفر المنشأة بيئة تتقبل الإبداعات على أنواعها، إذ لا يمكن أن يبدع المرء في بيئة ترفض الجديد. وحتى تصبح بيئة المنشأة بيئة إبداعية، يجب على المدير وفريق إدارته أن يقتنعوا أن بإمكان موظفيهم أن يبدعوا ويبتكروا حلولا لمشاكل تواجههم، بل ويجب أن يلغوا الكثير من القواعد العقيمة التي تضع عراقيل تعيق الموظفين عن الإبداع، فكثير من المدراء والرؤساء يتخوفون من إعطاء صلاحيات للموظفين، ويجعلون عملية تسيير دفة المنشأة تأتي عن طريق واحد، من الأعلى إلى الأسفل، أي الأوامر والتخطيط من الإدارة، والتنفيذ على الموظفين، وهذا ما يسبب مشكلة تبدو صغيرة، لكنها تتفاقم حتى تؤدي في بعض الأحيان إلى سوء أداء المنشأة.

فالموظف في ميدان العمل يلمس متغيرات لا يراها المدير أو الإدارة العليا، ومن ثم فيجب أن يتصرف وحده، وأن يكون هناك تواصل مع الإدارة لتقرير المبادرة التي ستتخذ إزاء هذه المتغيرات أو الفرص.

ويكون التحدي عن طريق تعيين الشخص المناسب في الوظيفة المناسبة والتي تتصل بخبراته ومهاراته، وذلك يؤدي إلى توقد شعلة الإبداع لديه. كما أن التسكين الوظيفي في المكان غير المناسب يؤدي إلى الإحباط والشعور بالتهديد.

---

(١) المصدر السابق نفسه.

فالإبداع يدعم قوة اقتصاد أي منشاة في تميزها عن المنشآت الأخرى، كما أن الإدارة التقليدية أصبحت غير ممكنة في الوقت الحالي لما لها من عواقب وخيمة، فهي تحول الأفراد العاملين إلى بيروقراطيين وتسلبهم قدرتهم على الابداع.

خصائص وسمات الشخصيات المبدعة

يبحثون عن الطرق والحلول البديلة ولا يكتفون بحل أو طريقة واحدة، ويميلون إلى الفضول والبحث وعدم الرضا عن الوضع الوظيفي.

لديهم تصميم وإرادة قوية، يتميزون بالذكاء والثقة بالنفس.

لديهم أهداف واضحة يريدون الوصول إليها.

يتجاهلون تعليقات الآخرين السلبية.

لا يخشون الفشل.

لا يحبون الروتين.

يبدؤون بالمبادرة.

إيجابيون ومتفائلون.

الثبات على الرأي والجرأة والإقدام والمجازفة والمخاطرة، فمرحلة الاختبار تحتاج إلى شجاعة عند تقديم أفكار لم يتم طرحها من قبل.

لديهم علاقات إجتماعية واسعة.

لديهم قدرة على استنباط الأمور، فلا يرون الظواهر على علاتها بل يقومون بتحليلها بشكل مستمر.

معوقات الإبداع

الشعور بالنقص، وثبات الهيكل البيروقراطي لمدة طويلة وترسخ الثقافة البيروقراطية وما يصاحب ذلك من رغبة أصحاب السلطة في المحافظة عليها وعلى طاعة وولاء المرؤوسين لهم أو رغبة أصحاب الامتيازات في المحافظة على إمتيازاتهم.

- عدم الثقة بالنفس.

- عدم التعلم والاستمرار في زيادة المحصول العلمي.

- الخوف من تعليقات الآخرين السلبية.

- الخوف والخجل من الرؤساء.

- الرضا بالواقع.

- الجمود والتقيد على الخطط والقوانين والإجراءات.

- التشاؤم.

- الاعتماد على الآخرين والتبعية لهم.

- التأخير في تنفيذ الأفكار.

طرق الإبداع

ضرورة تجنب النقد للمرؤوسين، وهذه المسؤولية تقع على عاتق الرئيس.

إطلاق حرية التفكير والترحيب بالأفكار التي تحقق الهدف المنشود للمنشأة مهما كان نوعها أو مستواها.

البناء على أفكار الآخرين وتطويرها.

الفصل ما بين استنباط الأفكار وبين تقويمها.

تشجيع المشرفين، حيث أن معظم المديرين مشغولون دائما، وتحت ضغط النتائج يفوتهم تشجيع المجهودات المبدعة الناجحة وغير الناجحة. ومن ثم فلابد من تحفيز الـدافع الـذاتي حتـى يتبنـى الموظـف المهمة ويحرص عليها ويبدع فيها.

مبادئ أساسية للإبداع الإداري

إفساح المجال لأية فكرة لكي تولد وتنمو ما دامت في الاتجاه الصحيح وفي خدمة الصالح العـام، ولم يقطع بعد بخطئها أو فشلها. فالابتكار قائم على الإبداع لا تقليد

الآخرين، ويجب أن يعطى الأفراد حرية كبيرة ليبدعوا عـلى أن تتركـز هـذه الحريـة في المجـالات الرئيسية للعمل، وتصب في الأهداف الأهم.

الاعتناء بتنمية ورعاية الأفراد لأنهم مصدر قوة اقتصادية بشرية لتنمية وتطوير مسار المنشأة ممـا يجعلها الأكبر والأفضل والأكثر ابتكارا وربحا، ولتكن المكافأة على أساس الجدارة واللياقة.

احترام وتشجيع وتنمية الأفراد بإتاحة الفرص لهم للمشاركة في القرار، وتحقيق النجاحات للمنشأة، وذلك كفيل بأن يبذلوا قصارى جهدهم لأداء العمل على الوجه الأكمل، فالمنشأة ما هي إلا مجموعة جهود أبنائها وتضافرهم.

التخلي عن الروتين واللامركزية في التعامل مما ينمي القدرة الإبداعية، وهي تساوي ثبات القدم في سبيل التقدم والتفوق والنجاح.

تحويل العمل إلى شيء ممتع لا وظيفة فحسب، وذلك بأن يتم تحويل النشاط إلى مسؤولية، والمسؤولية إلى طموح.

التجديد المستمر للنفس والفكر والطموحات، وهذا لا يتحقق إلا إذا شعر الفرد بأنه يتكامل في عمله، وأنه يبني نفسه وشخصيته أيضا، فهذا الشعور الحقيقي يدفعه لتفجير الطاقة الإبداعية الكامنة بداخله، وتوظيفها في خدمة الأهداف.

التطلع إلى الأعلى دائما، لأنه يحرك حوافز الأفراد إلى العمل وبذل المزيد. ومن ثم يجب السعي إلى تحقيق الأهداف الأبعد باستمرار، وكلما تحقق هدف يجب النظر إلى الهدف الأبعد لضمان مسيرة فاعلة ومستمرة ومتكاملة للفرد وللمنشأة.

يجب ملاحظة تجارب الآخرين وتقويمها، وأخذ الجيد وترك الرديء، مع وضع التعديلات اللازمة للأفضل.

لا ينبغي ترك الفكرة الجيدة التي تفتقد إلى آليات التنفيذ، بل يجب وضعها في البال، وتعرض للمناقشة، فكثير من الأفكار الجديدة تتولد مع مرور الزمن، والمناقشة المتكررة ربما تعطي مقدرة على تنفيذها، فربما لم تصل المناقشة الأولى والثانية إلى تمام نضجها، فتكتمل في المحاولات الأخرى.

يجب إعطاء التعلم عن طريق العمل أهمية كبرى، لأنه الطريق الأفضل لتطوير الكفاءات وتوسيع النشاطات.

من المهم جدا أن يعتقد الأفراد أن أعمالهم الإبداعية ستعود بمنافع أكثر لهم وللمنشأة، كما أنها ستجعلهم في محط الرعاية الأكثر والاحترام الأكبر.

إن تطبيق مفاهيم إدارة الابتكار والإبداع بالنسبة للجان العمل أو المؤسسات الإدارية والحكومية على تعدد أنواعها وتحت أي إطار كانت أو في أي دولة من الدول عامة، لابد وأن يتوافق مع عمليات التنمية والتطوير والتدريب بهدف إحداث تغيير نوعي وجذري في الوسائل والأساليب الإدارية بحيث يتجاوز العادات أو التقاليد التي تعرقل التنمية الإيجابية.

ويجب أن يبنى الاتجاه الصحيح للمنشآت الرائدة على أساس منهجي وعلمي، وهـذا مـا يتطلب دائما توفير عناصر الابتكار والإبداع الإداري مثل التخطيط الإستراتيجي، التفكير الإستراتيجي، وبنـاء ثقافـة الأفراد والمؤسسات وفق معايير إنسانية رفيعة.

القائد الإداري

وتحديات القرن الحادي والعشرين

إن الملاحظ للوضع الإداري الحالي في ظـل تنـامي ظاهرة العولمة ودخـول القيـادات الإداريـة في تحديات القرن الحادي والعشرين وازدياد المنافسة بين القطاعات، ليجد أن الأساليب الإدارية التقليديـة لم تعد مجدية، وأن القائد الإداري لكي يظل ويبقي المنظمـة التي يقودها في إطار المنافسـة فإنه سيطوي صفحاته التقليديـة القديمـة ويبـدأ بـنهج الأسـاليب الإداريـة الحديثـة والتي أثبتـت التجـارب نجاحهـا في القطاعات العامة والخاصة، إذا ما طبقت بشكلها الصحيح ووفق منهجها العلمي والعملي، ولعل من هـذه الأساليب أسلوب إدارة الجودة الشاملة أو الكلية وكذلك أسلوب إعادة هندسة نظم العمل أو مـا يسـمى اختصارا بـ (الهندره).

فالقائد الإداري الناجح هو من يبعث التجديد والتطوير في روح منظمته ولا يكون ذلك إلا بتطبيق الأساليب السابقة بنجاح، وتظل العولمة ظاهرة تجتاح المنظمات مثلها مثل غيرها، ممثلة تحديا للقيادات الإدارية؛ فإما البقاء بنجاح.. أو استقبال الفشل في مكتبك.

الهندرة

قبل أن نتحدث عن الهندرة وتعريفها فقد يكون من المناسب أن نوضح بإيجاز المقصود بلفظ الهندرة ذاته.

فالهندرة كلمة عربية جديدة مركبة من كلمتي (هندسة) و(إدارة) وهي في الواقع ترجمة للمصطلح الإنجليزي Reengineering Business والذي عني (إعادة هندسة الأعمال)، أو (إعادة هندسة نظم العمل).[1]

تعريف الهندرة:

عرف (مايكل هامر وجيمس شامبي) الهندرة بأنها (البدء من جديد أي من نقطة الصفر وليس إصلاح وترميم الوضع القائم).

وأما (رونالد راست) فقال: إن الهندرة هي إعادة تصميم العمليات بشكل جذري بهدف تحقيق طفرات كبيرة في الأداء.

وبعد أن اتضح لنا من التعاريف السابقة المفهوم العام للهندرة نأتي على ذكر أهم الخصائص المميزة لها وهي:

خصائص الهندرة:

١- الهندرة هي البداية من نقطة الصفر بمعنى التغيير الجذري.

٢- الهندرة تختلف اختلافا أساسيا عن أساليب التطوير الإداري التقليدية.

---

(١) عبدالعزيز بن محمد الحميضي، باحث إداري، إدارة البحوث والدراسات
http://www.shura.gov.sa/ArabicSite/majalat/majalah66/derasa.HTM

٣- الهندرة تركز على العملاء وعلى العمليات الإدارية لا على الأنشطة.

٤- الهندرة تركز على الاستخدام الضروري والملح لأنظمة وتقنية المعلومات.

دوافع القيام بعمليات ومشاريع الهندرة:

١- الرغبة في تخفيض التكلفة.

٢- ضغوط المنافسة في القطاعات المتعددة والشركات العالمية والمنظمات الخدمية.

٣- تدني مستوى رضا العملاء.

مبادئ الهندرة:

وللهندرة مجموعة من المبادئ، يمكن إبرازها بالفقرات التالية:

١- دمج عدة وظائف في وظيفة واحدة من خلال النظر إلى المهام وليس النتائج.

٢- إنجاز العمل في مكانه وعدم الانتقال من مكان لآخر.

٣- الجمع بين المركزية واللامركزية.

٤- تقليل الحاجة إلى مطابقة المعلومات.

٥- تنفيذ خطوات العمل حسب طبيعتها من خلال التدفق الطبيعي للعمل.

٦- الحصول على المعلومات من مصادرها.

٧- خفض مستويات الرقابة والمراجعة و الاكتفاء بالرقابة اليومية المستمرة على رأس العمل.

ويمكن لنا في هذه اللحظة أن نتساءل على من تطبق الهندرة؟ أولا: على المنظمات ذات الوضع المتدهور والتي تدني مستواها وكثرت شكاوى العملاء منها. ثانيا: المنظمات التي لم تصل إلى حد التدهور ولكن أداءها يوحي ببلوغ حالة من التدهور في المستقبل

القريب. ثالثا: المنظمات التي بلغت قمة التفوق والنجاح وذلك ليس بدافع الخوف من السقوط ولكن بدافع الطموح وتوسيع الفجوة بينها وبين منافسيها.

أوجه التشابه والاختلاف بين إدارة الجودة الشاملة والهندرة:

أوجه التشابه:

- كل منها يركز على العمليات.
- كل منها يتطلب تغييرا تنظيميا وتغييرا في سلوك الموظفين.
- كل منها يتطلب الاستثمار في الوقت من خلال النظرة المستقبلية.
- كل منها يتطلب قياس الأداء بمقاييس موضوعية.

أوجه الاختلاف:

- إدارة الجودة الشاملة تعني التغيير التدريجي وتحسين ما هو قائم، أما الهندرة فهي تغيير جذري من خلال البدء من الصفر.
- في إدارة الجودة الشاملة لا حاجة إلى الرقابة الإدارية الدائمة والمستمرة بينما في الهندرة يتطلب تطبيقها المتابعة والرقابة الإدارية اليومية.

العولمة

العولمة ظاهرة من الظواهر الكبرى ذات الأبعاد والتجليات المتعددة والظواهر الكبرى توصف أكثر من أن تعرف.ولقد قال أحد الفلاسفة (أن كل ما ليس له تاريخ لا يمكن تعريفه تعريفا مفيدا) والعولمة مما ينطبق عليه ذلك إلى حد بعيد...

تعريف العولمة:

تعرف العولمة في الأدبيات الغربية بأنها (زيادة درجة الارتباط المتبادل بين المجتمعات الإنسانية من خلال عمليات انتقال السلع ورؤوس الأموال وتقنيات الإنتاج والأشخاص والمعلومات).

كما عرفها برهان غليون بأنها (ديناميكية جديدة تبرز داخل العلاقات الدولية من خلال عملية انتشار المعلومات والمكتسبات التقنية والعملية للحضارة).

نشأة العولمة والمحطات البارزة في مسيرتها:

تمثل النتائج التي خلفتها الحرب العالمية الثانية محطة مهمة في تاريخ العولمة إذ أنه بدأ واضحا أن الهيمنة الحقيقة لا ينبغي أن تكون عسكرية وإنما ثقافية واقتصادية وهذا ما سيؤدي في النهاية إلى هيمنة سياسية شاملة.

وقد قامت الولايات المتحدة بضخ أكثر من اثنى عشر مليار دولار بين عامي ١٩٤٨- ١٩٥١م من أجل إعادة بناء الدول الصناعية الغربية واليابان، ولم يكن ذلك كرما ذاتيا وإنما كان الهدف جعل أوروبا واليابان جزءا من سوق متنوعة للمساعدة على استيراد المصنوعات الأمريكية وإيجاد فرص الاستثمار وتنظيم العلاقات النقدية وأسعار الصرف ووسائل الدفع الدولية وتمثل ذلك بظهور البنك الدولي وصندوق النقد الدولي.

وهنا نطرح تساؤلا مهما وهو، من يقود العولمة؟

ويمكن الإجابة على ذلك من خلال النقطتين التاليتين:

١- قيادة العولمة تتم على نحو جوهري من قبل الغرب ومن يتحرك في فلكه مثل اليابان ودول جنوب شرق آسيا.

٢- حركة العولمة تعتمد أساسا على مساهمة أمريكا الكبرى فيها ويمكن أن تسمى العولمة بالأمركة وذلك نتيجة الخلفية التاريخية والموضوعية لقيادة العولمة وهي خلفية سيئة وخطيرة في العديد من قسماتها.

أدوات العولمة:

أولا: الشركات متعددة الجنسيات:

وهي نتيجة تنقل الأموال بسرعة البرق مما أدى إلى ظهور الشركات الكبرى التي مدت أنشطتها خارج حدود بلدها الأصلي وتتقاسم خمسة بلدان رئيسية ١٧٢ شركة من أكبر ٢٠٠ شركة في العالم وهي (أمريكا، واليابان، وفرنسا، وألمانيا، وبريطانيا).

ثانيا: المنظمات والاتفاقيات:

وقد نشأ ذلك في العالم عندما أدرك الاستعمار العسكري أنه قد فات أوانه وانتقل إلى استخدام المال والأعمال والاستثمار والتنمية الاقتصادية لكي يحافظ الغرب على رعاية مصالحه من خلال إنشاء منظمة التجارة الدولية واكتمال الأطر في المؤسسات الدولية على المستويات القانونية والسياسية والاقتصادية والثقافية.

وقد استغرقت المفاوضات لإتمام التوصل لاتفاقيات (الجات) نحو نصف قرن تقريبا.وقد صيغت اتفاقية الجات بطريقة تخدم الأقوياء والخيار أمام الدول الضعيفة هو اللاخيار..

ثالثا: العقوبات الاقتصادية:

من الواضح أن الغرب ولا سيما أمريكا لا تمانع من سن العقوبات على نحو منفرد من خلال استخدام المنظمات الدولية لتحقيق ذلك لتسهيل تدفق الاستثمارات الغربية إلى أرجاء الأرض وحمل العالم على الانصياع لها.

رابعا: شبكة المعلومات (الإنترنت):

باتت شبكة الإنترنت أهم الوسائل الأساسية لتحقيق النقلة نحو العولمة من خلال التفاعل الحر المباشر بين أعداد ضخمة من الناس بغض النظر عن الحدود الجغرافية واختلاف التوقيت والثقافة.

خامسا: وسائل الإعلام:

من الجدير ذكره أن هناك ما يربو عن ٥٠٠ قمر صناعي تدور حول الأرض مرسلة إشارات لاسلكية تحمل صورا ورموزا ودلالات للحياة العصرية من خلال رؤية الناس للحدث مباشرة وإن كان في أطراف العالم، وهذه أيضا من معطيات الحياة الغربية حلوها ومرها، من خلال نقل ثقافات العالم بغض النظر عن صلاحيتها لبعضها البعض.

سادسا: الإعلان:

إن من مفرزات العولمة السيئة أن الاتصال أخذ يتهمش لصالح الدعاية والإعلان، فالإعلان عبارة عن رسالة لا تدعو إلى الحوار ولا المناقشة سوى أن يشتري المرء ويستهلك ما يدعو إلى استهلاكه، مما دعا الناس إلى ممارسة المزيد من الاستهلاك من أجل تحقيق المزيد من الإنتاج بغض النظر عن النتائج البيئية والصحية التي تترتب على ذلك.

أبعاد العولمة:

للعولمة عدد من الأبعاد منها:

١- البعد الاقتصادي: المتمثل في فتح الأسواق لحرية التجارة وتنقل رؤوس الأموال.

٢- البعد الإعلامي: المتمثل في كون العالم أصبح قرية صغيرة.

٣- البعد العلمي: من خلال تبادل البحوث والمعارض العلمية بين الدول وسهولة تداول المعلومة.

٤- البعد الثقافي: المتمثل في ظاهرة الحرية الفكرية والممارسات الثقافية.

٥- بعد الملكية الفكرية: المتمثل في حماية الحقوق والملكيات الفكرية والدولية.

٦- البعد الأخلاقي: والمتمثل في فرض قيم وأخلاق القطب الواحد.

٧- البعد السياسي: المتمثل في الدعوة للديمقراطية وحرية المرأة الزائفة.

محركات العولمة ودوافعها:

لابد أن نقرر بداية أن العولمة بمفهومها الحديث إن هي إلا نتاج لتفاعل ظواهر ثلاث هي التطور التكنولوجي، وزيادة النزعة الاستهلاكية، والسياسيات الاقتصادية والتحررية الجديدة.

تناقضات العولمة:

تنطوي العولمة على الكثير من التناقضات.ويعد التوازن بين الإنتاج والاستهلاك العالميين أحد أشكال هذا التناقض.

إذ إن الشركات المنتجة تتجه للدول ذات العمالة المنخفضة الأجور وليست هذه هي المشكلة حيث أن هذه الشركات لا تسوق منتجاتها في هذه الدول ولكن تكمن المشكلة في أنه إذا انخفضت تكلفة العمالة فسوف تسود العالم أزمة زيادة الإنتاج.كما حدث في دول جنوب شرق آسيا.باعتبار ذلك تزاوج غير ملائم بين القدرات الإنتاجية ومستويات الطلب الفعالة مما أسفر عن خفض حجم النشاط الاقتصادي وارتفاع معدلات البطالة.

ويتمثل الشكل الثاني من أشكال تناقضات العولمة في أن المنافسة الدولية تؤدي إلى سعي الحكومات لتوفير ظروف مناسبة لجذب رؤوس الأموال عن طريق خفض الضرائب ويترتب على ذلك تقويض القدرة على تمويل النفقات العامة الأساسية مما يؤدي إلى تقليص فرص العمل الحكومي وانتشار البطالة.

أما التناقض الثالث فيتمثل في اتجاه الشركات والمؤسسات الكبيرة لنقل مواردها ونشاطاتها الملوثة للبيئة للدول الفقيرة الحريصة على جذب الاستثمارات الأجنبية بأي ثمن حتى وإن كان ذلك على حساب سلامة بيئتها الطبيعية.

التغلب على التناقضات والآثار السلبية:

تمثل التناقضات الثلاثة السابقة المرتبطة بالعولمة نموذجا واقعيا لبعض أشكال التوتر المرتبطة بها.ولكن توجد دائما إلى جانب التوترات والتناقضات فرص صالحة لإيجاد بدائل سياسية وتكنولوجية لخدمة آثارها، ويكون ذلك بأن على هذه الدول - والقيادات الإدارية فيها - التي تعاني من تلك التناقضات تعديل عناصر العولمة بكل ما تنطوي عليه وتكييفها بما يتفق وخدمة مصالحها وأفراد شعبها وسلامة معتقداتها.

وفي الختام، رسالة إلى القائد الإداري الناجح...

لقد عفى الزمن عن ذلك المدير المتحكم وحده في القرار والذي ينصب نفسه حكما على الناس. إن القائد الإداري الناجح...اليوم مطالب بأن يحتكم إلى القواعد السياسية والقانونية والأخلاقية ليستحق أن يكون مسؤولا في مستوى طموحات الأمة.

ولتحويل فلسفة الجودة الشاملة إلى حقيقة في مؤسسة ما، يجب ألا تبقى هذه الفلسفة مجرد نظرية دون تطبيق عملي. ولذلك بمجرد إستيعاب مفهوم الجودة الشاملة يجب أن يصبح جزءا وحلقة في عملية الإدارة التنفيذية من قمة الهرم التنفيذي إلى قاعدته، وهذا ما يسمى بإدارة الجودة الشاملة. وهي عملية طويلة الأمد وتتكون من مراحل محددة بشكل جيد وتتبع إحداها الأخرى بحيث تصبح مألوفة للمؤسسة ويتم تنفيذها باستمرار بعزم وإرادة ورغبة صادقة لتحقيق الأهداف والنتاجات.

قال تعالى: (وقل اعملوا فسيرى الله عملكم ورسوله والمؤمنون(١٠٥)) التوبة: ١٠٥

وآخر دعوانا ان الحمد لله رب العالمين

المؤلف

mustafademes@yahoo.com

المراجع

- القرآن الكريم

- الحديث الشريف: صحيح بخاري ومسلم

- لسان العرب، ابن منظور

- القاموس المحيط، الفيروز أبادي

- الصحاح في اللغة،الجوهري، دار الكتب العلمية،١٩٩٩

- احمد،احمد إبراهيم (٢٠٠٣):الجودة الشاملة في الإدارة التعليمية والمدرسية، الإسكندرية- ج.م.ع. دار الوفاء لدنيا الطباعة والنشر.

- النجار، فريد (٢٠٠٢): إدارة الجامعات بالجودة ال شاملة، الطبعة الثانية، القاهرة: ايتراك للنشروالتوزيع.

- الزوواي، خالد (٢٠٠٣)، الجودة الشاملة في التعليم. مجموعة النيل العربية – مدينة نصر- القاهرة. ج.م.ع.

- أحمد, حافظ, حافظ، محمد (٢٠٠٣) إدارة المؤسسات التربوية. عالم الكتب – القاهرة – جمهورية مصر العربية.

- نصر الله، أحمد (٢٠٠١) ميبدئ الاتصال التربوي والانساني، دار وائل للنشر والتوزيع – عمان – الأردن

- صالح ناصر عليمات- إدارة الجودة الشاملة في المؤسسات التربوية- دار الشروق للنشر والتوزيع- 2008

- إبراهيم، مجدي (٢٠٠٤) موسوعة التدريس – الجزء الثاني دار المسيرة للنشر والتوزيع والطباعة- عمان.

- أحمد حامد منصور.. تكنولوجيا التعليم وتنمية القدرة على التفكير الابتكاري، سلسلة تكنولوجيا التعليم المنصورة: دار الوفاء للطباعة والنشر، الطبعة الثانية. (١٩٨٩)

- حسين كامل بهاء الدين. التعليم والمستقبل. القاهرة: الهيئة المصرية العامة للكتاب(١٩٩٩)

- الدكتور مصطفي السباعي، التكافل الاجتماعي في الاسلام، الطبعة الأولى ١٩٩٨م، دار الوراق – بيروت.

- دعمس،مصطفى نمر،الاستراتيجيات الحديثة في تدريس العلوم العامة، دار غيداء، الأردن – عمان/ ٢٠٠٧.

- دعمس، مصطفى،استراتيجيات التقويم التربوي الحديث وأدواته، الأردن- عمان، دار غيداء،٢٠٠٨

- د.حامد ابو صعيليك، اتجاهات حديثة في الإدارة التربوية،دار غيداء للنشر عمان-الأردن،٢٠٠٨

- دعمس،مصطفى نمر،استراتيجيات تطوير المناهج وأساليب التدريس الحديثة، الأردن- عمان، دار غيداء،٢٠٠٨

- أ.د.احمد الخطيب، أ.د.رداح الخطيب، الحقائب التدريبية،الناشران: مؤسسة حمادة للدراسات الجامعية والنشر والتوزيع/اربد- الأردن، مكتبة المتنبي/ الدمام – السعودية، ٢٠٠٢م.

- سالي براون، فل ريس – معايير لتقويم جودة التعليم / ترجمة د. أحمد ممصطفى حليمة - ١٩٩٧/ عمان- دار البيارق

- سامي عارف،أساسيات الوصف الوظيفي،دار زهران للنشروالتوزيع،عمان/ الأردن، ٢٠٠٧.

الهوامش:

- اليحيوي،صبرية بنت مسلم (٢٠٠١): تطبيق إدارة الجودة الشاملة لتطوير التعليم العام للبنات في السعودية،بحث مقدم لإكمال متطلبات الحصول على درجة دكتوراه الفلسفة في التربية,جامعةالملك عبدالعزيز،المملكة العربية السعودية.

- جويلي،مها (٢٠٠٢): المتطلبات التربوية لتحقيق الجودة التعليمية، دراسات تربوية في القرن الحادي والعشرون، الإسكندرية: دار الوفاء لدنيا للطباعة والنشر.

- محمد عبد الغني هلال- ادارة الجودة الشاملة في التعليم والتدريب- مركز تطوير الأداء- 1998وزارة المعارف. مجلة التوثيق التربوي. العدد ١٤٢٣.

- سعد بن صالح الدحيحي. برنامج تدريبي في إدارة الجودة الشاملة. ٢٠٠٢م.

- أ.د.أحمد سيد مصطفى , أ.د.محمد مصيلحي الأنصاري. المركز العربي للتعليم والتنمية. برنامج إدارة الجودة الشاملة وتطبيقاتها في المجال التربوي. الدوحة. قطر. ٢٠٠٢ م.

- اركارو، جانيس (٢٠٠٠) اصلاح التعليم – الجودة الشاملة في حجرة الدراسة. ترجمة سهير بسيوني،دار الاحودي للنشر – القاهرة – جمهورية مصر العربية.

- حسين الشرقاوى، نظام التأكد من الجودة فى التعليم الجامعي، قضايا وأراء، القاهرة، ٢٠٠٣

- غازي بن عبيد مدني،تطوير التعليم العالي كأحد روافد التنمية البشرية في المملكة، ورقة علمية مقدمة لندوة الرؤية المستقبلية للاقتصاد السعودي حتى

عام ١٤٤٠هـ (٢٠٢٠)، وزارة التخطيط – الرياض، ١٣-١٧ شعبان ١٤٢٣هـ الموافق ١٩-٢٣ أكتوبر ٢٠٠٢م.

- جيم هيريرا - إدارة الموارد البشرية - الإتحاد الدولي للإتصالات

المراجع الأجنبية:

- Sallis, E (1993), Total Quality Management in Education

- Harris, A, N Bennet and M Preedy (1997), Organizational Effectiveness and Improvement in Education

- Davis, B and J West-Burnham (1997), Re-engineering and Total Quality in Schools, London: Pitman.

- Schrum, L. (1995). Educators And The Internet: A Case Study Of Professional Development. Computers Educ

- Warren, Adam et al. (1998). Technology in teaching and learning: An introductory Guide. Published by the interactive learning center, University of Southampton.

- Hefzallah, I. M. (1999). The New Educational Technologies And Learning: Empowering Teachers to Teach and Students to Learn in the Information Age. Charles C Thomas, publisher. LTD. Springfield. Illinois. U.S.A

- Helen M. Gunter," Leaders and Leadership in Education", London , Paul Chapman, 2001

- Thomas J. Sergiovanni ," Leadership -What's in it for schools?", London, Routledge Falmer , 2001

المواقع الالكترونية:

- بهاء الدين، حسين(٢٠٠٢)، التعليم أغلى أنواع الاستثمار.

Available on line :www.sis.gov.eg

Accessed on: 25.02. 2004

- الزين، حسن (٢٠٠٣)، المعايير القومية للتعليم في مجتمع المعرفة.

Available on line: www.ahram.org.eg

Accesses on.٢٣,٠٢,٠٤ :

- الشرهان، على (٢٠٠٣)، خطط تطوير التعليم حتى عام ٢٠٢٠ في دولة الإمارات العربية.

Available on line: www.alsaha.com

Accessed on: 25.02.2004.

- المؤتمر التربوي لجائزة خليفة للمعلم – تطبيق معايير الجودة الشاملة في الإدارة المدرسية - أكتوبر ٢٠٠٢.

Available on line :www.albayan.co.ae

Accessed on: 25.02.04

- منتدى الكتاب

Available on line :writers.alriyadh.com.sa

Accessed on: 26.02.04

- المدير، عبد الرحمن (٢٠٠٢)، إدارة الجودة الشاملة في التعليم

Available on line :www.ibn-taymia.edu

Accessed on: 24.02.2004

- آل حمـودة، شـاكر (٢٠٠٤) المركـز الـوطني لمراقبـة جـودة التعلـيم في دول الخليج. مجلة المعرفة.

Available on line :www.almarefah.com

Accessed: 25.04.2004

- التجارب الغائبة (٢٠٠٢)

On line :www.writers.alriyadh.com.sa/kapge.php

Accessed٢٠٠٤/٠٥/٠٢ :

- بيدس، مهند (٢٠٠٤) المضامين النوعية في التعليم – مبـادرة وكالـة الغـوث الدوليـة لتعزيـز النوعية، ورقة عمل مقدمة للمؤتمر الوطني للتعليم للجميع. وزارة التربية والتعليم العالي – رام الـلـه – غزة.

- جريدة البيان- دولة الامارات العربية – دبي.. Accessed
on line: www. albayan co.ae/albayan/2002/11/07/mh Available.٢٠٠٣/٩/٢٢

Printed in the United States
By Bookmasters

Printed in the United States
By Bookmasters